［新装版］

母性の研究

その形成と変容の過程：伝統的母性観への反証

大日向雅美 著

日本評論社

刊行に寄せて

　女性の社会的進出は，近時まことに目覚ましい。諸官庁はいうにおよばず，企業においても，女性の管理職はもはや珍しいことではなくなった。業種によっては，創業者や経営者の椅子に座る例も稀ではない。かつては男性の専業と考えられていた軍隊や警察などの職場ですら，いまや女性を受けいれないところはほとんどなくなった。女性のフルマラソンや水泳の世界記録は，一昔前の男性の記録をはるかに上回っている。まさしく，女性新時代の到来といえるのではなかろうか。
　女性の能力がこのように正しく評価されるようになったことは，同慶の至りともいえようが，反面，その進展は過去の何千年かの歴史にくらべてあまりにも速すぎた感も否めない。だから，事態はすべて望ましい方向に落着したとはいい切れず，かえって新しい不安定をも生みだしているようにみえる。
　テレビ・タレントを典型とする現代の若い女性像は，やはりかわいく美しくを最も望ましい特徴としているようである。大学生層に対して性役割の質問紙調査などをしてみると，男性ではいぜんとして「女は優しく従順で家庭を守る」といったイメージを肯定する人が多数を占め，一方，女性はそうした外側からの規範と自分の内側の理想とのギャップに悩み，どちらかの方向に分裂していくという様相が目立つ。ここにみられるように，現代の性役割葛藤は概して女性のほうに負担が大きいようであり，それに苛立つ女性解放運動家の一部には，性差そのものさえ全面的に否定しようとする意見もみうけられないではない。つまり，男女両性の役割規定もまた，当然新時代を迎えている。
　母性の問題は，そのなかでも現実的・理論的に最も大きいものであり，性役割一般にみられる混乱と動揺とを避けることができない。一方では，たしかに父親の育児参加や子育てへの責任論という現代的理念も強調されているのだが，これらはまた我々のもつ長い伝統と正面から衝突することになるからである。
　『瞼の母』にみられるように，母性は日本人のもつ根本的な心情にかかわる問題をなし，母という観念は，あえていえば，宗教的信仰にすら近いものであ

ろう。それが現実に満たされているか否かは別問題として，母性信仰には遠い故郷のように人をとらえて離さないものがある。また，「家内」という語に象徴されるように，家計や子育ての権限は伝統的にはむしろ主婦に一任されてきた。これらと切り離して，母性の問題を論じることも片手落ちを免れない。ここには，西欧社会で論じられているのとは異なる我が国固有の問題が潜んでいるのを忘れるわけにはいかないようである。

しかしまた，家族をとりまく近時の状勢の変化も急激をきわめている。核家族の普及と少子化の進行は，とくに大都市においてはそれぞれの家族の育児状況の孤立化を導き，そのすき間を埋めるものがマスコミや育児産業の過剰な隆盛のみというのでは，個々の家族は大海の高波にもまれる木の葉となりかねない。結局，我々は新しい親子関係や新しい母性の信念を創り直していかねばならないという前代未聞の文化的状況に直面しているのであろう。

大日向雅美さんは，お茶の水女子大学の学部・修士課程をへて東京都立大学博士課程に学び，このほどお茶の水女子大学・人間文化研究科で学術博士を取得された新鋭の研究者である。筆者は，お茶の水女子大学で大日向さんの学部・修士とつづけて指導教官を務め，学位論文の審査をも担当した。学部時代から，終始たゆまぬ真摯な学究としての態度と誠実そのものの人柄はいつも深く印象に残っている。女性としての生き方と学問的関心とが，同氏のなかでいつか互いに密接に結びついていった所以はよくよく理解できるのである。多年にわたるその母性研究が，何の異論もなく学位を授けられたのも，当然きわまることであった。

前述したように，母性をめぐる現代の状況にはまことに困難なものが感じられる。これに対するには，従来しばしばみうけられたような単純な公式論，徒らな感情論，西欧先進文化の模倣論などの立場からは偏った解決以外はえられそうもない。そうではなくて，冷静な複眼の視点，公式よりは事実を重んじる実証的態度，そして何よりも真摯な探究への情熱とが，新しい母性文化を創り上げる鍵となるだろう。このたびの大日向さんの著作が，その第一歩を築いていくことを心から祈りかつ期待している。

1988年3月3日

お茶の水女子大学教授　藤　永　保

目　次

刊行に寄せて …………………………………………………………藤永　保　i

第Ⅰ部　日本における伝統的母性観とその問題点

第1章　母性研究の意義と必要性 …………………………………………　3

第2章　母性概念をめぐる現状とその問題点 ……………………………　7
　1.　母性概念の不確かさ …………………………………………………　7
　2.　わが国における母性信仰の実態とその問題点 ……………………　9
　　§1　子殺し事件の波紋にみる母性信仰とその問題点 ………………　10
　　§2　保育所入所措置基準にみる母性信仰とその問題点 ……………　13
　3.　母性についての究明の遅れ …………………………………………　15
　　§1　ホスピタリズム研究の功罪 ………………………………………　16
　　§2　母親不在の母子研究 ………………………………………………　17
　4.　わが国における母性重視の背景 ……………………………………　19

第3章　従来の母性研究の概略 ……………………………………………　25
　1.　医学およびその近接領域における母性研究の概略 ………………　26
　2.　心理学における母性研究の概略 ……………………………………　36
　3.　日本文化論としての母性研究の概略 ………………………………　44

第4章　研究上の視点および本書の展開 …………………………………　49
　1.　従来の母性研究および母性観にみる問題点 ………………………　49
　　§1　医学およびその近接領域における知見に対して ………………　49
　　§2　精神分析の知見に対して …………………………………………　51
　　§3　心理学の研究動向に対して ………………………………………　54
　　§4　わが国の伝統的な母性観に対して ………………………………　58

2. 筆者の研究上の視点および本書の展開 …………………………… 60
　§1　母性概念の位置づけについて ………………………………… 60
　§2　本書における各研究の展開について ………………………… 61
　§3　各研究における基礎的調査項目の定義について …………… 66

第Ⅱ部　母性の発達変容に関する研究報告
―伝統的母性観への反証として―

第5章　研究Ⅰ：母性発達と妊娠に対する心理的な構えとの関連性について …………………………………………………… 71
1. 研究目的 ……………………………………………………………… 71
2. 調査内容および調査方法 …………………………………………… 72
　§1　調査対象 ………………………………………………………… 72
　§2　調査内容 ………………………………………………………… 72
　§3　調査時期 ………………………………………………………… 75
3. 結果と考察 …………………………………………………………… 75
　§1　調査対象 ………………………………………………………… 75
　§2　当初の妊娠に対する受容 ……………………………………… 75
　§3　当初の妊娠の受容とその後の妊娠過程における心理との関連性 ………… 78
　§4　妊娠に対する受容の変化 ……………………………………… 82
　§5　妊娠中の心理と分娩時および出産後の心理との関連性 …… 85
　§6　結果の要約および母親としての心理発達の規定因 ………… 96
4. 今後の問題 …………………………………………………………… 103

第6章　研究Ⅱ：母親意識の世代差について ………………………… 107
1. 研究目的 ……………………………………………………………… 107
2. 調査内容および調査方法 …………………………………………… 108
　§1　調査対象 ………………………………………………………… 108
　§2　調査内容および調査方法 ……………………………………… 108
　§3　調査時期 ………………………………………………………… 110
3. 結果と考察 …………………………………………………………… 110

§1　調査対象 …………………………………………………………… 110
　　§2　育児行動および育児環境における世代差 ……………………… 111
　　§3　母親としての意識における世代差 ……………………………… 117
　　§4　面接事例の紹介 …………………………………………………… 125
　4.　要約と結語 ……………………………………………………………… 131

第7章　研究Ⅲ：母親意識の発達変容について …………………………… 135
　1.　研究目的 ………………………………………………………………… 135
　2.　調査内容および調査方法 ……………………………………………… 136
　　§1　調査内容 …………………………………………………………… 136
　　§2　調査対象 …………………………………………………………… 139
　　§3　調査時期 …………………………………………………………… 139
　3.　結果と考察 ……………………………………………………………… 139
　　§1　調査対象 …………………………………………………………… 139
　　§2　調査項目の因子分析の結果 ……………………………………… 139
　　§3　母親役割の受容に関する結果 …………………………………… 144
　　§4　子どもに対する感情についての結果 …………………………… 156
　　§5　母親役割の受容と子どもに対する感情との関連性 …………… 165
　4.　要約と結語 ……………………………………………………………… 167

第8章　研究Ⅳ：母親の対人関係と子どもへのかかわり方との
　　　　　関連性について ……………………………………………………… 171
　1.　研究目的 ………………………………………………………………… 171
　2.　調査内容および調査方法 ……………………………………………… 172
　　§1　調査内容 …………………………………………………………… 172
　　§2　調査対象 …………………………………………………………… 175
　　§3　調査時期 …………………………………………………………… 175
　3.　結果と考察 ……………………………………………………………… 175
　　§1　調査対象 …………………………………………………………… 175
　　§2　対人関係の枠組 …………………………………………………… 175

§3　対人関係の枠組と母親感情との関連性 …………………………… 186
　4.　要約と結語 ……………………………………………………………… 194

第9章　研究Ⅴ：母親の子どもに対する愛着——夫に対する愛着との関連性について—— ………………………………………………… 199
　1.　研究目的 ………………………………………………………………… 199
　2.　調査内容および調査方法 ……………………………………………… 201
　　§1　調査内容 ……………………………………………………………… 201
　　§2　調査対象 ……………………………………………………………… 208
　　§3　調査時期 ……………………………………………………………… 208
　3.　結果と考察 ……………………………………………………………… 209
　　§1　調査対象 ……………………………………………………………… 209
　　§2　愛着尺度による測定の結果 ………………………………………… 210
　　§3　SCTによる愛着の測定 ……………………………………………… 230
　4.　要約と結語 ……………………………………………………………… 241

第10章　結び（第Ⅰ部・第Ⅱ部） ………………………………………… 245

第Ⅲ部　父性をめぐる現状とその問題点
——母性研究との関連性について——

第11章　父親研究の意義と必要性 ………………………………………… 257
　1.　母子関係重視の動向に対する反省 …………………………………… 257
　2.　父親研究に対する今日的要請 ………………………………………… 260
　3.　第Ⅲ部の展開について ………………………………………………… 261

第12章　わが国における父権の特質および問題点 ……………………… 263
　1.　今日の父権回復論の背景 ……………………………………………… 263
　2.　父権回復論への懐疑 …………………………………………………… 265
　3.　家父長権に関する歴史的検討および問題点の所在について ……… 268
　4.　戦前の農村家族における育児およびその中での父親の役割 ……… 273

第13章 父親に関する心理学的研究 …………………………………… 279
1. 父親研究の動向 …………………………………………………… 279
2. 父親に関する従来の心理学的研究 …………………………………… 280
    §1 父子関係における直接的影響過程について ………………………… 280
    §2 父子関係における間接的影響過程について ………………………… 284
    §3 従来の研究知見から示唆される点について ………………………… 286
3. 研究：父親に対する子どもの愛着――母親の夫に対する愛着との関連性について―― …………………………………………………… 287
    §1 研究目的 ………………………………………………………… 287
    §2 研究内容および研究方法 ………………………………………… 288
    §3 結果と考察 ……………………………………………………… 298

第14章 父親をめぐる課題および今後の父親像について ………………… 309

引用文献 ……………………………………………………………… 315
文　　献 ……………………………………………………………… 327
あとがき ……………………………………………………………… 329
新装版あとがき ……………………………………………………… 333

第Ⅰ部
日本における伝統的母性観とその問題点

第1章　母性研究の意義と必要性

　出産および育児は有史以来不変の人間生活の一領域であり，世代継承と文化発展という人間存続上の永遠の問題の一つがここに託されている。
　そこでは，種の存続を確保する一つのシステムとして，成体のもつ生物学的・生得的機構と，新生児や乳幼児の生得的能力とが相互促進的に呼応し，人間の発達が予定調和的に保証されていると考えられる。こうした生得的な保証システムの存在は，おそらくあらゆる人間社会をとおしての普遍的な現象であろう。
　しかし，人間における育児とは，生得的要因の保証を得て成立する側面とともに，社会的・文化的要因のもとに活性化し方向づけを受け，発達変容する側面をもつ。幼い生命を育む過程は，種の存続をはかるとともに，未来の人間像を予見する領域であり，それぞれの時代の社会的・文化的要因により多く規定を受けるものと考えられる。普遍的次元と文化依存的次元の問題を区別したうえで，相互の調整をはかる視点が必要とされよう。
　しかしながら，従来，育児は女性独自の生理的特性から生まれる本性であるというステレオタイプが強く浸透しており，それゆえに普遍的な側面のみがもっぱら強調されてきたといえる。母親が愛情豊かに子どもの育児を行なうことは生得的・本能的な能力であり，したがってあらゆる人間社会をとおして不変の現象であるとする母性本能説などは，その代表例といえよう。こうした従来の母性概念のもとでは，人間の育児における文化依存的側面が欠落し，育児機能の維持発展のための条件が検討されることが少なかった。このことが育児本来のあり方に種々の弊害をおよぼしてきたと考えられるが，現時点ではとくに以下の二点が指摘されよう。
　第一は，育児とはすなわち母子関係の問題であるという固定観念を生み，母

親以外の要因が関与する余地についてはあまり関心がはらわれることがなく，また，その必要性に対する認識も必ずしも充分ではないという点である。とりわけわが国においては母子関係を聖域とみなす風潮が存在し，男性や社会の参加が問われることが少ない。育児の大半が女性に委ねられるなかで，母子が病的なまでに密着する現象もみられている。

　第二は，育児を女性の生得的能力とする認識のために，母親の育児能力そのものについて吟味検討する姿勢を欠如し，母親の意識・感情・行動を画一的なものとして把握してきた点である。母性が話題とされるとき，普遍的な次元で母親としての愛情の至高さが主張されることはあっても，個々の母親の問題としてその実態が語られ，そこに個人差を認めようとすることは，少ないように思われる。母親といえども一人の人間であるという事実が忘れられ，そのために，母親としてのあり方の多様さや否定的な側面の存在が見落されているようである。近年，育児に悩み不安を抱く母親の出現が注目され，果ては育児ノイローゼに陥る事例も少なくないという事態に直面して初めて，人びとの関心が母性の機能に向けられはじめたといえる。しかし，母性喪失を嘆く一般の風潮には，依然として，母性は自働的かつ完全な形で機能すべきものという観念が存在し，育児ノイローゼ等の現象は本来の母性からの逸脱であるとの問題認識にとどまるものが大半である。複雑な現代社会において育児を支える条件は何か，また，そのうちの何を欠いたための現象かという検討がなされることは少ない。

　以上のように，母性を生得的とし，普遍的次元で母親のあり方を理念化してきたことが，母子関係の実態を直視することを等閑に付す傾向をもたらしたものと思われる。そして，母性の普遍性・画一性を強調することから生じる母性概念と実態との乖離は，とりわけ家族をめぐる今日の状況の変化を考慮するとき，従来にも増して今後の育児機能に混乱を生じさせることが懸念される。日本国憲法施行にともなう民法の改正が行なわれて以来約40年，新旧家族制度相克のときを経て，今日，核家族化の急速な進展がみられるなど，家族制度の変遷とその余波により夫婦関係・親子関係が多様化し，家族の意義そのものが多義的となっていることも事実である。また，社会的・経済的情勢の変動のもと，女性の生き方もいっそう多様化することが予測されている。こうした状況のも

とで今後の育児機能にいかなる変更を余儀なくされるかを考えるとき，世代継承上の重要な問題である母性の機能を実証的に把握する必要性が痛感される。

ところで，母性の機能を実証的に把握するためには，多くの検討課題があると思われるが，母親として生きる女性たちの具体的・個別的な生活状況に即して，その意識・感情・行動の実態を把握することも，その一つと考えられる。一人の女性が母親になることは，受胎に始まる女性独自の生殖過程を経ることであり，母性の出発点に女性特有の生理的能力の存在が認められる。しかし，人間においては，この生理的能力をどのように位置づけるかも，また大きな課題であろう。生理的能力の作用はつねに万全ではなく，母性が妊娠・出産と同時に完成した形で備わるものではないことも事実である。生理的能力を母性の出発点の一つとしながらも，その後の育児過程でいかなる育児能力を発達させるかを問うことが必要であろう。

母性を発達的見地から捉えることは，同時に母性の発達変容を規定する要因を明らかにしてゆく必要性をともなう。子どもの成長や母親自身の加齢，さらには母親をとりかこむ対人環境等の固有の生活条件が，子どもに対する母親としての意識や感情・行動をどのように規定するかについて明らかにすること，それはまた，それぞれの母親の生きるところの時代状況との関連性をもって検討がなされることが必要であると考える。そして，この過程で母親の子どもに対する意識や感情・行動の多様性と個別性とが明らかにされたとき，そこから今後の育児機能の維持発展のための条件が模索され得るのではないだろうか。そうした検討の段階を踏んで初めて，今後における育児の担い手およびその育児機能についての議論が可能になるものと思われる。従来の母性概念は，こうした視点からの実証的な検討を行なうことなく，たんに母親の愛情の絶対性を強調したものである。そこからは社会的・文化的状況の変動に対応した望ましい母子関係をもとめることは，困難であると考える。

人間の育児行動は，一方では生得的要因に依存しながらも，なお複雑な諸要因の関与の余地を多く残すものである。社会的情勢の変動のなかで，育児機能にいかなる変容が生じ，そのなかで何が不変の特性として残るかを見極めるために検討をつづけてゆくことが必要であると考える。育児の代名詞とされ，あえて解明するまでもない自明の概念とされてきた母性に，実証的な分析をくわ

えることは，今後の社会における育児機能の維持発展にとって不可欠の課題をなすものと考える。

第2章　母性概念をめぐる現状とその問題点

1. 母性概念の不確かさ

「母性」ということばがわが国で初めて用いられたのは、沢山［1979］によると大正の初めである。この語は、エレン・ケイの moderskap の訳語（スウェーデン語：英語の motherhood, maternity にあたる語）として登場した。当初は必ずしも「母性」ということばだけでなく、「母心」「母的愛」などと併用されており、「母性」として定着したのは昭和期に入ってからのことだという。

以来、母性ということばは一般化し、その概念はあたかも自明のごとく用いられてきた。日常生活の会話のなかにもしばしば登場し、共通理解が存在するかのような実感のもとに用いられるに至っている。しかし、自明のごとく用いられながら、実はその概念はきわめて不明確であり、かつ、領域や用いる人により多義的であるのを認めることができる。

『広辞苑』（岩波書店）には、母性とは「女性が母として持っている性質。また、母たるもの」とあり、さらに母性愛とは「母親が持つ、子に対する先天的・本能的な愛情」とある。

"*Webster*"（G. & C. Merriam Company）の辞典に、母性にあたる語を探すと以下のような記載がなされている。

  motherhood ——the quality or state of being a mother
  maternity —— a 1) the quality or state of being a mother
         2) the quality or state of being pregnant
       b the qualities belonging to or associated with motherhood

motherhood は母である女性の，maternity は母になりつつある女性も含めた，女性の母としての状態・特質を指している。

しかしながら，『広辞苑』"Webster"のいずれの記述も，具体的に女性の状態・特質の何をもって母性とするかはまったく触れられていない。漠然として明瞭さに欠ける定義であり，「母性は本能である」式の常識のなかに，各人各様の解釈を許容する余地を残す規定である。

母性という用語が，研究上の概念としてもっとも確固たる地位を占めているのは，医学分野およびその近接領域である。産科，婦人科，小児科の各領域に携わる人びとによって，日本母性衛生学会（Japan Society of Maternal Health，1959年設立）なるものが設立，運営されている。また，母性看護学，母性栄養学という名称も存在している。

これら医学および保健衛生の面では，母性を次のように捉えるのが一般的である。すなわち，母性とは「子どもを産み育てるためにそなわった特性（特異な能力）のことであるが，さらにはかかる特性をもった者の総称」[津野，1976] である。広義には女性の性と同義的に解釈されているが，狭義には妊娠・分娩・産褥期の女性を対象として，とくに子を産み，哺乳し得る能力をもつ女性の身体的特徴，およびその状態を意味していると考えられる。

ところで，かつては医学・保健衛生の領域での母性とは，上記のうちの狭義の概念のもとに用いられている場合が多く認められた。たとえば，母性衛生の定義において母性とは，「妊娠が始まってから分娩，産褥を経て授乳を終るまでの女子」[『保健衛生辞典』同文書院，1968] と規定されている。また，母性栄養は「妊婦，産婦，褥婦および授乳婦の栄養」[石橋・本間，1960] であることが明記されている。

しかし，近年では，むしろ広義の概念が採用される傾向がある。1965年の母子保健法の制定を受けて，翌1966年に公示された厚生省の実施要領は，おおむね思春期から更年期にわたる年齢層を母性保健の対象とする方向を示している [丸山，1976]。妊娠・分娩・産褥期の一時期にかぎらず，母であり，母となり得る可能性をもつ全期間におよんで母性を捉え，その保健衛生を指導する視点がうちだされたのである。

ところで，母性概念の対象を妊産婦のみならず，広く女性一般に拡大したこ

とは，出産およびそれにつづく育児上での医学的な配慮によるものと考えられる。しかし，この広義の概念の採用により，母性概念は医学的な根拠を越えた価値観をも含有する方向へと拡大されていったとみることができる。例をあげると次のようなものである。

「女児が，成長につれて女性らしくなり，女性として成熟し，結婚し出産して母となる。みずからの子を育て終えて，さらに孫の世話をする。女性の一生は母になること，母であることに終始しているといえよう。母となることは，女性だけのもつ特権であり，男性がこれにとってかわることはできない。このように，女性が生まれながらにして有する母としての天分を総称して「母性」という」［林，1970；傍点筆者］。「生殖には，もちろん男女両性が関与するが，みずからの体内で胎児を育て，出産し，さらにその後の育児についても，本能的な愛情をもってあたる役割や天性は，まさに女性独特のものであるといえよう。このような，生まれながらにしてもっている女性の特性を，母性という」［真田，1976；傍点筆者］。

母性を定義しているこれらの記述には，出産・育児に関する医学的指摘にとどまらず，子どもへの愛情面に関する価値的解釈が混在しているのをみることができる。しかも，それは女性の本能であり天分であるという次元で処理している点は，一般常識と少しも異なるところがないものと考えられる。

このように，母性に関してはもっとも先駆的な領域ともいえる医学およびその近接領域においても，女性独自の生殖能力を指すものから，一般常識的な価値観を内在させるものまで，母性概念は多義的に用いられ，かつ混乱の様相を呈している観さえみてとれるのである。

2. わが国における母性信仰の実態とその問題点

母性をめぐる問題点の一つは，第1節で述べたとおり概念そのものが不明確であり，かつ多義的なことである。しかし，より大きな問題点は，概念規定の曖昧さを一方に残しながら，他方では，母性は絶対的なもの，崇高なものという社会的通念が存在していることである。とりわけわが国においては，子育てにおける母親絶対の論理が広く根深く浸透していることがみられる。

§1　子殺し事件の波紋にみる母性信仰とその問題点

　1970年代前半（昭和40年代後半），母親による一連の子捨て・子殺し事件が，わが国の新聞紙上を賑わした。この種の事件は，殺害方法の異常さ（布団蒸し事件：1973・8・29，石膏詰め事件：1974・10・5）や，死体の捨て場所にコイン・ロッカー等が選ばれた新奇さなどと相まって，人びとに大きな衝撃を与えたものである。

　しかし，子殺し事件の報道が投じた波紋は，たんなる驚きにとどまるものではなかった。むしろ，母親に対する従来の常識——すなわち，母親とは子どものためには己が命とさえ換えるもの，そして，その愛情に誤りはないという常識そのものが覆えされたことへの驚き，嘆きへとおよんだといえる。「母性喪失」「母親失格」「この母は鬼か人か」——事件の報道には必ずこの類の見出しがつけられていたことを東京婦人記者会［1976］の分析にみることができる。

　この種の事件は，ここ10年近い歳月のなかで新鮮さこそ失ったものの，発生件数そのものには変化がなく，育児放棄や子殺し，母子心中の事件は跡を絶たないのが実情である。そして，育児に挫折し，あるいは戸惑い，苦悩する母親たちに対して，母性喪失という表現が何の疑いもなく，あたかも慣用句のごとく用いられている状況には変わりがない。事件の「加害者」である母親たちは，依然として，常識化された母性信仰からの「逸脱者」として，非難の対象とされている傾向がある。

　しかしながら，子捨て・子殺しは必ずしも現代だけの特異現象ではない。たとえば，江戸時代300年間の人口にほとんど増減がみられないこと，明治初期の女性人口が男性人口にくらべて50万人以上少ないことなどは，間引き・捨子によるものであり［もろさわ，1977］，このことは間引き・捨子を禁ずる法令が諸藩に続出していることにも示されているところである［石川，1954］。また，西川如見の『百姓嚢』は，当時の農民階層の生活を次のように記している。「山家の土民，子を繁く産する者，初め一，二人育しぬれば，末はみな省くといひて殺す事多し。殊に女子は，大かた殺すならわしの村里もありし」。間引く一方で，女子は売春で金になるといって，女児の誕生を喜ぶ地方もあったようである。生産性の低さにくわえて，重税や冷害・旱害による飢饉，天災，悪疫流行と当時の農民の生活はつねに一家離散と飢餓との隣り合わせの日常であった

ことが推察される。こうしたなかで，女子や嗣子以外の子ども，さらには産声をあげる以前の新生児が犠牲になったことを民俗学の知見にみることができる［原・我妻，1974］。わが国には伝統的に子宝思想が存在していることは，万葉歌人山上憶良の歌に代表されるとおり周知のところであるが，一方では現実の生活苦から間引きや捨子も絶え間なく行なわれていたといえよう。

また，フランスの哲学者 Badinter, E.［1980］は，18世紀の西欧，とくにフランスの母親たちの育児に対する無関心さを指摘し，そのために子どもたちがいかに無視され，虐げられていたかを歴史的に立証している。この他にも，幼児虐待や子殺しの事例を海外の文献にみることは容易である［たとえば，Helfer, R. et al., 1968 ; Kempe, H. et al., 1972 ; Renvoize, J., 1974］。

子捨て・子殺しは，わが国だけの，そして，現代だけの特異な現象ではなく，子どもを産み，育てるという営みのなかで，つねにその裏面史を形作っているものとみるべきであろう。それは各々の時代や社会の歪みを映し出す冷徹な鏡として認識することが必要ではないかと思われる。

現代の子捨て・子殺しを上記の視点から問い直すとき，そこに母性をめぐる現代的な課題をみいだすことができるのではないだろうか。

かつての間引きと現代の子捨て・子殺しを比較するとき，同じく育児を放棄する行為でありながら，そこにはまったく異なる現象であるかのごとくイメージに相違がみられる。間引きに対しては，ぎりぎりの生活苦に喘ぐ当時の人びとの，地域ぐるみ，家族ぐるみの悲しみが語られる［鈴木，1977a］。一方，現代の子捨て・子殺しとなると，「鬼のような母」の単独犯罪としてみる目に変わり，加害者の大半が母親であることからして，母性喪失の現象としてそこに非難を集中させていることは，前述のとおりである。なぜ子殺しに至ったか，その動機についても，間引きにおいては主として貧困に原因がもとめられるのに対して，現代の子殺しの場合には，母親の無責任さ，冷酷さ，未成熟さ，子どもの私物化等に原因をもとめるのが一般的な論調のようである。

しかし，現代の子捨て・子殺しに関して，その原因ははたして母親の無責任さ，冷酷さだけにもとめられるものであろうか。

1972年に検察庁であつかった嬰児殺（殺害時期が生後1日以内）と乳児殺について，その動機を調べた土屋・佐藤［1974］は，家庭的な不和，母親の病気，

子どもの病気や障害，貧困，育児ノイローゼなどを殺害原因として指摘している。また栗栖［1982］は，東京23区内で1950年から1971年の間に発生した子殺し事件を集計した結果から，事件数そのものは経年的に大きな変化はなく，そのなかで親子心中，とくに母子心中が占める割合が大きいことをみいだしている。しかし，動機そのものについては変化がみられ，経済問題は減少し，むしろ家族の病気，配偶者とのトラブルなどの家庭内の人間関係，ならびにノイローゼを含む広義の精神疾患へと移行していることを明らかにしている。

現代の子殺しの背景には，種々の要因の複雑な絡み合いをみることができる。妻が子どもを殺し，時には自らの命も共に絶ってしまった後，残された夫は何が原因かわからず呆然としているといった話は，母親の子殺しや母子心中の記事にしばしばみられることである。一つ屋根の下に暮らしながら，夫も妻もバラバラに悩み合う夫婦関係の貧しさが象徴されているようである。また，乳児を抱えた生活苦から子殺しに走った未婚の母の姿には，無責任な男性の存在だけでなく，充分な援助体制もなく，母子を孤立させた地域社会の姿勢も問題とされるべきであろう。豊かさと繁栄がもっぱら強調される現代社会であっても，人と人との絆を蝕む病巣が根深く，そして着実に蔓(はびこ)っていることが考えられる。子殺しの背景を丹念に拾っていくとき，「加害者」とされている母親たちは，一面では現代社会の歪みに喘ぐ「被害者」としてみることも可能なはずである。

もっとも，子殺しに至った母親たちのすべてに情状酌量の余地が認められるわけではない。そこには精神的な未成熟性，自己中心性等の問題点が指摘される事例も多い。しかし，そうした女性たちに，たんに母親だからということで子どもが託されてきた事実も反省されるべきであろう。子殺しが母親による子どもの私物化だとして批判されることに対しても，子どもを母親たちに私物化させたものはいったい何であったのか，現代は加害者の大半が何ゆえに母親に片寄ってしまっているのか，という疑問もさらに追究されるべきであろう。

いつの世も子どもは豊かな愛情に囲まれて，その発達を見守られるべきである。また，子どもを慈しみ育むという親の姿があればこそ，育児の営みが人間の永遠のテーマとして維持されてきたともいえよう。子捨て・子殺しが，たとえ育児の裏面史を形作るほどに普遍的であったとしても，安易に育児放棄に走ることは厳しく戒められて当然のことである。現代の子捨て・子殺しを母性喪

失として嘆く社会一般の風潮は，育児をたいせつに思う共通認識があればこそのことともいえるであろう。

しかし，育児の重みを思うとき，現代の子殺しが，母性喪失ということばで嘆かれることへの危惧もまた痛感させられる。母性が歪められ地に落ちたという批判に対しても，むしろ，母性とはそれほど確固不動なものかという問い直しをすべきではないかと思われる。

§2　保育所入所措置基準にみる母性信仰とその問題点

金崎［1980］は，婦人の自立が叫ばれ，社会参加の気運が盛り上ってきている現在でもなお，母親がわが子を保育所などに託して働きに出ることに対して，世間一般が厳しい目を向けることを指摘している。「産みっ放しの母親」「自己中心の母親」「母性愛を喪失した母親」などと容赦なく非難する風潮があるという。

子育てにおける母親の役割を絶対視する傾向は，保育所の入所措置基準の変遷にもみることができる。

児童福祉法第39条第1項は，「保育所は，日日保護者の委託を受けて，保育に欠けるその乳児又は幼児を保育することを目的とする施設とする」(傍点筆者)と規定している。

問題は何をもって保育に欠けるとするか，その具体的内容である。そもそも「保育に欠ける」との字句は，1951年の児童福祉法第5次改正によって挿入されたものであり，1947年の児童福祉法制定時には含まれていなかった［児童福祉法研究会，1979］。

また，保育に欠けることに対する解釈も，当初は今日と比較にならないほどの広いものであった。すなわち，保護者（母親）の労働に関しては，種類を問わず広く労働一般が対象とされていた。したがって，経済的理由で働く場合だけでなく，社会参加をとおして自身の能力を発揮し，女性の社会的地位の向上を意図して就労する場合も，その子どもは入所措置対象として認められていた［松崎，1948］。当初の保育所の存在意義には，婦人解放と結びつくものがあったとみることができる。また，労働や疾病以外に，保護者の育児上の知識や経験の不足も，保育に欠けるものの範疇に入れる解釈がなされていた［川嶋，

1951]。

　しかし，その後1953年の児童局編「市町村と児童福祉活動」，1954年の児童局編「保育所の運営」において，実際の入所措置上の解釈で縮小化が始まり，以後その速度が速まることとなる［鷲谷，1978］。

　まず，保育に欠けることの条件から，保護者の育児知識・経験の不足が除外されるが，つづいて，1957年「児童福祉法の解説」［高田，1957］では，最小限度必要な面倒をみてもらうことができないことに条件が限定されている。そこでは，母親が在宅している場合は，その労働状況のいかんにかかわらず，保育に欠けることは少ないとの解釈がなされている。

　また，1963年，1976年の中央児童福祉審議会の答申にみられる解釈の縮小化について，鷲谷は次のように言及している。

　　1963年中央児童福祉審議会答申「保育問題をこう考える」について：
　「昭和38年7月，中央児童福祉審議会は厚生大臣に『保育問題をこう考える』を答申した。それは池田内閣の打ち出した所得倍増政策を遂行するのに必要な『人づくり』の政策に保育政策を位置づけようとしたものであり，すでに高度経済成長がもたらした諸矛盾を克服しながら，より一層発展するのに必要な条件として，政府が考えた大企業に役立つ労働力の養成と確保という基本政策に対応するものであった。人づくりは幼児期から始めなければ遅きに失するという発想から，人づくりは家庭における保育にこそ期待できるのであり，子どもの肉体的，精神的発達には両親の愛情に満ちた家庭保育がもっとも大切で，基本的であり，健全で愛情の深い母親こそ子どもの第一の保育適格者であり，そのように努力することが母親の責任である。父親その他の家族の義務はこれに協力することにある，というのが答申の中味である。これは前述の入所措置基準の適正を主として心理学的観点から裏打ちしたものであり，これによって，"保育に欠ける"かどうかは母と子の関係を中心にしてとらえる傾向が地歩を占めるようになった。」［鷲谷義教「『保育に欠ける』を問い直す」より］

　　1976年中央児童福祉審議会答申「今後における保育のあり方」について：
　「不況，インフレの時代に入り，福祉見直しが抬頭するとともに，"保育に欠ける"解釈も新しい様相を帯び始める。それは，昭和51年12月の中央児童福祉審議会の答申『今後における保育のあり方』によって提示された。それは，母親の就労を『家計維持のため必須である』場合と『主体的選択』（より高い水準の消費生活を志向

するため，専門的技能を生かすため，積極的に社会的活動の場を得るための就労）とに分け，保育所は，前者には対応すべきであるが，後者には保育所以外の策（労働政策，他の福祉施策，地域住民の自主的活動）で考えるべきといった意味あいの発想である。これは従来行政側が建前として〝保育に欠ける″には『家庭が貧困であるかどうかは問わない』といった見解からの後退とみることができる。これでは保育所を戦前の救貧施設に引戻すことになり兼ねない。」〔鷲谷義教「『保育に欠ける』を問い直す」より〕

　上記鷲谷の指摘からも一部推察できるように，保育所入所措置基準には，政治・経済上の要因およびそれと相関連した保育政策の変化，保育所予算上の問題，さらには保育観の変化，母子関係に関する心理学的知見の導入などの，多様な諸要因が関与していることが考えられる。保育に欠けることへの解釈は，そうした複雑な要因を背景として，今日まで縮小化の道を辿ってきたことは上述のとおりだが，問題は，それが母子関係を重視し強調することで正当化されてきたことである。保育所入所措置基準が縮小化傾向にあるとはいえ，現実には核家族化や既婚婦人労働者の増加にともない，措置対象はある程度の幅が許容されていることも事実である。しかし，考えるべきことは，縮小された解釈はそのまま固持されていること，そして，子どもは本来，母親の側で育つのが望ましいとする考え方が，ことあるごとに強調されていることである。それがために，前述の金崎の指摘にあるように，母親自身働くことに負い目を感じたり，あるいは，働く意義をことさらに主張せざるを得ない状況を生み出しているものと考えられる。

3. 母性についての究明の遅れ

　子どもには産みの母親の愛情が最善であり，他に託すことは子どもの発達にとって望ましくない，あるいは，かわいそうなことであるという発想は，いったい何を根拠としたものであろうか。また，母親たちが育児に戸惑い，ノイローゼ状態に陥るとき，それを母性喪失とするのであれば，失われた母性とは，いったい何を意味しているのであろうか。

§1　ホスピタリズム研究の功罪

　母親の愛情の重要性を主張するうえで，もっとも有力な根拠の一つを形成するものとして，「ホスピタリズム（施設病）」の研究が注目される。これは，20世紀初め，欧米の小児科医らにより，乳児院や病院等の施設における乳幼児の罹病率や死亡率の高さが警告されたことに端を発したものである。

　当初問題とされた施設児の罹病率，死亡率の高さは，その後，小児科医たちによる施設の医学的管理が再検討されるなかで，大幅に改善されていった。そして，身体的発達に関する問題が一応解決の方向に向かったとき，今度は施設児の精神面の問題が大きくクローズアップされるようになる。1930年代から1940年代にかけては，施設児に対する関心は，身体的発達から知的発達の遅れや情緒障害等の精神発達上の問題へと移り，精神医学者や心理学者の注目を集めるところとなるわけである。とくに，1948年，世界保健機関（WHO）の依託を受けたBowlby, J. が，家庭のない子どもの精神衛生面について研究を行ない，その結果が1951年に発表された段階で［Bowlby, 1951］，ホスピタリズムの問題は世界的な関心事となったわけである。

　上記WHO論文において，Bowlby, J. は，乳幼児期には母親との間に，温かくて親密で持続的な関係を有することの必要性を述べている。従来，施設児の知的発達遅滞，異常習癖，情緒的・人格的障害等の発生因の主たるものは，刺激剥奪にあると考えられていたが，この点についてBowlby, J. は，刺激の源泉は母親であるとし，その母親が存在しないところに施設児の障害の発生因をもとめたのである。それまでのホスピタリズムという用語に代って「母性的養育の剥奪（maternal deprivation）」という概念が周知のものとなり，子どもの発達に関して母子関係を重視する研究の流れは，この時をもって始まったといえる。

　以来，施設児に関する研究がつづくなかで，施設の養育内容が見直され，改善されてきたことは大きな成果といえよう。しかし，一方では，施設への偏見を今なお拭い難いものとしていることも事実であり，同時に，子どもには何よりも母親の愛情がたいせつであるという観念をさらに一般化させたといえる。子どもを施設や保育所に預けることは，子どもに恒久的な弊害を残すという主張［WHO精神衛生専門委員会, 1951］や，母親が職業をもつことへの批判［Baers,

M., 1954〕も出されている。

　母親の不在を施設児の障害の主要因だとするこの主張のもとでは，母子の身体的分離がもっぱら強調されたわけである。しかしながら，施設児にとって真の問題は，母親との身体的な分離にあったのか，それとも分離後の施設の生活内容そのものにあったのかについては，大いに議論の余地を残すところである。

　Andry, R. G.〔1960〕は，母親が子どもに無関心であったり，暖かい愛情を注げない場合など，身体的には分離をともなわないにもかかわらず，心理的分離を生じている事例が存在することを指摘している。いわゆる「隠された剥奪(masked deprivation)」として表現される心理的分離が子どもにおよぼす影響のほうをむしろ重視している。

　また，van den Berg, J. H.〔1972〕は，母親不在から生ずる愛情の不足よりも，むしろ，愛情の過多，とくに悪い形でのそれを問題視している。

　Rutter, M.〔1972〕に詳述されているとおり，maternal deprivation の概念をめぐっては，多くの批判と論争が行なわれている。

　もっとも，Bowlby, J. も，乳幼児と母親との親密な絆の重要性を主張する一方で，不適切な母親に育てられる子どもの問題点にも言及はしている。そして，乳幼児の愛着の対象としては，誰か一人の適切な養育者がその対象となることの意義を認めており，それは必ずしも母親とは限らないことも指摘している。

　しかしながら，Bowlby, J. が用いた資料の大半が施設児を対象としたものであったことから，ホスピタリズムの問題は，「家庭のない子」「母親のいない子」の問題としてクローズ・アップされてしまったといえる。

　ホスピタリズム研究の知見は，このように母子の身体的分離の側面を重視し，その弊害を主張したものと受けとられたものであるが，その結果，母親の愛情の質を吟味する過程を省略したまま，母親の愛情の絶対性・必要性を主張する動向をいっそう強めたものと考えられる。

§2　母親不在の母子研究

　母親の愛情が子どもの健やかな成長を支えることは，確かなことであり，とうてい否定すべきものではない。しかし，それは，子どもに向けられた愛情が豊かで適切な場合のこととして考えられるべきであり，産みの母親であること

によってすべてが保証されるものではないはずである。母親の必要性を説くのと同時に，母親の愛情とはそれほど確かなものか，という問い直しもなされるべきである。

ホスピタリズム研究以来，母子関係は心理学，とりわけ発達心理学の領域での主要な研究課題とされてきた。研究論文や学会発表にみるその数は莫大な量に達している。

しかし，従来の研究動向をみると，母子関係の研究の大半は，子どもの発達に焦点が当てられており，母親自身の問題を対象とした研究は少ないのが現状である。

たとえば，母子間の愛着に関してみると，乳児の愛着の発達については，すでに，文献総覧［Ainsworth, M. D. S., 1969, 1973］が出されており，その発達の様相はほぼ解明されているといえる。乳児にとって何が愛着の契機となるかについても，すでにいくつかの学説が提出され，検討が重ねられてきている［高橋，1971］。

それにくらべると，母親から子どもへの愛着とその発達については，従来，注目されることが少ないことで対照的である。乳児の愛着の対象がおもに母親であることが明らかにされてきたにもかかわらず，その母親がわが子への愛着をいかに発達させていくかについて，現段階では明確な答えを出すだけの実証的資料がないといっても過言ではない。

乳児の愛着が，対象への積極的な反応や，対象から分離したときの混乱の程度を指標として測定が可能であるのとくらべて，母親の愛着は，表出される行動と必ずしも直接的に結びつくものではない。可愛い，いとしいという感情が，つねにわが子への接近行動となって表わされるほどに単純なものでないことはいうまでもない。また，わが子への愛着のなかには，肯定的な感情はもちろんのこと，否定的な感情をも含むすべての感情の高まりが入るものと考えなければならない。わが子をいとおしく思い，その成長を喜ぶ感情は，同時に子どもへの期待や所有欲を高めるものでもあろう。それが怒りや絶望，不愉快さの感情を生むこともあり得ることである。

母子関係における母親の側の問題をあつかうことは，こうした複雑な感情をあつかうことでもある。Schaffer, R.［1977］も指摘するとおり，行動面，認知

面が重視されている現代心理学の動向のなかでは,母親としての諸感情の解明は研究対象の枠組から外されてきたというのが実状のようである。二十数年生きてきた人間の,その感情を実証的に把握することの困難さ,それが心理学において母性研究を遅らせてきた一つの要因と考えられる。

しかし,たとえ方法的な難しさがあろうとも,解明の必要性が認められるのであれば,研究はなされてきたはずでもある。むしろ,母親がわが子に愛情をもつのは当然であり,その愛情に間違いはないとする考えが,母性を実証的な研究領域の対象外としてきた最大の原因といえるのではないかと考えられる。従来,母親がわが子に愛着を抱くことは,妊娠・分娩を経て母親となった女性には共通の自明の心理であり,女性独自の生得的特性と考えられてきた。いわゆる母性本能説は,つい四半世紀前までは疑われることもなかった［平井ほか,1975］という。

愛情の質そのものを検討する資料が少ないなかで,母親の愛情は確かなもの,自明なものとする観念がゆきわたってきたことは,心理学の領域においてもまた同様である。

4. わが国における母性重視の背景

わが国にホスピタリズムの概念が導入されたのは,第2次大戦後のことである。1952年には,厚生科学研究費による総合研究のテーマとして,ホスピタリズムの問題がとりあげられている。以来,ホスピタリズム研究に触発された母子関係論が,すでに述べた保育所の入所措置基準の縮小化傾向の一端を担っていることからも,その影響力のほどが窺える。ちなみに,1963年の中央児童福祉審議会の答申には,心理学の研究知見が導入されたことを鷲谷［1978］が指摘していることは,第2節第2項で引用したとおりである。

しかしながら,ホスピタリズムの研究知見が,すなわち育児における母親の重要性を強調する風潮を生み出したものかどうかについては,一考を要するところでもある。

藤永［1964］は,育児の原則とはたんに心理学の学説によって左右されるものではないこと,その背後に伏在する社会的変化をみる必要性を指摘している。

これは19世紀初頭から20世紀半ばにかけて，アメリカに生じた育児原則の変遷を分析したSunley, R.［1955］と，Wolfenstein, M.［1955］の知見に関しての見解である。19世紀の厳格な育児様式が，20世紀半ばにして寛容なものに変化した背景には，たしかに心理学の諸知見が関与していること，「特に，乳幼児期にも，成人と同様な本能的衝動が存在していることを説いたフロイディズムの影響は著しい」ことを認めるが，しかし，それはあくまでも育児様式の変化を促した動因の一つであり，必ずしも変遷の直接的な原因ではないとしている。むしろ，資本主義経済の発展とともに生じた人間観の変化を背景としてフロイト理論が導入され，脚光を浴びたとする指摘である。

同様の視点をもって考えることは，わが国におけるホスピタリズム研究の導入に関しても必要なことと思われる。

ホスピタリズムの知見は，母親不在の弊害を重視するあまりに，母親の愛情の質そのものを分析する視点を欠落させたものであった。しかし，この点に関してさらに検討すべきことは，そうした視点の欠如をそのままに受容する土壌が，わが国には存在していたのではないかという点である。

ホスピタリズムの概念が導入され，展開されていった1950年代後半から1960年代前半（昭和30年代）は，わが国では第2次大戦後の高度経済成長の時代である。経済成長を至上の旗印とする政策のもとで，女性には，夫の労働力を再生産するための家庭管理の役割および未来の労働力を産み育てる役割が課せられている［藤井，1975］。1950年代前半の職場進出論が批判され，女性が家庭へ帰る必要性を主張する声の台頭がみられ，こうしたなかで，家事労働有償論［磯野，1960］が登場した時代でもある。こうした社会的背景を考えるとき，ホスピタリズムの研究知見およびその後の母子関係を重視する心理学的知見は，それが受容され，開花すべき土壌のもとで注目され，諸々の政策および一般的風潮のなかに浸透していったものと考えられる。

育児における母親役割の規定・評価の一つの側面として，その時点での社会的・経済的情勢の反映をみることは，このようにきわめて重要なことである。母親の愛情の重要性が主張される背景に政治的・経済的要因を指摘できる時期として，ホスピタリズムの概念が導入された上記のほかに，近年では次の二つの時期が藤井［1975］の分析からみいだせる。第一は，1898年の民法施行を契

機としたその後の十数年間であり，第二は，1937年の日支事変の勃発，1941年の第2次世界大戦突入に始まる戦時下の時代である。

　第一の時期は，政府の政策が維新当初の開明的政策から富国強兵策へと転換するなかで，旧武士層の家族の秩序を母胎として，家族を国家体制の一単位として位置づけようとした時期である。一般庶民層には馴染みの薄い儒教的道徳が庶民層にまで強制され，育児が家のため，ひいては国家から与えられた責務として女性に課せられている。また，第2次大戦下においては，「愛国母性大会」が「母よ家庭に帰れ」とのスローガンを掲げて開催されるなど，軍国の母一色の時代のなかで女性たちは「皇国の子女の育成」に専念することを強要されている。

　母親の愛情の絶対視が，このように政治的・経済的要請のもとに外側から規定されている状況をみることができる。しかしながら，この外在的要因はそれだけで機能したのではなく，むしろ，それを機能させるだけの素地があったことを，今一つ考えることが必要であろう。すなわち，わが国には母性信仰が文化的風土として根深く存在していること，そして，上記の各時代は，それを政治的・経済的要請上強調したものではなかったかということである。

　日本人にとって母とは何かとの問題意識をもって，文化論的な立場から母の問題にアプローチした山村［1971］は，次のように言及している。すなわち，「日本の母は単なるコのオヤとしての意味を越えた存在であり，価値的なシンボルとして機能している」ということである。たとえば，ある個人が偉大な業績を成就したとき，それを賞讃する側は，その陰にある母の献身，労苦そして喜びを社会的，一般的に強調する営みを付随させるという。また，逆に社会的逸脱行為への訓戒や懲罰に対しては，母の涙や嘆きを社会的統制力として機能させるという。こうしたことはたしかに，新聞，雑誌，テレビなどのマスメディアを媒体として，われわれにとって日常的なこととして実感できることである。われわれ日本人の行動様式のなかで，母なるものが果たしている機能は，その社会的正統性，神聖さ，救済力において，金銭や性，名誉等のものをはるかに凌駕するという。

　こうした山村の指摘から考えられることは，わが国では母なるものが個々の具体的な母子関係のなかで問われるよりは，むしろ，価値的なシンボルとして

機能するだけの位置を与えられていることである。しかもそれは，母親の愛情は「古今東西を通じて変わらぬ人間性」[毎日新聞，1964・5・10]だとする表現が何の違和感もなく日常的に用いられていることにも示されているとおり，文化的差異を考慮する余地を残さないまでに，母親の愛情を絶対視する風土が根強く生きていることを感じさせるものである。

　母なるものをとりまくこうした風潮が，いつ頃から，そして何を契機として発生したかは，山村自身もつまびらかではないとしている。それは何らかの外在的要因の規定を受けてのことというよりは，むしろ，わが国固有の文化の型として，長い間にわたって習性化されてきたものと考えられるものであろう。そして，それは各々の時代の政治的・経済的要請から，女性を育児に直結させる必要性がより強く生じるたびごとに，母性信仰を肥大化させる素地となっていると考えられる。

　もっとも，明治以来，近年までのわが国の政治的・経済的情勢は，必ずしも母性信仰の風土を助長させるものばかりではなかった。たとえば，儒教的な家族道徳による教育政策として行なわれた良妻賢母主義は，明治政府による反政府的な自由民権運動の抑圧と富国強兵策とのもとで登場し，1898年公布の民法のもとでいっそう明確化されたものであったが，しかし，第1次大戦による好況時代には，自由主義の風潮とともに一時的に後退している。都市生活の勤労世帯では，いわゆる大正デモクラシーのなかで，主婦による市民的な家庭生活の運営がなされている。そして当時の女性の労働力に対する経済界の要請や女性の高学歴化傾向は，こうした風潮と一致して，女性の経済的自立を推奨しているのである。職業婦人の出現もこの時期である[藤井，1975；井手・江刺，1977]。また，国民精神統一のスローガンのもとに，既婚女性が母親として生きることを強制された第2次大戦下の時代は，敗戦とともに打ち砕かれている。旧家族制度を否定した新憲法のもとでは，民主的な家庭運営のなかで女性の解放と経済的自立が，ふたたび主張されている。

　しかし，大正デモクラシーの波のなかで，あるいは新憲法のもとに登場した新しい女性像は，日常生活のなかに根を張る前に，それぞれ第2次大戦の時代，そして戦後の高度成長の時代を迎え，そこで母性信仰が強調されることで後退を余儀なくされたことは，既述のとおりである。母親の社会参加が叫ばれると

き，つねに母性の崇高性を主張する反論に出会い，あるいは社会参加が定着する前に，産みの母親の愛情の必要性が強調されることでなし崩しにされることは，明治以来の歴史のなかでたびたびみられる，いわば定式化された変遷のパターンでもある。こうした変遷があまりにも容易に，かつ画一的になされていることを考えるとき，その背景に政治的・経済的要請にくわえて，わが国固有の伝統的な次元としての母性観の伏在をみることができるのではないかと考えられる。

第3章　従来の母性研究の概略

　第2章で述べたとおり，母性概念は，女性が母として有する性質だとする漠然とした規定のもとで，女性の生殖機能そのものという素朴な出発点から，慈愛，いたわり，献身的な愛情という特定の感情的側面を意味するものに至るまで，広範囲な内容を含む余地を残している。母性とは「社会学的・生理学的・感情的な統一体としての，母の子に対する関係を示すものである」というDeutsch, H.［1944］の定義は，母性に関してもっとも包括的といえるものであり，母親のあり方が総合的な視野から討議されるべきことを示唆している。

　現在，母性概念が何ゆえに多義的で，かつ不明確であるかを考えるとき，それは各領域での研究がそれぞれ個別の概念規定のもとでなされ，その結果として独自の母性観をつくりあげることに終始していること，そこでの研究知見が，いかなる条件を前提としたときの，母性のどの側面を明らかにしたものであるか，という視点から再構成がなされていないところに問題があると考えられる。

　育児を母親の役割として捉える固定観念と，そこに込められている母親絶対の論理を問い直していくことは，次のような問いを投げかけることになるであろう。すなわち，子どもを育てるという営みのなかで，どうしても産みの母親でなければ担えないものは何か，産みの母親であることがより適切なものは何か，母親以外の他者や社会的機能でも代り得るものは何か，むしろ多くの機能が介在することがより望ましいものは何か，等の問題を検討してゆくことである。

　この種の検討は，人間の育児本来のあり方を考えるうえで必要不可欠のことと思われる。しかしながら，育児を母親となった女性が担うべき必然の役割と信じて疑わない現状を考えるとき，まずなすべきことは，母親が育児に果たし

ている機能の実態を明らかにし，その能力とともに限界を直視することであろう。母親が子どもに対していかなる意識や感情をもち，行動をとり得るものなのか，その個人差と多様性を明らかにし，その背景となる条件を検討するための資料を積み重ねたうえで初めて，育児における女性の適性とは何かが検討できるものと思われる。

　本章では，各研究領域ごとに，母親を対象としてどのような研究がなされてきたかを概観する。従来の研究のなかで，母性の何が検討され，何が未検討のまま残されているかを明らかにすることによって，母親の存在の多様性と個人差を捉える条件を模索するためである。

1. 医学およびその近接領域における母性研究の概略

　医学およびその近接領域での母性研究の大半は，妊産婦を対象としたものである。とりわけ，妊産婦の情動に関しては，母体における内分泌の変動との関連性をみた研究が多い。

　受精卵の着床に始まる妊娠過程は，蛋白ホルモン（人絨毛性 gonadotropin, 人胎盤性 lactogen）や副腎皮質ホルモン等のステロイドホルモンに顕著な増加がみられるという［中山，1971］。これは急速に発育する胎児という生命を宿した母体の自己調節的な防衛機構によるものと解されている［鳩谷，1973］。したがって，一般に妊娠中は，その妊娠過程に異常がないかぎり母体の抵抗力は強く，妊婦の情動は安定しているという［Jarrahi-Zadeh, A. et al., 1969］。

　しかし，一方では妊娠中は，気分や情動の変化を中心とする軽度の精神的変化が生じるという。鳩谷は，対人態度や趣味，嗜好に変化が生じたり，感覚とくに嗅覚に過敏性を示すことなどを指摘しているが，しかし，これらは日常の社会生活に支障を来すほどのものではないという。また，妊娠中は重度の精神障害は少ないとされているが，妊娠初期の3〜4ケ月と後期の3ケ月は，内分泌系の体制に変動が大きく，妊娠中の精神障害の大部分は初期と後期に集中するという。初期の3〜4ケ月は胎盤の完成とともに，内分泌系の体制がそれまでの下垂体中心から胎盤中心へと移行する変動期であり，後期の3ケ月は副腎皮質機能が亢進し，エストローゲン等の性ホルモンが高値を示す一方，副甲状

腺機能の低下がみられ，生理学的には中間期にくらべて不安定であるといえる。したがって，このような状況下では内因性の精神障害が誘発されやすい。以上，妊娠中の精神障害については，鳩谷［1973］に詳しい。

また，これに関連するものとしては，妊娠中の不安傾向を MMPI の hypochondria 傾向と MPI の neurosis 傾向から測定した九嶋ら［1966a, b］の研究がある。妊婦の不安傾向は妊娠初期に高く，中期に一時減少し，後期にふたたび高くなる V 字型を示すことがみいだされている。これは前記鳩谷の指摘と共通するが，内分泌系の変動が妊娠初期と後期に大きいことと対応すると考えられている。したがって，九嶋らは，妊婦の情動的特性と生理的特性は因果循環（circulus vitiosus）的関係にあることを指摘している。そして，高い hypochondria 傾向，neurosis 傾向を示すものに，遷延分娩（分娩所要時間24時間以上），分娩異常，新生児異常が多くみられるという。

妊娠中の情動的ストレスを原因としたホルモンの均衡の乱れが，胎児の発育異常につながることを指摘した研究には，Ferreira, A. J.［1960］，Blau, A. et al.［1963］がある。

出産後の情動に関しては，内分泌に急激な変化が生じる産褥期に精神障害の発現頻度が高いことがみいだされている［本多，1974；加藤，1974］。また，この時期には一過性の抑うつ気分，情緒不安定が出現し，それは，Dalton, K.［1971］，Pitt, B.［1973］によれば欧米の産婦の1/2〜2/3におよぶという。これは、'maternity blues' 'post-partum blues' とよばれているものである。

母体は分娩を境として，その内分泌系が胎盤中心からふたたび下垂体中心へと移行され，そのため，蛋白ホルモンが急速に消失し，また，性ステロイドホルモンも減少するという［本多・田中，1981］。出産後の精神障害は，こうした内分泌環境の変動が発症要因の一つと考えられている。

一方，本多・田中は，養子を迎えた母親にも，もらった直後に精神障害が発現した事例が報告されているとして，産褥期の精神障害には生理的要因のほかに心理的要因があることを指摘している。すなわち，出産にともなって，新生児の健康や養育をめぐる不安，家庭内での人間関係の変化，経済的負担などが生じる。周囲の関心が子どもに集中するなかで，産婦には育児・家事の負担が増大し，心理的負担がきわめて大きくなることも，出産後に精神障害が発生す

る要因の一つに考えられるという。

　妊娠・分娩過程は，生理的に母親となることを可能とする体験であるが，それは同時に，一人の女性が母親としての役割を受容していくための心理的過程でもある。妊娠や母親になることに対する心理的葛藤，人格の未成熟さ，人間関係における未解決の問題や葛藤などが，妊娠過程に種々の身体異常を生むことが認められている［長谷川，1966, 1973］。想像妊娠，心因性不妊症，心因性妊娠悪阻，習慣性流産，遷延分娩などが，産婦人科における心身症といわれるものである。たとえば想像妊娠とは，妊娠していないにもかかわらず，身体的には正常な妊娠の場合と同様に腹部や乳房が大きくなり，胎動すら感じることもある症状をいう。その背景には「夫のゆれ動く情愛を獲得したい，自分が子を宿す能力をもっていることで及第した女性であることを証明したい，他の女性と同等であることを達成したい，妊娠と結びついている病気の症状をとおしてマゾ的な自己への罰を生じさせたい」［Bardwick, J. M., 1971］といった無意識の願望がはたらいているという。依存的なパーソナリティ特徴をもつ女性の欲望や葛藤，夫をはじめとした家庭内の人間関係の不安定さをそこにみることができる。

　ところで，産婦人科における心身症の研究は，精神分析学の知見を基礎として発達してきていると考えられる。とりわけ，Freud, S.の精神分析の忠実な継承者であるDeutsch, H.［1944, 1945］の見解は，その影響力においてかなり大きなものがある。

　Deutsch, H.は妊婦とその母親との関係を重視し，自分の母親に対する依存の程度の強弱によって，妊婦自身の母親としての運命が決定されると考えている。心理的に未成熟で，結婚後も母親への依存を脱却していない女性の場合，自分自身が母親になる自覚が育てられず，妊娠および子どもの出生は，自分と母親との共生的依存関係を崩す脅威として受けとられるという。一方，幼児期から母親との暖かい情緒的交流を経験できなかった女性は，自分の母親への同一視ができず，自らが母親の役割を受容することを拒否するという。Deutsch, H.によれば，妊娠によって始まる母子関係は，過去の自分と母親との母子関係の再開でもある。健全な母性の発達のためには，妊婦は自分の子どもと自分の母親の両者に対する同一視を調和のとれたものにすることが必要であるとし

ている。どちらか一方に対する同一視が拒否されても，身体症状に種々の困難を生むという。心因性不妊症，心因性妊娠悪阻は，母親になることや胎児に対する無意識の恐怖，敵対感情の現われであると考えられている。また，Deutsch, H. は妊娠にともなう女性の感情は二つの両面的な感情に分かれて葛藤するとしている。一つは生命の活気，愛情，母親らしい誇り，幸福感であり，他の一つは意気消沈，恥辱感，憎悪，破壊，死などの感情である。妊婦の心理は，この二つの感情の両極端をたえず往復するものであるという。前者は現実生活への外向的な姿勢を生み，出産に備えて養生に励み，生まれてくる子どものために衣類等の準備に専念するといった行動となる。一方，後者は内向性として知られているものである。妊婦が自分の精神的経験についてほとんど語ることがないのは，知性がないからではなく，それが強度に内向しているためであると Deutsch, H. は述べている。内向的傾向が強くなると，関心は自分自身の身体に向かい，優しさ，いたわり，注目などをもとめようとする欲求がひじょうに強くなるという。

　Deutsch, H. の理論は，Freud, S. が女性心理の特徴としてあげた受動性，マゾヒズム，ナルシシズムと母性とを関連づけて考察したものである。ペニスをもたない身体的特徴にくわえて，膣もまた男性の能動性に依存しているという，能動性の二重の欠如が女性の受動性の生理的基礎と考えられている。この受動性と結びついたマゾヒズムが，女子の発達段階のなかで父親に対する性的・受動的な態度をとらせるという。さらに，このマゾヒズム的傾向は性行為，出産，育児など，苦痛に結びついた女性の人生の段階をのりこえるのに必要になると考えられている。母親の自己犠牲，子どもへの献身を成就させる能力が，マゾヒズムと結びついたものであるという。また，愛されたいというナルシシズム的願望は，母親においては子どもに転移され，自分自身の身体の一部として子どもを愛するという。したがって，性，なかでも妊娠と母親になることは，女性のナルシシズム的源泉であるということになる。

　Deutsch, H. の女性心理は，Freud, S. の精神分析の理論をそのまま踏襲したものであり，生物学的，身体性的に女性の心理を考察したものである。これに対して Horney, K. [1967] や Thompson, C. M. [1964] は，むしろ，社会・文化的要因を重視することで，Freud, S., Deutsch, H. の女性心理学に対立してい

る。とくに Horney, K. は新しい生命を産み育む妊娠・分娩過程や授乳時に女性が母親として味わう喜びや幸福感は，ペニス羨望や男性コンプレックスの代償ではけっしてないことを主張している。

　また，Thompson, C. M. は Freud, S. の貢献を高く評価する一方で，女性は基本的に去勢された男性であるという Freud, S. の理論には根本的な誤りがあることを指摘している。女性の心理発達においてペニス欠如の意味を重視する Freud, S. の理論では，女性は対象への積極的な征服の目的をもたず，愛することよりも愛されることに身を委ねる存在である。そのため，女性においては対象愛は育ちにくく，母親が子どもを愛するのも自身の分身への愛であって，対象愛ではないと考えられている。しかし，Thompson, C. M. は，人を愛し得ないことは女性にかぎられたことではなく，子ども時代に愛情ある関係を経験しないことこそ，男女両性いずれにとっても重大なパーソナリティの障害をもたらすとして，Freud, S. の理論に疑問をうちだしている。また，男児の誕生が母親の去勢コンプレックスを補償し，息子との関係だけが母親に無制限の愛情を与えるとする Freud, S. の理論に対して，そのようなこともあり得るだろうが，しかし，けっして普遍的なことではないとして批判をくわえている。

　Horney, K., Thompson, C. M. が Freud, S. の理論への批判において一致する点は，第一に女性の心理はそれ自身の問題であって，たんに男性性器の裏返しではないとする点である。女性の生物学的機能はそれ自身の正当な要求として存在するという認識が示されている。そして第二は，女性心理を文化的圧力の所産として考察している点である。Freud, S. が分析した女性の態度，関心，願望は彼の属する特定文化に依存するものであり，それを女性一般に普遍的とした点を批判している。

　ところで，Thompson, C. M. は文化の重要性を強調する一方で，女性心理に影響を与える生物学的事実をも認めている点で Horney, K. とは異なる点を有している。女性は男性とまったく同じでもなければ全体的に異なるものでもない。多くの能力を男性と分かち合いながら，しかも依然として差異を残しているという。そして，妊娠・出産・授乳といった体験は，「女性の本性に深い影響を与え，かつ，それは男性のもち得ない体験である」としたうえで，「しかしながら，創造のなかの安らぎ，新生児への母親らしき優しさというこのよう

な自然な反応は，社会的な態度から強く変えられる」としている。その社会的な態度とは，「たとえば，私生児とか期待されずに生まれた子どもは，妊娠を苦々しさや，失望で満たす原因となる。美しい乳房への過度の自己愛的評価は，女性に子どもの世話をひどく嫌いにさせたり，あるいは乳房のほうをだいじにさせるようになる」ことを意味している。

最近，女性心理の発達について生物学的要因（とくに内分泌系の機能）を強調する研究がふたたび発表されはじめている。

古くは Benedek, T. F., & Rubenstein, B.［1942］が，健康で成熟している女性の忍耐力と哺乳性は，高いプロゲステロン・レベルにその原因があることを主張したが，Bardwick, J. M.［1971］は Benedek, T. F. の説も引用しつつ，妊娠している女性の心理状態は，パーソナリティ特性よりも内分泌レベルの影響力が大きいという仮説を提出している。Bardwick, J. M. は，女性の身体とパーソナリティとの関係について，「外見上の器官や陰茎に対する失望や去勢的外傷にいつまでも訴えるべきではない」とする点では Horney, K. と見解を一にするものであるが，とりわけ，女性の身体のなかでの生殖器系の機能に注目することで，女性心理を考察する独自の立場に立脚しようとしている。

母と子の絆に関する生物学的・生理学的な解明は，生態学，分泌学，乳児発達学の領域で数多くの知見を得ている。

まず，動物行動学についてみると，その生態学的・実験室的研究は，人間の行動発達を理解するうえで進化論的な見通しを与えてくれるものである。

哺乳動物の母親的行動について，Klaus, M. H., & Kennell, J. H.［1976］は，多くの種で観察した結果を集約すると，異なる各種の動物が同じ必要を満たすために類似性をもった育児行動を進化させてきたことが示されているとし，そこには種の保存を確保するために，それぞれの種に独自の行動型がみられることを述べている。

哺乳動物の母親的行動については，それが子どもの特性によって誘発されるものか，それとも雌動物の体内で生じる内分泌的変化が契機となっているのかを明らかにすることを目的として，いくつかの実験室的研究が行なわれている。

たとえば，Terkel, J., & Rosenblatt, J.S. はネズミを用いた実験［1968］で，血漿中に母親的行動を誘発するホルモン様物質が含まれていることを確認した

うえで，さらに妊娠ネズミの血液を未交尾ネズミに輸血し，未交尾ネズミに母親的行動が誘発されるか否かをみる実験［1972］を行なっている。その結果，分娩直後の母親ネズミと血液を交換した未交尾ネズミ8匹のうち，7匹までが母親的行動を示したが，しかし，分娩前24時間と分娩後24時間のネズミの血液は，未交尾ネズミに母親的行動を引き起こすことが，はるかに少ないという報告がされている。このことから Terkel, J., & Rosenblatt, J.S. は，ネズミの母親的行動はホルモン（エストロゲン）によって維持されることが明らかにされたが，ただし，それは分娩後の短期間に限定され，分娩後24時間以上経過すると血液中のエストロゲンの濃度が急速に低下するためであると説明している。さらに分娩後は子ネズミの存在が母親的行動を維持するうえで必要だという。分娩直後に子ネズミを取り去ると，4日後には母親的行動は完全に消失した。しかし，分離前に少なくとも3日間，子ネズミと一緒にしておくと，その後，4日間の分離をさせた後でも母親的行動がふたたび現われたと述べている。

　また，Klopfer, P.［1971］は，ヤギに母親的行動を引き起こさせる子ヤギの特徴に注目したが，子ヤギから発せられる視覚的信号，聴覚的信号，嗅覚的信号は，いずれも母親的行動の誘発因とはならなかったことを記している。しかし，分娩直後5分間自分が産んだ子ヤギと一緒にいた雌ヤギ5匹は，3時間の分離後も5匹ともふたたび子ヤギを受けいれたという。さらに，分娩直後に自分の子ヤギと他の子ヤギの両方を与えられた雌ヤギは，6匹のうち5匹までが分離後も両方の子ヤギをふたたび受けいれたことを明らかにしている。これらのことから，Klopfer, P. は，ヤギの母親的行動の触発体は子ヤギのもつ特徴という外的なものではなく，雌ヤギ自身の内的な因子にあること，しかもそれは，分娩後の数分間というごく限られた時間のなかで，子ヤギへの反応を高めるものであることを指摘している。

　Terkel, J., & Rosenblatt, J.S. および Klopfer, P. の知見に共通している点は，ネズミやヤギの母親的行動は生物学的メカニズムによって維持されており，分娩直後の短期間内のホルモン性変化によって子どもの受容が高められるとしている点であり，この「感受期」に子どもが母親と共にいることが，その後の母親的行動の維持に必要だとしていることである。

　この見解は，子どもが発する信号や子ども自身の行動特徴，幼児体形（丸い

顔，小さな顔のわりに高くはり出した額，相対的に大きな目，小さなおちょぼ口，胴にくらべて大きな頭，丸みを帯びた体形）が，母親的行動を引き起こす第一次的な要因だとする Lorenz, K.［1963］や Eibl-Eibesfeldt, I.［1970］と見解を異にするものである。

　ところで，人間の母親においても，前記の Terkel, J., & Rosenblatt, J.S. および Klopfer, P. の見解を支持する知見が提出され，近年，産科・小児科の各領域で注目を集めている。すなわち，ホルモンに急激な変化が生じる分娩後の一定期間が，母親のわが子への愛着のあり方を決定する「感受期」だとするものである［Klaus, M. H. et al., 1972 ; Kennell, J, H. et al., 1974］。これは初産の母親を対象に，分娩後のわが子との接触時間によって2群に分け，その母親たちについて1ケ月後と1年後に，母親への面接，母子の行動観察を行なったものである。その2群とは，分娩後の3時間以内に1時間，その後の3日間に毎日5時間ずつ余分に裸のわが子と一緒に寝ることを許可された群（早期長期接触群）14人と，分娩直後と生後6～8時間のとき子どもをみせるほかは，4時間おきの授乳時間にのみわが子と接触する群（対照群）14人である。対照群の接触方法は，この研究が行なわれたアメリカで当時ふつうに行なわれていたものである。1ケ月後の面接および行動観察の結果［Klaus, M. H. et al., 1972］，早期長期接触群の母親のほうがわが子への関心が高く，他人に自分の子どもを預けることに消極的であったという。また，子どもを愛撫したり，顔と顔を合わす姿勢も，対照群にくらべて明らかに多かったとしている。この1ケ月時に観察された両群の差異は，1年後の観察においてもふたたび明確な差異として確認されている［Kennell, J, H. et al., 1974］。

　分娩後の一定期間が，母親にとってわが子への愛着を発達させる最適な時期であることが，さらに未熟児を産んだ母親においても確かめられたことを Klaus, M. H., & Kennell, J. H.［1976］が紹介している。これは未熟児を産んだ母親53名を，早期接触群（出産後1～5日で未熟児室に入って，子どもを手で触れ世話をする）と晩期接触群（生後21日間は未熟児室の窓から子どもをみるだけで，中には入れない）に分け，退院直前と1ケ月後における母親の授乳行動を観察し，さらに生後42ケ月の時点で子どもに Stanford-Binet 知能テストを実施したものである。その結果，早期接触群の母親のほうが授乳時に子どもを

みつめ，顔を合わす時間が長いこと，さらに，子どもをみていた時間の長さと42ヶ月時点での子どもの知能指数とは相関が高いことを明らかにしている。

しかしながら，同じく未熟児の母親について，早期の母子接触の形態とその後の母親行動との関連性をみた Leifer, A. D. et al.［1972］の結果は，必ずしも Klaus, M. H. らの見解を支持するものではない。これは退院後の1週間と1ケ月の2回にわたり，早期接触群と晩期接触群との母親行動を比較したものだが，いずれの時期においても両群間に特筆すべき差異はみいだされていない。さらに，正常児の母親（入院中の母子分離2～3日）と未熟児の母親（母子分離3～12週）との比較も行なっている。測定された6つの母親の行動のうち，両群で差が認められたのは，ほほえみかけと抱きしめるの2つであり，これはいずれも正常児の母親に多くみられている。しかしながら，他の4つの行動については両群間に有意差がなく，差異が認められた上記2つの行動についても，その差が初期の母子の分離期間の差によるものとするためには，それ以外の要因がまったく同一ではないことを理由として，Leifer, A. D. らは結論を出すことに慎重な姿勢を示している。

出生後の母子の絆について，いくつかの生理的・感覚的レベルにおいて，母と子が密接に関連し，相互に影響しあうことが指摘され，そのなかでわが子への母親の愛情が強化されるという見解が出されている。

まず，近年の乳児研究は，乳児が誕生直後から積極的に対人関係を求める生得的傾向をもつ存在であることに関して，貴重な知見を提供している。

Condon, W. S., & Sander, L.［1974a, b］は，生後1～2日の新生児が人の声に合わせてリズミカルに体を動かすことを報告している。たんなる反射とは異なるこのようなコミュニケーション能力は，生理的レベルでの通じ合いを可能とするものと考えられている。わが国でも加藤ら［1981］により同様のことが確認されているが，人の声でも，とりわけ母親の自然な語りかけに対してもっともよく反応することが明らかにされている。

Bowlby, J.［1958］は，把握・みつめる・吸引・啼泣・微笑などの乳児の生得的な行動は，母と子の結びつきの重要な決定因だとしている。また，Brazelton, T. B. et al.［1966］は新生児の生得的行動のうち，とくにみる能力について，新生児は出生後間もない時点で12～15インチ（30～38cm）の距離

で手を動かすと，それを目で追うことができることを明らかにしている。12〜15インチは，授乳時をはじめとして，新生児が母親から世話を受けるとき，目と目が合う間隔である。また，Fantz, R. L.［1963］によれば，新生児はものがみえるだけでなく，種々の図形のなかからとくに人間の顔図形をより長くみつめる傾向があるという。新生児の視覚の選択性は，その出生時に人間の顔を選ぶように仕組まれており，さらに生後2〜3ケ月の時点では人間の顔，とりわけ目によって微笑がより多く解発されるという［高橋，1974］。このことと関連してより興味深いことは，母親の側は目と目を合わせることによって養育反応が解発されるということである［Robson, K. S., 1967］。子どもの生得的な能力に対して，母親の側もそれに調和的に呼応する側面を備えているといえよう。

　このほかにも，母と子の絆が生得的・生理的レベルで調和していることを示す例は多い。乳児の空腹時の泣き声は，80〜90％の母親に乳房の循環血流量を増加させ，乳腺の緊張を引き起こすという。また，乳児が乳房を吸うことにより乳頭が刺激されると，母親の血中のプロラクチンは4〜6倍に急上昇するという［小林，1978］。プロラクチンは代表的な愛情ホルモンと考えられているものである。一方，新生児のほうは生後6〜10日の時点で，自分の母親が使用したブラジャーと他人が使用したブラジャーを弁別するという［MacFarlane, J. A., 1975］。愛情の対象に対する乳児の積極的な選択性に対して，母親の側が分泌物の臭いによって応えていると考えられるものである。このほか，産褥婦がわが子に話しかけるとき，他の時期や他の人に対するときよりも，高いピッチで話しかけるという事実が報告されているが，このピッチの高さがちょうど新生児の聴覚に対応するということである［Lang, R., 1972］。また，ほとんどの母親はわが子を胸に抱くとき，右利き，左利きには関係なく，左側の心臓の上に抱く傾向が明らかにされている［Salk, L., 1973］。このことは，母親の心音が新生児に心理的な安定感を与えることに貢献していると考えられている。

　以上の諸研究の知見は，母と子の絆は，それがごく初期のものであればあるほど，母子双方に生得的に備わる生理的要因によって保証されていることを示すものである。新生児期の生理的レベルでの対話は，「母子双方にとってはまさに等質的体験で，また相互に影響し合う互恵的性格のもの」［丹羽，1979］であり，同時に「あまりにも確固としたfail-safe system（失敗しても安全性

が保たれるようにした制御体系）をみているようなもの」［Klaus, M. H., & Kennell, J. H., 1976］ともいわれているものである。

2. 心理学における母性研究の概略

　心理学においては，母性が正面からとりくまれたことは，従来ほとんどなかったといえる。Bowlby, J.［1951］以来，子どもの発達におよぼす母親の存在の重要性が強調され，母子関係の研究が活発になされてきたが，その視点はもっぱら子どもの側に向けられたものである。子どものパーソナリティや知能の望ましい発達にとって母親はどのような環境であるべきかという面から，母親の行動や意識が問われてきたにすぎない。母親がわが子との関係のなかで示す情動・認知・行動そのものを対象として，そこに個人差やその形成過程を明らかにすることは少なかった。花沢［1977］が「母性心理学」の樹立を提唱したのも，「女性が母となる過程を等閑視して，すでに母となった女性に対して，子の側から照明を当ててきた」ような状況に対して批判したものである。

　とりわけ母子間の愛着に関しては，第2章第3節第2項で述べたとおり，子どもの側の愛着の発達がほぼ究明されているのに対し，母親の側の愛着については内外ともに研究が少なく，近年ようやく着手されはじめたところである。

　従来の母子関係の研究は，母親の愛情の重要性を主張する一方で，母親の愛情の質そのものの分析が欠落している。子どもを愛することは女性に独自の生得的能力と考えられてきたために，母親としてわが子に向ける愛情の質，そこにみられる個人差，そして，一人の女性が種々の感情をもつ母親へと成長してゆく心理過程を解明する必要性に目が向けられることが少なかったものと考えられる。

　そして，母親側の感情的側面の解明を疎かにする傾向は，認知面・行動面を重視する現代心理学のなかでさらに助長されてきたといえる。とりわけ，最近10年余の新しい研究動向である生態学的手法の隆盛のなかでは，母親の感情的側面の解明はなかなか中心的な課題とはなり得ない状況にある。相互交渉という視点から母子関係を捉える，いわゆるインタラクション研究では，できるだけ自然な状況下の母と子を直接観察し，観察で捉え得る母子の行動を秒単位で

細分化した検討が行なわれている。ここでは子どもの行動とともに母親の行動も，相互交渉の展開の一端を担うものとして分析の中心的な位置を確保している。しかし，現代のインタラクション研究では，ともすると母と子それぞれの内面的要因を充分考慮せず，行動の流れの分析に終始してしまう傾向がある。とくに母親側の行動に関しては，乳児の行動に対応した比較的表層的なものしか対象となし得ないという限界を免れていないと考える（この点については，第4章第1節第3項で詳述する）。

　こうした問題点を内包する研究動向のなかで，次の研究は行動の背後にある内面的な問題を指摘したものとして注目される。まず，高橋・波多野［1978］は，生後6ケ月と9ケ月とで母子相互交渉を検討した結果，一貫性が高いのは，子どもに対する母親の刺激量とか応答性といった量的な側面ではなく，母と子のやりとりが楽しそうか，母親が子どもを受けいれているかという質的な側面であったことを指摘している。また，Bell, S. M., & Ainsworth, M. D. S.［1972］は，生後1年間にわたって乳児の泣きに対する母親の反応を調べた結果，それぞれの母親の反応が1年間をとおして一貫性が高いことをみいだしている。そして，それを母親のパーソナリティ，とりわけ感受性の問題として考察している。ここでいう感受性とは，子どもの発する信号や要求に対して，随伴性をもって，適切に，しかも一貫性のある反応をする［Lamb, M. E., & Easterbrooks, M. A., 1981］ことを意味し，Lamb, M. E.たちは，親の個性が子どもに与える影響力の大きさを考えるとき，とくに親の側の感受性の問題に注意をはらう必要性を強調している。精神分析，比較行動学，有機体説等の諸理論における感受性のとりあつかいの相違を概観することにより，親の感受性は親自身のパーソナリティ特性，親としての態度や価値観，そして，子ども自身の側の特性に規定されるとしている。

　母親の内面的な問題，とくにわが子に対する母親としての感情の発達に関する研究が少ないことは前述のとおりであるが，そのなかではマターナル・アタッチメント（maternal attachment）の発達の様相を検討したRobson, K. S., & Moss, H. A.［1970］の研究が注目される。これは生後3～4ケ月の時点で54名の母親を対象とした面接により，
・赤ちゃんへの肯定的感情や愛情を抱いたのはいつか

・赤ちゃんが母親にとって初めて一人の人間と感じられたのはいつか
・赤ちゃんが母親のことをわかっていると初めて思えたのはいつか
を明らかにしたものである。それによると，分娩をはさんでその前後は，分娩を早くすませたいということに没頭しており，子どもへの関心は，その出現および生まれてくる子どもが身体的に健全か否かを確認することに集中している。産後の入院期間中（平均4日間）は，母子別室のため，新生児への感情はぼやける傾向にあり，34％の母親がとくに何の感情も起こらないとしている。入院期間中にすでに肯定的な感情をもったとしている母親は59％であるが，この時期では新生児の存在を非人格的なものとして述べているのが一般的である。このように入院期間中は，まだ特別な親近感をもっていない母親が多いなかで，新生児を一人の人間としてみなおそうとする心理的な試みもはじめられる。新生児が手を動かすのをみて，それを母親の自分に向けて手が振られていると解釈したり，また，家族の誰れかに似ていると感じ，それが新生児を身近なものに感じさせているという。生後3〜4週は，慣れない育児での疲労から母親は不安定となり，子どもへの強い愛着は経験できない。むしろ，入院期間中のほうが暖かい感情を抱くことがたやすいようである。赤ちゃんのか弱さ，脆さ，予測不可能な要求をコントロールする難しさにくわえて，赤ちゃんとコミュニケーションができないという感情が抱かれやすい。生後4〜6週になると多くの母親は健康を回復し，育児にも自信をもちはじめる。赤ちゃんを一人の人間として認識できるようになったという報告がはじまり，赤ちゃんの微笑や目と目の接触がそれを引き起こすものとなっている。生後7〜9週では，31％の母親が一人の人間として赤ちゃんをみており，母親の自分のことをわかっているとも感じて，母親としての感情が安定してくるという。この Robson, K. S., & Moss, H. A. の研究は，産後3〜4ヶ月時点での回想によるものではあるが，母親の愛着の発達そのものを分析した数少ない先駆的な研究として評価できるものである。

　一方，わが国においても，1980年版『児童心理学の進歩』（金子書房）で，初めて母性研究という項目がとりあげられ，母親感情・母親意識をあつかった研究のいくつかが紹介されている［若井，1980］。母親自身の心理発達の問題が注目されはじめたといってよいと考える。しかし，研究そのものはまだ少な

く，体系的にまとめられるまでには至っていない。これら従来の研究を概観すると次のとおりである。

　医学およびその近接領域での研究動向と同じく，わが国の心理学においても，母親としての感情を妊娠・分娩過程との関連性のもとに分析した研究がほとんどである。母性心理学の樹立を提唱した花沢［1977］も，「妊娠あるいは出産という女性にとって画期的な体験に焦点を当ててはじめて，母性形成の課題を発展させることができる」と述べ，その観点に立って一連の研究を進めている。

　自分自身が母親になることをどのように受容し，わが子に対する愛情を発達させていくかについては，妊産婦の面接によって明らかにした牛島［1955］の研究が，わが国では草分けである。ここでは，妊娠中の胎動や分娩時の感動が母親としての感情を成立させるものと考えられている。また，村松［1974］も妊娠が確定する妊娠3ヶ月と，初めて胎動を自覚する妊娠5ヶ月の二つの時期が，母親としての感情を発達させる契機であるとしている。

　この点についてのより詳細な経過は，妊産婦用文章完成テスト（M-SCT）を用いた花沢・飯塚［1978］に報告されている。この研究は初妊産婦196名を対象としており，調査時期は，妊娠の初期が43名，中期が86名，末期が51名，分娩後1週間以内が16名の横断的資料である。お腹のなかの胎児に関心を向け，わが子として実感をもつ叙述は，中期以降とくに末期群に多い。分娩の無事を願う叙述は，中期群に多いが末期群では減少し，むしろ分娩を待ち望む喜びや，分娩時の苦痛を克服しようという意欲を示す叙述へと変化がみられる。初期群にくらべて，中期群・末期群では出生児の性別にこだわる叙述は少ない。むしろ出生児が健康であることを願う叙述が増加している。妊娠過程の進展にともない，全般的に母親になることへの意欲や自覚，落ち着きを示す叙述の増加がみられる。しかし，分娩後1週間以内の産婦においては，育児への不安を示す叙述が増加し，出生児への愛着や育児を願望する叙述は減少する。この分娩後の産褥期に示された傾向は，産褥期に精神障害や情緒不安定の出現頻度が高いことを指摘した精神医学の知見（本章第1節）と共通するものと考えられる。産褥期の情動全般については，村井ら［1977, 1978, 1979］の研究がある。

　また，とくに妊産婦の不安に関しては，花沢［1977］，深谷・田島［1973, 1974］の研究がある。まず，花沢においては，いわゆる人格特性として現わさ

れる顕現性不安（manifest anxiety）は，初妊産婦と経妊産婦とで有意差はないが，妊娠や産褥という状況下で喚起される母性不安（maternal anxiety）は，初妊産婦のほうが経妊産婦にくらべて明らかに高いという結果が得られている。しかし，妊娠時期による母性不安の変動はみられていない。深谷・田島の研究では，妊娠月数の進行にともなってC. A. S.不安診断検査による不安水準の減少傾向を調べているが，とくに顕著な減少は得られていない。しかしながら，C. A. S.の下位尺度を分析した結果では，自我統御力，パラノイド傾向が平常時より低い一方，衝動による緊迫が平常時より高いという。このことから，妊娠時の心理は比較的安定した状態にあるが，同時に各種の欲求の抑制等による一種の緊張状態が存在する可能性があることを指摘している。さらに，育児への関与や母親役割の受容と，C. A. S.の不安との関連性についても検討をくわえているが，その結果，母親役割の受容に抵抗のあるものはC. A. S.得点が高いことをみいだしている。ところで，花沢，深谷・田島のいずれの研究とも，妊娠時期と不安変動との間には有意な関連性が得られていない。しかし，この点については，両研究とも調査対象が横断的資料であることを考慮する必要があろう。

　第1節で述べたとおり，妊娠悪阻（つわり）は心身医学の研究領域において主要な症状の一つとされている。花沢［1979］は，つわりと母性発達との関係について検討し，次のことを明らかにしている。これは，母性発達をみるための9枚の図版からなるM-TATと，つわりの程度をきく「つわり症状問診表」を用いて測定したものである。その結果，つわりの程度が中等度のもの9名は，各図版において妊娠・出産・育児に関する叙述や子どもという語の出現数が多く，しかも，それらは肯定的な方向で述べられている。一方，つわりの程度が軽度のもの10名と重度のもの6名は，上記の叙述や子どもという語の出現数が少なく，表現されている場合には無感情的なもの，拒否的なものが多い。つわりは胎児に対する妊婦の否定的あるいは葛藤のある感情および態度の反映とも考えられているものであるが，この花沢の研究によれば，つわりが重度のものばかりでなく，軽度のものも母性発達上に問題があることが指摘されている。

　さらに花沢［1978］は，妊娠中および分娩時の苦悩度と赤ちゃん・幼児のそれぞれに対する愛着の強弱との関連性についても検討している。まず赤ちゃん・

幼児に対する愛着は，それぞれ13項目からなる形容詞対，願望詞対によって測定している。また，妊娠中と分娩時の苦悩度は，子どもが幼児期に達した調査時点での回想によるものであるが，妊娠時不安得点・つわり得点・分娩時苦痛得点の合計から妊産時苦悩得点を算出している。その結果，愛着得点は中苦悩群がもっとも高く，高苦悩群・低苦悩群はともに低く，妊娠・分娩時の苦悩度がひじょうに重い場合だけでなく，ひじょうに軽くあまりに楽な過程を辿る場合も，母親としての感情の発達が妨げられることが指摘されている。しかし，ここで測定されている妊娠・分娩時の苦悩度は，数年前の妊娠・分娩状況の回想に基づくものである。したがって，この研究で示された妊娠・分娩時の苦悩度と母性感情との関連性は，花沢自身も言及しているとおり，妊娠・分娩時の体験が母性感情の発達を規定したものか，逆に調査時点での母性感情の発達の程度が妊娠・分娩時の苦悩についての回想を左右したものか明らかでないという問題点を残している。この点については，妊娠初期からの縦断的研究のもとに明らかにされていくことが必要であろう。

　高橋［1976］は，妊娠中から子どもが就学前に達するまでの縦断的研究のなかで，初妊産婦を対象として子どもへの愛着の発達を検討している。これは前述の Robson, K. S., & Moss, H. A. の研究を基にしたものである。調査は保健所の母親学級に参加した初妊産婦に対して，調査開始時点の妊娠5〜8ケ月から出産後4ケ月までの期間に5回，同一対象に質問紙調査を実施したものである。出産後1ケ月の時点で赤ちゃんへの愛着を測定し，その強弱とそれまでの5回の質問紙への回答内容を比較した結果は次のとおりである。なお愛着の測定は，「赤ちゃん」ということばを聞いたときの感じを7項目の形容詞に5段階評定させ，その合計得点を用いている。出産後1ケ月の時点でわが子に対してすでに強い愛着をもつもの（early attacher, 36名）は，まだそれほど強い愛着をもてていないもの（later attacher, 28名）にくらべて，

・胎動時の感動が強いもの
・妊娠中の母体の健康状態が良好だとしたもの
・分娩への不安が少なく，わが子のために頑張ろうと自らを励ましたもの
・産後の母体の回復が良いとしたもの
・生後4ケ月で母乳を飲ませているもの

が多いという。以上のことから，妊娠中から分娩後に至るまでの心身の状態が安定している母親は，わが子への愛着の発達が早いことが考察されるとしている。

長野［1977］は，「妊娠」「出産」「母親になること」の3つの刺激語に対して，SD法によるイメージ調査を行なっている。調査対象は，妊娠3ヶ月から出産後1ヶ月までを6時期に分けて集めた横断的資料である。子どもを産むことに消極的な群は，「妊娠」に対して価値観が低く，「出産」や「母親になること」にも不快や不安定な感情をもつことが示されている。また，過去に流産経験をもち，今回も妊娠異常のみられる群は「妊娠」「出産」への不安が高く，同時に「妊娠」や「母親になること」に高い価値をおいている。このことから，子どもを得る可能性が低いことが，妊娠や母親になることの価値観を高める要因であることが考察されている。

出生時の状態が母性感情の発達に影響することに関しては，南浦ら［1969］，上田［1978］の研究がある。まず南浦らは，母子関係を妊娠中から生後18ヶ月まで追跡した縦断的研究のなかで，3組の母子についての事例研究を報告している。安定した母性感情の発達には，両親の生活史，現在の家庭環境とともに，出生児の状態が大きく関与している。子どもが病気がちで医療機関への通院が多いケースでは，家庭生活にも種々の障害が生じ，母親としての感情の発達面でも問題が重なっていくようすが明らかである。上田は，母親に乳児の特徴を描写させることによって，子どもを一人の人間として認め，母親としてのかかわりを発達させていく過程を検討している。それによると，月齢が進むにつれて乳児の特徴を描写できる母親が多くなり（4ヶ月時：55.0％，12ヶ月時：86.6％），その内容も具体的に分化していっている。しかしながら，未熟児や既往疾患（ダウン症，心疾患，水頭症等を含む）をもつ児の母親には，特徴描写ができないものが多いことを指摘している。

以上がわが国の心理学の領域において，妊産婦を初めとして乳児をもつ年齢の母親を対象とした研究の概略である。

幼児期以降に成長した子どもをもつ母親を対象とした研究はさらに少ない。泉［1979］は，第1子が3～4歳の母親たち41名を対象として，性格・生い立ち・結婚・妊娠・出産・育児の6領域にわたって，広い視点から母性発達を

みている。このうち，妊娠，出産および乳児期の育児については，調査時点での回想記述である。

　花沢［1975］は，幼稚園児の母親218名を対象として，母親感情の発達と養育態度との関連性を検討している。母性感情の発達を測定するものとして18項目からなる「育児期・母性心理検査表」を作成し，ここから高母性群と低母性群が抽出されている。養育態度は田研式親子関係診断テストを用いている。その結果，とくに低母性群において，その養育態度は消極的拒否型・積極的拒否型の項で問題の程度が強いことが得られたとしている。

　平井ら［1975］は，母性意識の発達には過去における生育史，現在の状態，パーソナリティの3要因が基本的に関係するという視点から，3歳児（東京在住101名），5歳児（東京在住132名，秋田の山村地域在住175名）の母親を対象とした調査を実施している。その結果，とくに3歳児の母親に育児による疲労や育児に対する困難さを感じる傾向が強いことがみられる。子どもを産んだことによって自分自身を活かす道ができた，という項目に関しては，地域差がみられ，秋田の山村地域の母親にはそれを肯定する傾向が強いということである。一方，生育歴および母親のパーソナリティと母性意識との間には関連性が得られていない。ただし，ここでのパーソナリティとは「自分はわがままだと思うか」「甘やかされたと思うか」の2項目に対する回答である。また生育歴ではとくに自分の母親に対する意識を問題にしているが，それを把握する項目は「お母さんは心が暖かい人か」「お母さんが好きか」「お母さんのような母親になりたいか」の3項目である。質問項目をさらに多面的にしたとき，パーソナリティおよび生育歴との関連性はどうかについての分析が待たれるところである。

　福島［1978］は「愛情豊かであたたかい母の愛情とは，そのような母親の姿を幼児期に体験することによって形成される」ことを指摘している。児童虐待をした親の事例研究［福島・金原，1979］では，母親自身の生育歴に顕著な歪みが存在していたことが指摘されている。親から愛されたり支持された経験が少ないことは，たえず不安定な状態で慰めや愛情のこもった反応をもとめる人間へと成長させてしまう。慰めや愛情を子どもにもとめ，それが得られないとき子どもに拒否されたと感じて，怒りや抑うつされた感情のはけ口を子どもに向けてしまったり（役割逆転），親を失望させ怒らせることの多かった自分と

子どもを同一視してしまい，自分と親との関係をわが子に対して再現する（同一視）などの事例がみられるという［金原，1979］。また，池田［1977］は，子どもに虐待をくわえる親の特徴として，①女性として，母親としての同一性形成に問題がある，②子ども時代に適切なマザーリングを受けていない，③わが子に対して不正確な認知をしている，④家庭内にストレス状況がある，⑤体罰がしつけの適切な手段であるという固い信念をもっている，の5つを列挙している。母子関係に歪みが生じた事例を分析することは，母性発達の規定因として何を検討すべきかについて示唆を得るうえでも有効である。

3. 日本文化論としての母性研究の概略

　母親がわが子に向ける感情について，そこにわが国固有の文化的特殊性が存在することを明らかにした研究としては，次の二つが代表的なものである。
　その第一は，わが国の精神分析界の始祖である古沢［1931，1953］による「阿闍世コンプレックス」である。
　阿闍世コンプレックスとは，インドの仏典に登場する阿闍世王の物語を題材とした古沢自身の独創によるものである。次に引用するものは，古沢の阿闍世コンプレックスを小此木［1978］が翻訳し，かつ再構成したものである。

　『そもそも阿闍世は，仏典中に登場する古代インド，王舎城の王子のことであるが，実はこの王子は，暗い出生の由来を背負っていた。つまり，阿闍世をみごもるに先立って，その母韋提希夫人は，自らの容色の衰えとともに，夫である頻婆娑羅王の愛がうすれてゆく不安から，王子が欲しいと強く願うようになった。思いあまって相談した予言者から，森に棲む仙人が三年後に亡くなり，その上で生まれかわって夫人の胎内に宿る，と告げられる。ところが夫人は，不安のあまり，その三年を待つことができず，早く子どもを得たい一念から，その仙人を殺してしまう。こうしてみごもったのが，阿闍世，すなわち仙人の生まれかわりである。すでに阿闍世は，その母のエゴイズムのために一度は殺された子どもなのであった。しかもこの母は，みごもってはみたものの，おなかの中の仙人＝阿闍世の怨みが恐ろしくなっておろそうとし，産む時も高い塔から産み落す。
　何事も知らぬまま，父母の愛にみちたりた日々を送っていた阿闍世は，長ずるに及んでこの経緯を知り，理想化された母親への幻滅のあまり，殺意にさえ駆られて，

あわや母親を殺そうとする。
　しかしその時，阿闍世は，母を殺そうとした罪悪感のために五体ふるえ，流注（身体の深部にできる一種の腫れ物）という悪病に苦しむ。ところが，悪臭をはなって誰も近づかなくなった阿闍世を献身的に看病したのは，ほかならぬ韋提希夫人その人であった。つまりその母は，この無言の献身によって，自分を殺そうとした阿闍世をゆるしたのであるが，やがて阿闍世もまた母の苦悩を察して母をゆるす。この愛と憎しみの悲劇を通して，母と子はお互いの一体感を改めて回復してゆく。』
　（『モラトリアム人間の時代』中央公論社より）
　もともと古沢の阿闍世コンプレックスは，「罪悪意識の二種」と題するもので，執筆された翌1932年に独訳されてウィーンの Freud, S. に提出されている。この原論文はここに引用した小此木版阿闍世物語と，主題においてかなり異なるものである。原論文は阿闍世による父親の殺害をテーマとし，殺害したにもかかわらず，天上の父親から慈悲ある許しを寄せられたことで阿闍世の心に生じた懺悔の心を問題としている。罪に対してそれを罰し，償わせるという欧米の父性原理と対照的なものとして提出されたものである。
　原論文から二十余年を経て書かれた第二次論文では，父親殺害のテーマが母親殺害に置き代えられている。この置き代えによって，許され型の罪意識が示すところの母性原理は，より端的に打ち出されたといえる。また，病に倒れた阿闍世が母の献身的な看病を受ける部分は，小此木による追加であるという［小此木，1979a］。この部分の追加によって「仏典の中の物語が，精神分析的な母と子の対象関係論的な相互関係へと展開された」と小此木はみている。わが子への無償の愛が子どもを救い，その愛を注ぐ母自身もまた救われていくことで阿闍世物語は完結しているものである。
　阿闍世物語が，古沢原論文・第二次論文，そして小此木版へと再構成される過程，ならびにエディプス・コンプレックスとの対比は小此木［1979b］に詳しいが，これは日本的な心性の原型を明らかにするうえで示唆に富むものである。
　まず，許され型の罪意識が父親ではなく母親をとおして語られるところに，日本的な母性観をみることができるであろう。そしてそれは，自分を殺そうとしたわが子に慈悲ある許しをもって応じ，献身的に尽くす韋提希夫人の母親としての姿に象徴されているものである。

また，欧米の父性原理の典型ともいうべきエディプス・コンプレックスと比較することは，阿闍世コンプレックスにみる日本的な母親の心理をより明らかにするものである。エディプス・コンプレックスは，母親に対する性愛とそれゆえに抱く父親への敵意をテーマとしている。「エディプス・コンプレックスでは，父・母側の男・女としての正当な権利の主張が当然のこととして承認され，その権利を侵す存在としての子ども側の不当さが，克服されるべき倫理的課題とみなされている」[小此木，1979b] わけである。

　これに対して，阿闍世コンプレックスは母親側の女としての煩悩をその出発点としているところが対照的である。①阿闍世を身ごもった契機は，夫の愛を失うことを恐れた女としての煩悩であり，②その煩悩のためには，仙人の3年の寿命を待つことができないという自己中心的な破壊性，③仙人の怨みが夫に危害を及ぼすことを恐れ，身ごもったわが子を高楼から産み落とすという我執……。韋提希夫人の母親としての出発は，女の煩悩とエゴイズムの権化として表わされている [木田，1977]。阿闍世の心に生じた母親殺害の動機は，理想化していた母にそのような女の煩悩，エゴイズムをみたことであった。阿闍世が理想とした母の姿とは，純粋に子どもへの愛情だけから子を産み，無条件にわが子の誕生を祝福する母であった。子どものためだけに生きてほしいその母が，母である前に一人の女であったことは，阿闍世にとって受けいれがたい裏切りとされている。阿闍世が母に寄せるこの心情は，劇，映画，歌謡曲等の大衆文化のなかのいわゆる「母もの」として，われわれがしばしば身近に体験する情緒でもある。

　母のなかに女をみたとき，エディプスは母を性愛の対象とし，阿闍世は母に対して幻滅と怨みを抱く。この両者の違いは大きな文化差であると同時に，われわれ日本人にとって，母なるものがいかに保護された聖域であるかを改めてみることができよう。わが子からの怨みと憎しみを受ける苦悩のなかで，観無量寿経の慈悲に救われた韋提希夫人がとりもどした母なるもの，それは我執を捨て，煩悩を捨て，わが子に無条件の愛と献身を尽くす姿であり，それが真の母性愛の高まりとされている。

　阿闍世の母が到達したところの母性愛は，山村 [1971] の分析による日本の母の概念，すなわち「母のコンセプションズ」と共通するところが多いもので

ある。

　「母のコンセプションズ」とは,母というものが現実にどうあるかを問題にしたものではなく,日本人にとって,どういう意味をもつものとして観念されているかをみたものである。4種類の資料(①テレビドラマ『お母さん』,昭和34年～42年放映中の38年～39年分,②ラジオ番組『母を語る』,昭和36年～39年放送分,③非行少年の内観法,昭和37年1月～5月,④国定教科書)の分析をとおして「母のコンセプションズ」の基本構造として提出されたのが,次のものである。

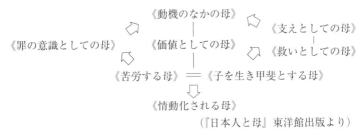

(『日本人と母』東洋館出版より)

　自分を無にしてすべてを捧げて子に尽くし,子どもを生き甲斐とする母の姿(《苦労する母》《子を生き甲斐とする母》)が,「母のコンセプションズ」の基底を形成する。そして,子を生き甲斐として苦労する母の立場を,子が同情とともに理解したとき,母は子にとって社会的達成の原動力になる(《動機のなかの母》)。個人が目標を設定して努力するとき,それがたんに社会的必要や個人的欲求に基づくものではなく,直接間接に母を喜ばせ幸せにするためになされる。そのような母は,子にとって精神的な支えとなって子を励まし,そのアチーブメントを助ける(《支えとしての母》)。人生に挫折し,困難な事態に遭遇したとき,心のよりどころとして最後に帰ってゆくところも母である(《救いとしての母》)。他の人が何といおうと,母だけは子を信じて許すという母の無条件の愛が前提とされている。自分が今日あるのは,母に励まされ,支えられ,救われているためだと知ることは,同時にその母の愛と期待の大きさになかなか報いきれないという罪の意識を子に生じさせる(《罪の意識としての母》)。

　自我を捨て,自分を極小化して,子に無条件の愛と献身を捧げる姿に真の母性愛をみいだし,それによって子が救われ成長するという認識は,阿闍世コンプレックスにも日本の母のコンセプションズにも共通した,日本的な母性観と

いえよう。そして，そうした日本的な母性観は，山村によれば，家族制度の改正，イデオロギーの転換という社会的表層での変化とは離れたより深い層で堆積され，伝統的に容認され，ときには美徳化さえなされて，日本人の生き方や行動の仕方に影響をおよぼしているということである。

第4章　研究上の視点および本書の展開

1. 従来の母性研究および母性観にみる問題点

　医学，心理学等の各領域での母性に関する従来の研究知見および日本の文化的特性として把握される母性観の概要については，第3章で述べたとおりである。以下，これら従来の研究動向に対して指摘すべき問題点およびそこから提起される今後の課題について述べてゆくこととする。

§1　医学およびその近接領域における知見に対して

　産科・小児科の領域および近年の心理学の領域における乳児研究によって得られた数多くの知見は，母子関係の成立を生理的レベルで捉えることを可能とした。そこでは母と子の双方が保有する生得的・生理的機構が，子どもの生育過程を予定調和的に保証していることを鮮やかに解明している。過去の母性本能説も人間の養育行動の生得性を強調したが，それは近年の産科・小児科等の研究領域での成果が指摘しているような，生得性に関する詳細な知見の蓄積に基づくものではなく，漠然と養育行動全般が本能によって保証されているという印象へ拡大させた点に問題の本拠があるものと思われる。

　人間も生物である以上，そこに存する生得的能力を再認識することはつねに必要とされよう。しかしながら，人間の生得的能力の存在を主張するとき，われわれはそれをいかなる視点から捉えるかを明確にし，その位置づけに関しても慎重に考察すべきものと思われる。

　分娩後の「感受期」におけるわが子との接触形態によって，母親の愛情のあり方が決定されるとした Klaus, M. H., & Kennell, J. H.［1976］の研究は，わ

が国でも産科・小児科の領域で注目を集めている。この知見を基に，分娩後の母子接触形態を別室制から同室制へと移行することが提案され，また実施に移されているところも多い。しかし，Klaus, M. H. らの知見の導入に関しては，いささか性急の感を免れないものと思われる。分娩後3日間計15時間裸のわが子との接触時間を増すことと，1ケ月後，1年後のわが子への愛情とを直接的に結びつけて解釈することは，かなり大胆な結論づけのように思われる。それを主張するためには，Klaus, M. H. らの研究自体，他の多くの要因に対して，はたしてどこまで検討をくわえたのか疑問の余地がまったくないわけではない。母子関係は単独で存在するものではなく，夫婦関係や家族関係を背景として複雑な関連のもとで存在するものであり，さらには，直接間接に地域や社会等の影響を受けて成立しているものである。また，母親がわが子に対するとき，そこには母親自身をとりまく過去および現在の人間関係，社会的・文化的条件が反映することを認識することが必要であろう。早期の母子分離のより極端な事例を対象とした Leifer, A. D. et al. [1972] の研究が，必ずしも Klaus, M. H. らの見解を支持するものではなかったことは一例にすぎないとしても，Klaus, M. H. らの知見には慎重な吟味が必要である。もっとも Klaus, M. H. らも，母親の愛情の形成には多くの要因が関与することを充分に認識している。そのうえで，医師として彼らが操作し得る要因である病院側の条件，とりわけ分娩後の母子接触形態に内在していた問題点をクローズ・アップしたものとみられよう。小嶋 [1982] も指摘しているように，Klaus, M. H. らは，ホルモン分泌に基づく感受期の存在を母子の絆の神秘化の根拠として主張したものではなく，むしろ社会的・文化的要因や親の生育史等を含めた複雑な人間発達の規定因の一つとして生得的要因の効力を指摘したものである。こうした彼らの主張本来の広がりを充分考慮したうえで，その研究知見の位置づけを検討することが必要である。

　妊娠中から分娩・産褥期に至る特定の期間のなかで，母子双方が調和的に呼応し，生理的レベルの絆を確保していることが解明されることは，人間の生物としての側面を維持していくために必要である。しかし，その特定の一時期の生理的能力を，その後の長期にわたる養育行動全般にまで拡大し得るかは別の問題であろう。生殖という営みそれ自体は，種の保存のために組み込まれた生

得的機構のはたらきによるものである。人間も生物である以上その例外ではない。しかし，人間の養育行動は生得的・生理的要因に規定される部分を保ちながらも，なおそれを越えてはるかに多様性の余地を残しているものである。長い養育期間をとおして展開される母と子の結びつきの多様性と，それをもたらす諸要因にも同時に関心を高める必要がある。女性独自の生得的・生理的特性は人間の養育行動を支える諸要因の一部であることを確認し，その位置づけと機能とを吟味することが真の問題ではなかろうか。

§2　精神分析の知見に対して

フロイト理論は，その理論の継承者，批判者の手によってさまざまな経緯を辿っているが，その独創性において彼の果たした貢献は比類ないものと評価されている。フロイト理論の批判者である Thompson, C. M.［1964］自身，「ほとんどの重要な発見は，たとえフロイト理論と相容れないものであっても，フロイトの考え方から生まれたものである」としてその功績を称えている。

その点を充分認識したうえでなおかつ，女性心理に関するフロイト理論には以下の二点に問題があるように思われる。

第一は，女性は基本的に去勢された男性であるという視点を出発点としているところに根本的な疑問がある。女性心理に関するフロイト理論の基礎はペニス羨望にあるが，これに対して Horney, K.［1967］は，ペニスを強調する男根中心主義は，子宮の創造性に対する男性の羨望にほかならないと批判している。

女性心理が男性心理の裏返しにすぎないものとみなされ，ペニス羨望が母性のなかで昇華されるという考え方のもとでは，職業的活躍や自立は，フロイトのいう女性人格の三大特性，すなわち受動性・マゾヒズム・ナルシシズムから外れることになる。ペニスを重視する考え方は，ペニスをもたない女性は母親になることによってのみ自己実現が可能になることを主張するものである。また，子どもへの愛情，自己犠牲，献身も受動性・マゾヒズム・ナルシシズムから派生するという視点のもとでは，真の対象愛の芽生えは望めない。

女性の心理をその身体との関連のもとに論じ，いつまでも外見上の器官の欠如や去勢的外傷に拘泥するのは，正しい見解とはいい難い。Thompson, C. M. の

指摘にあるとおり，女性の身体は生物学的機能それ自身の正当な要求として存在するという可能性が考えられるべきであり，「女性の現実に存在している身体は，それ自身の権利において要求や葛藤や満足をつくりだすものなのである」という Bardwick, J. M. [1971] の見解は示唆に富むものと思われる。女性にとって心理的な健康は生理現象の健康を生み，逆に生理面での健康が心理面の安定をもたらすというように，その生殖器系とパーソナリティは密接な関係にあるといえよう。そして，不妊症・想像妊娠・妊娠悪阻等の心身症の研究知見にみられたとおり，母親としての望ましい発達の条件として，妊婦自身の精神・身体がともに健康で成熟していること，そして安定して調和のとれた環境のもとにあることが必要と考えられる。初潮に始まる生理現象を経験し得る女性が，自らの身体への知識を高めることは，妊娠・出産という女性固有の生理的現象に主体的にとりくみ，母親としての生を切り開いていく一つの基礎となるものと考えられる。

　一方，近年の遺伝学・内分泌学領域での研究は，性分化は女性方向へと導かれるのが基本であり，男性として発達をとげるには，そのための効果的な推進力が不可欠だという知見を提起しており，そこには性差を考えるうえでの新たな観点が提示されている。Money, J., & Tucker, P. [1975] によると，受胎から出生に至るあいだに主要な性分化の分岐点が四つある。第一は，受精時の性染色体の組成により XX と XY が確定する。第二は，受精後 6 週間の時点で Y 染色体が生殖巣に伝令を送り精巣を形成する。Y 染色体が不在のとき (XX) は，未分化な生殖巣はその後 6 週間かけて卵巣へと発達する。第三は，生殖巣が精巣として分化発達した後に生産するホルモン・ミックスが，内部生殖器官の初期構造であるヴォルフ管を刺激し，精嚢，前立腺，精管を発達させ，ミュラー管の発達を抑制する。一方，出生前のホルモン・ミックスが男性型でないとき，ミュラー管は子宮，卵管，膣の上部になり，ヴォルフ管は退化する。この場合，女性型のホルモン・ミックスは不要である。第四は，外部性器の造形である。ホルモン・ミックスが男性型のときペニスが，男性型ホルモン・ミックスが不在のときクリトリスと他の外部女性性器が造形される。男性としての発達には，各臨界期ごとに男性方向へ発達するための推進力が不可欠であり，それが与えられないかぎり個体の発達は女性方向を辿る。たとえば Y 染色体が欠失して

いるケース（X0）では，生殖巣は精巣へと分化せず，性分化を推進する力が弱いため，女性の身体をもつ方向へ発達する。以上の知見は，性分化の方向は女性への発達が基本であることを示すものであり，男性を基本とするフロイト理論はこの観点からも反証を受けるといえよう。

問題点の第二は，精神分析における「過去」のとりあつかいに関することである。女性が母親として子どもに対するとき，母親自身の生育歴がそこに再現され，過去の母子関係の延長線上に現在の子どもとの関係が築かれることを指摘したのも，精神分析の知見である。母親の重要性が子どもの発達環境としての役割にとどまらず，次の世代に対する母親としてのあり方にまで延長して考えられている。「愛情豊かであたたかい母の愛情とは，そのような母親の姿を幼児期に体験することによって形成される」という福島［1978］の叙述は，経験的にも説得力をもつものと思われる。しかし，愛情に恵まれない不幸な生育歴であったがゆえに，わが子にはそのぶん暖かい愛情をと願うのも，人間心理の一方の真実でもあろう。

Bower, G. H.［1981］は，過去の記憶は現在の状態に即して選択されることを記憶の実験から明らかにしている。現在が幸福で楽しいと思える状態におかれた被験者は，過去の記憶のなかから楽しい事象を憶い出し，一方，寂しいと思える状態におかれた被験者は寂しく辛い事象を憶い出すことが報告されている。一人の人間が生まれ育った年月の積み重ねと，一定の期間内になされた記憶実験とは，必ずしも同列に論じられるものではない。しかし，生育歴のとりあつかいを考察するうえで，われわれはこの実験から一つの貴重な示唆を得ることができるように思われる。すなわち，一人の女性が母親として成長していく過程に過去の生育歴が反映されることは拭い難い事実であったとしても，それはその女性が現在そして将来をどのように生き，また，生きようとしているかによって，過去の経験はその姿を変え，影響力を変えると考えられる点である。女性として，母親としての同一性を獲得していく過程には，幼児期の母親の愛を自ら意識的に経験し直すという作業がなされているはずであり，幼児期に母親の愛に恵まれたか否かが，現在の母子関係に直接反復されるものではないと思われる。母親である，あるいはこれから母親になろうとする女性が，一人の人間として，また，一人の女性として，どのように生きようとしているか，

という人生に対する姿勢が,母性の問題として検討されていくことが必要である。

§3　心理学の研究動向に対して

　心理学においては,母性という概念はいまだ確固とした地位を占めておらず,母性そのものを対象とした研究も今ようやくその出発点にあるといった状況である。したがって,そこにはいくつかの問題点が数えられる。

　第一は,行動優先の研究動向であり,そのなかで母親自身の内面的な問題が疎かにされがちな点である。

　第3章第2節で述べたとおり,従来の母子研究の大半は子どもの問題をあつかっており,母親自身の問題に照明が当てられることは少なかった。こうしたなかで母子間の相互交渉過程が注目され,その重要性が強調されていることは特筆すべき変化といってよい。母子間の相互交渉,相互作用を把握しようとするインタラクション研究では,母親の行動も子どもの行動と同等の比重をもって分析の対象とされている点は,従来の子どもの側の問題を偏重した傾向と異なるところである。

　母子関係が相互のたえまない交渉から成立するという視点は,現実の母子関係を理解するうえで欠くことのできないものである。インタラクション研究の必要性,有効性は積極的に評価したいと思う。しかし,現行のインタラクション研究において,はたしてどこまで的確に母子関係を把握し得るかについて,問題が完全に解決されたわけではない。とくに母親側の行動とその意味を把握することに関して問題が多く残されているものと思われる。

　インタラクション研究が分析の対象とするものは,もっぱら観察で捉え得る行動である。しかし,現実の母子関係においては行動の背後にあるものを忘れてはならないのである。表出された行動だけを分析の対象としているかぎり,たとえば,乳児の泣き声を聞いて,同じく駆けつけて抱き上げるという母親の行動が,なぜ生じたのか,その行動が意味するものは何かについて推測の域を出ないという限界がある。行動として表出されたものが同じであっても,それが子どもへの愛情に端を発したものか,それとも母親としての強迫観念的な義務感によるものかによって,その行動が母子双方に与える意味は異なるはずで

ある。また，乳児の泣き声を聞いて何秒以内に駆けつけるかが問題とされるときも，なぜある母親は速やかに駆けつけ，ある母親は泣きを無視するかという内面的な問題の個人差については，駆けつけの遅速を資料とした表面的な推測にとどまっているのが現状である。

　初期の母子関係の特徴の一つは，その背後にあって両者の行動を規定する要因にいちじるしい差がみられることである。近年の研究知見は，出生後の間もない時期から乳児の認知機能がかなり発達していることを報告している。このことが，乳児をたんなる刺激の受け手としてだけでなく，相互交渉の担い手の一方として位置づけることを可能としたわけである。しかし，乳児の行動は先行経験からの影響が少なく，その行動の意味を理解することも比較的容易である。言語を獲得する以前の乳児の行動は観察によって把握するしか方法はないが，逆にいえば，表出された行動の観察から乳児の行動の意味するところの大部分は理解が可能だともいえるであろう。

　一方，母親の行動がもつ意味やその行動を生じさせている要因は非常に複雑であり，それを明確に把握することは困難な課題である。この点について，三宅［1976］は従来の面接法や質問紙法の限界を指摘し，インタラクション研究に有効性が大きいとしている。母親の行動が意味するところは，乳児に対したときのタイミングの良い刺激の送り方，応答性，随伴性の視点から検討することが可能だとしている。たしかに口では子どもは好きではないと答えながら，実際には優れたマザーリングを発揮している母親の例がみられることがある。面接法や質問紙法が必ずしも万能な方法ではなく，ある種の制約を有していることも事実である。しかし，乳児への応答性や随伴性としてチェックされる母親の行動は，あくまでも乳児の行動に対応した範囲内のものにとどまることを認識する必要性があろう。また，行動を分析の対象とするインタラクション研究では，母親側の変数に関しても乳児の側の変数に対応した比較的単純なものしか対象とし得ないという限界は免れられないであろう。母親としての意識や感情は，行動を背後から規定する要因であると同時に，現実の母子関係に行動と同等以上の大きな影響力を及ぼすものと考えられる。意識や感情という複雑で内面的な側面を把握するうえでは，面接法や質問紙法により有効性が認められるのであり，行動観察では処理しきれない限界が存在すると考える。

現行のインタラクション研究は，母親側の複雑な背景要因を解明することなしに行動のやりとりを問題とする傾向が強い。小嶋［1979］はその傾向を指摘して，現在の親子関係の研究は真空のなかの二つのブラック・ボックス（親の側のブラック・ボックスと子どもの側のブラック・ボックス）の関係を調べているにすぎないと批判している。この指摘は大いに共感できるものだが，とくに母親側の諸要因の解明に関して，その遅れがより顕著であるように思われる。

　心理学における母性研究の問題点として第二に考えるべきことは，何を対象として，どの視点から分析していくべきかということである。

　前述した医学およびその近接領域での研究動向と同じく，心理学においても，従来の研究はそのほとんどが妊産婦を対象としてきた。とりわけ，母性心理学の提唱者である花沢の一連の母性研究は，妊娠・分娩という女性独自の経験が母性感情を形成するという仮説のもとになされたものである。心理学において母性研究が未踏の領域ともいうべき状態にあるとき，まず，妊産婦を対象として実証的な研究の道が開かれてきたわけである。

　たしかに，妊娠・分娩過程は，女性の一生のなかでも特殊な一時期であり，現実に母親として出発する契機として，その心理発達に与える影響力にも大きいものがあると考えられる。しかし，問題は母親としての心理発達をいつまでも妊娠・分娩過程に限定して研究対象とすることは，母親としての感情や意識のあり方を把握するさいの視野を狭く固定することになるという点にある。たとえば，幼児期の子どもをもつ母親を対象としてまで，その母親としての感情・意識を妊娠中や分娩時の経験にさかのぼり，その回想を分析することがなされていたことは，第3章第2節でみたとおりである。このような視点のもとでは，育てる過程は産む過程のたんなる延長にすぎず，両者のあいだで生ずべき質的な変化が検討される余地は少ないといってよいであろう。

　母親としての心理発達を考えるにあたって，妊娠・分娩過程は有意義な一時期ではあるが，同時にそれはあくまでも一時期の経験として，その後の育児過程におよぼす影響力を認識してゆくことが必要であろう。妊娠・分娩時の経験を出発点としながらも，それ以外に子どもの成長とともにくわわる種々の要因の影響のもとに母親としての心理が変化し発達していくと考えることが必要である。

妊娠・分娩過程に囚われすぎるために，それ以降，乳幼児期から児童期へ，そして青年期へと成長していく子どもに対して，母親としての意識・感情に生ずる発達的変化を検討する実証的研究がないという第三の問題点を指摘できよう。養育者の一人としての母親自身のあり方についても，子どもの成長に即した発達の様相が模索されていくことが必要であり，また，そのために必要な条件を考察するだけの資料の蓄積をもつべきと考える。しかしながら，研究対象が妊産婦と乳幼児をもつ若い母親とにかぎられている現状では，母性の望ましい発達を検討するための前提条件それ自体が整備されていないように感じられる。

このことは同時に問題点の第四として，母親の意識・感情として測定されている内容にある種の偏りを生じさせていると考えられる。

従来の研究において，母親の意識・感情を測定するために作成された質問項目の多くは，母親がいかに深く子どもに関与するかという側面をもっぱら強調したものである。たとえば，花沢［1975］の「育児期・母性心理検査表」の構成項目は，「女としてよりも，母としての生活を感じることが多いですか」「子どものおやつは，できるだけ手作りにしていますか」「夫との話題は，たいてい子どものことになりますか」等である。ここでは，日常生活の関心が子どもに集中し，子どもの身のまわりの世話により多くの時間と労力をかける姿勢が「高母性」とされている。また，今井・平井［1974］においては，衣服や食事に関して既製のもの，他人に作ってもらったものを与えることが母性の発達不全だとされている。そして，母親は家にとどまって育児をすべきであるという意識を肯定しており，必ずしも家にいる必要はないという意識に対しては，そのように回答した母親のなかには子どもを欲していなかったものが多いとして，その意識が子どもの不幸につながることを懸念している。

上記の傾向は，調査対象が乳幼児をもつ母親であることと無関係ではない。しかしながら，育児は，本来，幼いものの生命を支え，養護に努めるとともに，成長を保証し，望ましい自立を獲得させる方向でそのあり方が検討されるべきであり，子どもに密着する姿勢だけが評価の対象とされるものではないはずである。また，子どもが幼いときであっても，子どもに向ける愛情の表現は母親の個性に応じて多様になることも考慮すべきである。母親としての愛情を丹精

込めた手作りの料理や衣服に表現する人，家事は苦手であっても子どもとの遊びに豊かな才能を発揮できる人，仕事や社会的活動をもつ生活の張りが，一方で子どもに対したとき母親としての充実感を高める人など，さまざまなケースが考えられる。母親の愛情は，子どもに関与する物理的・時間的な量の次元でのみ論じられるのではなく，多様なかかわり方のなかに共通の質をもとめていくことが必要だと思われる。一度母親となった女性においても，母親であると同時に，妻として，一人の社会人として，家族とかかわり，社会とかかわる生活を有するものであり，そのなかで生きている姿勢が，子どもに対するときの母親としての姿勢にいかに反映されるかを考えることが必要であろう。

§4　わが国の伝統的な母性観に対して

　伝統的な母性観としてわれわれが把握するものは，具体的な個々の母親像ではなく，それをこえて存在する母なるもののイメージである。しかし，それはしばしば文化的規範として，個々の母子関係に影を投じ，あるいは母親のあり方を左右し，それを評価する基準となることが考えられる。

　わが国の伝統的な母性観に内在する問題点の第一は，子どもの自立にかかわる独特な感覚であり，前記の心理学の研究動向において第四の問題点として指摘したところと内容的に共通するものでもある。

　自己犠牲や献身を母親の愛情の証しとする伝統的な母性観は，ともすると子どもに病理的なまでに過度に密着する特異な様相を生じかねない。江藤［1967］によれば，米国の青年の多くが母親から拒否された外傷体験をもつというErikson, E. H.［1950］の指摘とは対照的に，わが国では母子間の密着ぶりが子どもの自立を妨げているという。安岡章太郎の『海辺の光景』など，わが国の文学界にそうした題材をもとめることは容易である。江藤によれば，そこに展開される母子関係とはすなわち，母親は子どもが幼くて自分自身の延長にすぎなかった頃の幸福をたのしみ，成長して自分の元を離れていくことに恨みの気持ちをもつ一方，母親が子どもの成熟を呪詛しているとすれば，子ども（息子）もその母親の気持ちに敏感に反応し，いつまでも幼児のままでいたいと願っているという母子関係である。

　自分を無にして子どもに尽くす母親の愛が子どもを励まし，支え，救ってき

たことは事実であろう。自分のためにはすべてを投げうってくれる人の愛の存在を体験して成長することは，生きるうえでの大きな喜びでもある。しかし，一方ではそれが子どもを限りなく不自由にし，捕われの身とする可能性もあり得る。河合［1976］は，母性原理は肯定的な面では子どもを産み育てるが，否定的な面では子どもにしがみつき，子どもを呑み込んでしまうことを指摘している。また，福島［1978］が指摘しているとおり，愛の対象とは他者であって自己ではない。子どものために自己を無にして犠牲となる方向でのみ母親の愛を論ずることは，健全な対象愛の育成にとってどこまで有効であろうか。そこには子どものなかに自己を投影したナルシシズム的な愛が潜在する危険性を考慮すべきであろう。養育者としての母親の愛とは，本来，子どもの成長を助け，真の自立を励ますものであり，母親自身もまた，子どもへの愛をとおして自分をみつめ，新たな自己をみいだす過程を辿るべきものである。自己を捨て去るのではなく，いかに自己を保つかという視点を含めて母性愛を問う姿勢が必要であると考える。

　これと関連して考えるべき第二の問題点は，母親における女性性の捉え方に関するものである。

　母親のなかに女としての性愛を認めることに，われわれは頑強なまでに拒否反応を示す傾向がある。母親に対する阿闍世の怨みはその典型例である。父・母・子がそれぞれ男として，女としての側面を顕わにし，互いに権利を主張し侵害しあうエディプス・コンプレックスの悲劇は日本にはいまだ少ない。土居［1970］によればエディプス・コンプレックスと甘えとは反比例の関係にあり，甘えが稀薄であればあるほど，性愛的傾向や敵意が現われやすいという。女性としての愛情も母としての愛情も区別がないという大槻［1936］の見解は，少なくとも子どもの側に視点をおいたとき妥当とは思われない。母親としての愛と性愛は基本的には異質な面がある。

　しかし，問題を母親の側に移したとき，つねに女か母かという二者択一的な視点でのみその情動が問われることにも問題がある。むしろ，母親も一人の女性として充足することが必要であり，その充足の仕方が問われるべきではないだろうか。母親と子ども，とくに息子とのナルシシズム的な一体感がもたらす日本的な悲劇は，女性性を放棄することが真の母性愛だとする伝統的な母性観

およびその母性観を支えている風土のうえに生じるものと思われる。

2. 筆者の研究上の視点および本書の展開

§1 母性概念の位置づけについて

　本書の母性研究は，第1章で述べたとおり，従来の母性信仰への懐疑を出発点としている。母親といえども子どもに対して完璧な存在ではあり得ないこと，むしろ，母親の脆さにも目を向け，母親の成長を支える条件を模索していくことが必要ではないかと考えている。

　第2章第1節で述べたとおり，母性概念は現時点ではきわめて多義的でかつ明瞭さに欠けるものであるが，そのうえ生命の生産から養育のすべてを包括する広範囲な内容を指すものとして用いられている。また，それは女性であり，かつ産みの母親であるものに備わった特性として認識されているのである。

　現行の母性概念に関しては，このように人間の生命の生産と養育のすべてを意味する概念に，等しく「母」ということばをつけるところに問題が所在すると考えられる。換言するならば，母性という概念を生命の生産，養育のすべてに関わるものとして拡大することの適切さに対する疑問である。

　研究領域によって具体的に母性が何を意味するかには差異があるにしても，従来のように生命を産み育む営みのすべてが母性であるとされ，母親である女性に担われるものと考えるのであれば，逆に女性一人ひとりはどれほど母性的であり得るかを問われなければならないであろう。母性ということばに課せられた重大な責務を，女性であり母親になったという事実で，はたしてどこまで背負いきれるものか，再考を要するものと思われる。男性あるいは父親がこれまで育児に果たしてきたもの，これから果たし得るものとの相違は何か，共通の資質がそこに存在するとみるのはどの程度可能か，未婚の女性，生物的には母親になっていない女性における育児能力をいかに考えるべきかなど検討されるべき問題は山積している。

　人間も生物である以上，種の存続をはかるという宿命から解き放たれないこと，そのための生殖機構としてとくに女性に妊娠・分娩の能力が備わっていることは事実である。しかし，一方では育児はそれぞれの社会にとって未来の人

間像を予見する，まさに文化の型の集約ともいえる領域であり，産む能力がイコール育てる能力といえるほど単純な領域ではないと考える。次代を託す幼いもの，生を同じくする弱い仲間への愛や援助は，母親の愛にかぎられるものではなく，より広い人間愛という次元でそのあり方が確かめられるべきであろう。

　本来，人間にとって子どもを産み育てることは，男女両性の成体における広義の養育欲求・養育行動として把握されるべきものである。したがってその営みは母性ではなく，「育児性」として表現されるのが，もっとも適切であると筆者は考える。母性は育児の代名詞ではなく，あくまでも「育児性」の一部であり，母親である女性が子どもとの関係で展開する養育欲求・養育行動は，「育児性」全体のなかでいかなる意味を有し，機能を果たすかが明らかにされてゆくことが必要であると思われる。

　§2　本書における各研究の展開について

　これまで述べてきたとおり，母親自身についてその心理発達が検討されることは少なかった。一般社会において母親のあり方をめぐって種々の論争が展開されることは盛んであっても，それらは実証的な資料に基づいたものというよりは，むしろ，各人の主観的な解釈や主張の域を出ないものがほとんどであるといっても過言ではない。母親のあり方やその望ましさが論じられるためには，それ以前に母親に関する実証的な資料を積むことが急務であると考える。「母親とは」と一般論で論ずるのではなく，実際に母親たちはどういう状況で生きているのか，そのなかで子どもたちがどう位置づけられているかをみていくことが必要である。そのことは同時に，母親のあり方の個人差がさらに検討されていくことを意味している。人それぞれにパーソナリティが異なり対人行動が異なるように，子どもに対する母親のかかわり方にも，当然一人の人間としての特徴が認められるはずである。母親としてわが子に向ける種々の感情の質，そこにみられる個人差，そして，一人の女性が母親へと成長していく過程についての究明の必要性が感じられる。これらの点が明らかになって初めて，従来の母性絶対の論理の可否を問うことができるのではなかろうか。

　本書は以上の観点から，母親意識・母親感情の個別性を明らかにし，その発達変容の様相を検討することを試みたものである。

母親意識・母親感情という内面的側面を分析対象とすることは，行動が優先される現代心理学の動向に対する疑問に基づくものであり，その詳細は本章第1節第3項において述べたとおりである。母親としての意識や感情を不問に付したまま行動をもっぱら分析対象とする現状への批判として，筆者は，むしろ，その行動の背後にある母親の内面的な諸問題，すなわち，母親自身の生き方，子どもの存在意義，育児に対する評価等を分析し，それらが母親としての意識・感情にいかに統合されるかを考察したいと考える。

　ところで，母親の子どもに対する関係は，Deutsch, H.［1944］の定義に示されていたとおり，「生理的・生物的次元」「社会的・文化的次元」「個の次元」の三つを有するものと考えられる。したがって，母親意識・母親感情の個別性を明らかにするためには，三つの次元に存する諸要因の影響力をそれぞれ検討していくことになろう。それは同時に筆者がそれら諸要因をいかなる視点から把握しようとしているかと密接な関連性をもった検討の仕方になるものでもある。ここでは，まず，母親意識・母親感情の個別性を検討するうえでの筆者の基本的な視点に言及することをとおして，第Ⅱ部の五つの研究の展開を述べることとする。

　筆者の基本的な視点は，次の三点にまとめられる。

　まず第一は，女性が生物として有する独自の生理的能力を充分認識するが，しかし，その有効性についてはつねに社会的・文化的情況のなかに位置づけて検討することを旨とする。

　母親の愛情の規定因を主として女性の生得的な生理的要因にもとめることは，古くは母性本能説に，また，近年では産科・小児科領域の諸知見にみることができた。そして，心理学における母性研究も，妊産婦をもっぱら研究対象とし，彼女らの母親としての心理発達を主として妊娠・分娩過程にともなう身体的変化との関連のなかで検討していることでは同様であった。

　妊娠・分娩が女性にまぎれもない生理的現象であること，そして，一人の女性が産みの母親となるための出発点がその生理的過程の支配下におかれていることは事実である。しかしながら，そのことが必ずしも母親になる（なった）女性の心理を画一的に方向づけるものではないと考える。むしろ，妊娠をどのような姿勢で受容したか，すなわち，母親になることを自分自身の生き方のな

かでどのように捉えるかが問われるべきであり，こうした妊娠に対する姿勢のいかんによっては，精神的にも肉体的にも妊娠・分娩過程のあり方そのものに大きな影響を与えるものと考えられる。第5章・研究Ⅰ「母性発達と妊娠に対する心理的な構えとの関連性について」は，母親となる女性の妊娠を迎える姿勢に焦点をあて，その背景要因を検討するとともに，当初の妊娠を受容する姿勢がその後の妊娠・分娩過程をどう左右するか，また，母親としての感情の発達にどうかかわるかを明らかにすることを目的としたものである。

母親としての心理発達は，生理的要因の規定力を無視して論ずることは不可能であり，また，そうすべきではないと考える。しかし，生理的要因がどの立場から検討され，その結果としていえることがどの範囲に限定されるかを明確に把握することが必要であろう。

育児を女性の生得的特性とみなす従来の見解は，女性の生殖能力をそのまま育児能力とみなし，育てる過程を産む過程のたんなる同一延長線上に位置づけたものである。しかしながら，産む過程と育てる過程とは重なり合う二つの円のように相互に共通部分を有しながら，同時に質的には異なる要素をより多く備えているものである。上述のとおり，妊娠・分娩過程においても，生理的要因だけではなく，心理的要因をはじめとして種々の要因の規定を受けるものであり，まして育児の領域においては，より多くの要因が関与することを考慮すべきではないだろうか。そこに社会的・文化的次元，個の次元を検討することの必要性が生じるものと筆者は考える。

第二の社会的・文化的次元，第三の個の次元に関しては，母親であると同時に一人の人間としての生き方，一人の社会人としての生き方を問題とし，家族や社会とかかわる姿勢が母親としての意識・感情に反映する様相について検討するが，以下に具体的に詳述する。

まず，第二の社会的・文化的次元については，以下の二点を区別して考察する必要がある。すなわち，一つは，その社会の長い歴史のなかで習性化された固有の文化の型であり，他の一つは，たとえば，婦人解放運動のように近年の社会的・経済的動向がもたらしたものである。

前者は，いわゆるわが国の伝統的な母性観に代表されるものであり，個々の母親の意識や感情に対して社会的・文化的規範としてはたらくものである。母

親のあり方が問題とされるとき，個々の母親の個人差を越えた共通性，普遍性が語られることは既述のとおりであるが，そうした普遍的な価値として語られる母親像が，一人ひとりの母親の生き方や子どもに対する姿勢を方向づけていることが考えられる。

　一方，わが国の伝統的な母性観が社会的・文化的規範として機能するとしても，そのはたらきはけっして固定されたものではないことも事実である。育児に影響をおよぼす社会的・文化的要因には，普遍的レベルで機能する側面のほかに，経済的状況や社会的情勢を背景として変動するその時代に固有の側面がある。各時代固有の要因が伝統的な母性観を修正変更する可能性についても認識することが必要である。たとえば，1960年代後半に台頭したいわゆるウーマン・リブ運動は，女性の高学歴化，ライフ・サイクルの変化を生み出した社会的・経済的情勢等を背景に，母親であることと女性の社会的活動のあり方とをめぐる数多くの議論を提供した。この運動の契機をなした Friedan, B. [1963] は，女性を家事・育児に束縛することが女性の精神にとっていかに有害かを訴え，全米に大きな反響を呼んだが，彼女の主張はわが国にも少なからぬ影響を与えており，女性の社会的成長という視点から母親のあり方を模索する動きが活発化している。子どもが幼いあいだは母親は育児に専念すべきであるという従来の見解に対して，たとえば伊藤 [1975] は，たいせつな育児期間中に社会からとり残されることの弊害を指摘し，この時期にこそ母子ともに社会参加を実現させる必要性を主張している。国立市の婦人学級の活動をはじめとして，社会教育実践の場で，この主張の実践が試みられている [国立市公民館市民大学セミナー，1973]。このような現代的な問題は，女性たちが母親として生きるとき，伝統的な母性観とは異なる規範を投げかけるものと考えられる。

　わが国に伝統的な母性観は，現在そして将来，母親のあり方が変化しあるいは多様化するとき，あるものはそれを継承し，またあるものはそれを批判するという意味で前提となるものであろう。そして，そこに各時代固有の社会的・文化的要因が関与するものと考えられる。

　第6章・研究Ⅱ「母親意識の世代差について」の調査は，母親たちの意識や感情は，母親たちが生きた時代と無関係ではなく，その時代の要請のもとに変容する側面があるという問題意識から出発している。母性は自明なもの，女性

に固有の生得的なものとされてきた従来の母性観に対して，むしろ，社会的・文化的要因の規定を受けて成立する母性の側面を検討したものである。

ところで，この世代差調査では，わが国の母親たちの意識に明らかな世代差を認めることができたが，しかし，世代差の背景要因を考察したとき，時代を異にする母親たちの意識の差は，たんに各時代の要請のもとで画一化されたものではなく，究極的には各時代の要請を受容する個々の姿勢に関わる問題であることに帰着した。母親意識や母親感情を社会的・文化的要因から検討するとしても，その普遍的規範としての側面を強調し，表面的な画一性のみを結論としてはならないであろう。むしろ，その時代の社会的状況のなかで何をもとめて生きているか，それが母親としてのあり方にどう反映されるかを問題とすべきではないかと考える。世代差調査で得られた知見をもとに，調査対象とする母親をより広範囲にもとめ，彼女たちの生活状況に即して母親意識の相違を検討したものが，第7章・研究Ⅲ「母親意識の発達変容について」である。

最後に第三の個の次元については，一人の人間として，女性としての生き方との関連のもとに母親としての心理発達を検討することにおいては，上記二つの次元に対する見解と共通である。しかしながら，個の次元ではそれを母親の対人関係能力という視点から検討するものである。ここでいう対人関係能力とは，ある個人が他者に対してどのような関係をつくりだし，そこでいかなる行動をとり得るかを意味するものである。

従来，母子関係の心理は母と子の枠のなかに閉じ込めて考えられており，とくに母親のわが子に対する意識や感情は他者に対するものとは異質のものとみなされてきた。しかし，子どもに対する母親のかかわり方には，当然一人の人間としての特徴がみられるはずであり，それは子ども以外の他の人びととのかかわり方とも高い関連性をもつと考えられる。母親といえども子どもとのかかわりのなかでのみ生きているわけではなく，一人の社会人として，一人の女性としての対人関係を有する。母親自身の対人関係のあり方を検討したうえで，その対人関係のなかで子どもの位置づけについて検討することが必要と考える。

第8章・研究Ⅳ「母親の対人関係と子どもへのかかわり方との関連性について」は，母親の対人関係の枠組を明らかにするとともに，対人関係のあり方によって母親として子どもに向ける感情に生じる差異を検討したものである。

第9章・研究Ⅴ「母親の子どもに対する愛着──夫に対する愛着との関連性について」は，母親にとって身近な存在である夫をとりあげ，妻としての夫に対する愛着と母親としての子どもに対する愛着との相互の関連性を検討したものである。夫の存在が母性発達にとって重要な規定因の一つであることは，研究Ⅰ・Ⅳの結果から示唆されたものである。

　研究Ⅳ・Ⅴは，母親である女性に対して，一人の社会人として，一人の女性としての充足の仕方を問うものであり，それが母親としての心理におよぼす影響を検討したものである。

　現代は女性の生き方が多様化し，女性自身，自らの生き方をもとめることが可能な時代であり，また，自らにその生き方を問うべき時代でもある。母親として生きることを受容するか否かは，母親としてどう生きるかを含めて考えるべき問題でもある。それはもはや観念として論じられるのではなく，具体的な生き方として追究されるべきものである。具体的な生活状況に即し，かつ，そこに内在する種々の要因別に母親のあり方を実証的に検討していく作業は，現代および今後における母性の展望を拓くうえで必要不可欠のものである。

　第Ⅱ部は，以下こうした問題意識のもとに実施した諸研究をまとめ，報告する。

§3　各研究における基礎的調査項目の定義について

1)　第Ⅱ部の各研究における基礎的調査項目は，次のとおりである。

①年齢

　調査対象（母親）および夫，子どもの年齢については，満年齢を用いる。

②学歴

　調査対象（母親）および夫の学歴は，最終学歴を問題とし，以下の分類を用いる。

　㈠中学卒（旧制度下の高等小学校卒を含む）

　㈡高校卒（旧制度下の中学卒，高等女学校卒，師範学校卒を含む）

　㈢短大卒（旧制度下の専門学校卒，高等師範学校卒を含む）

　㈣大学卒

③家族員

家族員については，・夫の有無，・子どもの人数，性別，出生順位，・夫と子ども以外の同居者の有無と世帯主との続柄，を問題とする。
④職業
調査対象（母親）の就業状況および就業形態については，以下の分類および定義による。
ⅰ）就業状況・就業形態の分類

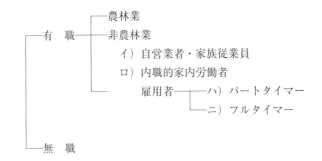

ⅱ）用語の定義
非農林業(イ)～(ニ)は以下の定義に基づいて分類を行なう。
(イ)自営業者・家族従業員
　企業を経営している個人を自営業者という。また，自営の家内工業，中小商工業において，事業主の家族で労働に従事している者を家族従業員という。
　以下，本書では両者を併せて「家業」という。
(ロ)内職的家内労働者
　製造・加工業者や販売業者またはこれらの請負業者から委託を受けて，自己一人で，または，同居の家族とともに，主として，労働の対償を得るために，提供を受けた物品を部品・附属品または原材料として物品の製造・加工業務に従事する者を家内労働者とし，このうち，とくに家庭の主婦が従事する場合を内職的家内労働者という。
　以下，本書では「内職」という。
(ハ)パートタイマー
　雇用形態が常用・臨時・日雇のいかんにかかわらず，一日・一週または一ケ月の労働時間が当該事業所の一般従業員の所定労働時間より短い契約内容をも

って就労する者。
　以下，本書では「パート」という。
　㈡フルタイマー
　雇用契約期間の定めのない常用労働者のうち，短時間就業のパートタイマーを除く一般労働者をいう。
　以下，本書では「常勤」という。
　2）　以上の基礎的調査項目の分類および定義は，次の各資料に基づいた。
　①年齢，②学歴，③家族員について
・安田三郎著『社会調査ハンドブック』有斐閣，1970.
　④職業について
・労働省編『労働白書』1978.
・総理府統計局『労働力調査』1981.
・労働省編『最新労働用語辞典』日刊労働通信社，1973.
・高橋久子編『変わりゆく婦人労働』有斐閣，1983.
・労務行政研究所『労働法全書』1984.

第Ⅱ部
母性の発達変容に関する研究報告
―――伝統的母性観への反証として―――

第5章　研究Ⅰ：母性発達と妊娠に対する心理的な構えとの関連性について

1. 研究目的

　妊娠・分娩過程は，女性にとっていちじるしい身体的・生理的変化の体験であるが，同時にそれは母親となるための心理的準備期間でもある。

　従来，母親としての諸感情と妊娠・分娩過程の身体的・生理的要因との関連を検討した研究が多いことは，第3章に述べたとおりであるが，それらは身体的・生理的要因の規定力をより重視する傾向のものであった。

　しかしながら，母親としての意識や感情の発達は，妊娠・分娩過程の身体的・生理的要因にのみ規定されるものではない。むしろ，妊娠に対する心理的な構えのいかんによって，妊娠・分娩過程の経過そのものを変化させ，母親としての心理発達を左右することも，さらに検討されるべきである。とりわけ，その女性が妊娠をどのように受容し，母親となることを自分自身のなかにどう位置づけるかという視点を，妊産婦の心理研究にとり入れることが必要である。

　母親にとってわが子との出会いは，子どもの出生後ではなく，出生以前の段階である妊娠中にもとめられるものである。とくに，初めて妊娠に気づいたとき，この子を産みたいと望むか否かは，わが子との出会いの出発点であり，その後の母親としての心理発達に少なからぬ影響を与えるものと考えられる。したがって本研究は初妊産婦を対象として，当初の妊娠に対する受容の姿勢を明らかにし，それがわが子への愛着，母親としての意識の発達等におよぼす影響を明らかにすることを研究目的として，以下のとおり調査を行なったものである。

2. 調査内容および調査方法

§1 調査対象

初妊産婦を対象に，妊娠中（平均妊娠月数6.9ヶ月）と出産後4ヶ月の2回にわたり質問紙調査を行なった。

妊娠中の調査は，都内3ヶ所の産院（渋谷区，中野区，江東区に所在する総合病院の産科）の母親学級において，出席した妊婦に研究の趣旨を説明したうえで調査票を配布し，自宅での記入を依頼し，次回の来院時に提出をもとめた。提出された調査票のうち，経産婦を除いて，有効数は156であった。

このうち，出産後の調査にも協力を了承し，住所・氏名を記入してくれた118名に対し，出産後4ヶ月の時点に調査票を郵送した。返送された調査票数は70（回収率59.3％）であったが，このうち，記入が不完全な調査票を除いた有効数は67であった。なお，住所変更等により宛先不明で返却された調査票数は7である。118名のうち，41名からは協力を得られなかった。これは出産前は協力を承認したものの，出産後は育児による多忙から調査票記入に協力願えなかったものと推察される。また，調査協力を了承した時点から相当の時間が経過していることも少なからず影響しているものと考えられる。

§2 調査内容

妊娠中から出産後にかけて，母親としての意識，子どもへの愛着が形成されるための主な要因として図5-1に示す事項が考えられる。以下，図5-1に即して調査内容を述べることとする。

本研究の目的は当初の妊娠に対する受容の姿勢と，その後の母親としての心理発達との関連性を明らかにすることにある。したがって，妊娠に対する受容の姿勢を調査項目の主軸とし，以下のとおり調査内容を展開した。

A_1：当初の妊娠に対する受容
妊娠に気づいたときの喜びの程度とその背景として考えられる要因について。
1) 妊娠に気づいたとき，どの程度嬉しかったか
2) なぜ嬉しかったのか，あるいはなぜ困ったか，その理由

第5章 研究Ⅰ：母性発達と妊娠に対する心理的な構えとの関連性について　73

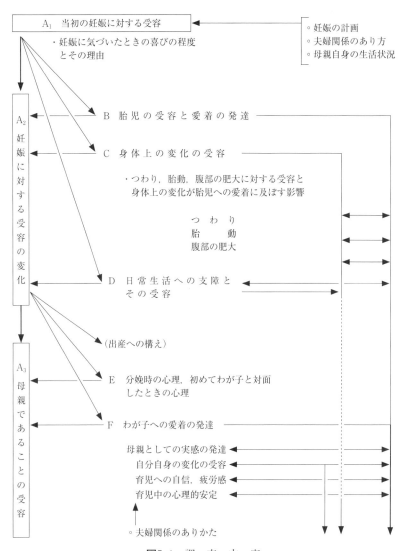

図5-1　調　査　内　容

<u>A_2：妊娠に対する受容の変化</u>
　当初の妊娠に対する受容の姿勢とその後の妊娠経過の受容および日々の充実感の変化との関連性を，次のB，C，Dをとおして検討する。
　<u>B：胎児の受容と愛着の発達</u>
　1）　腹部が大きくならない妊娠初期の時点に，胎児をどのように受けとめ関心を高めているか
　2）　一人の個体として胎児を受容し，愛着を芽生えさせるのはいつ頃からか
　<u>C：身体上の変化の受容</u>
　1）　つわり，胎動，腹部の肥大等の身体上の変化をどのように受けとめているか
　2）　身体上の変化が胎児への愛着にどのように影響しているか
　<u>D：日常生活への支障とその受容</u>
　1）　妊娠しているためにやれなくなったこと等，日常生活の行動上の制約をどのように受けとめているか
　2）　日常生活上の支障が胎児への愛着にどのように影響しているか
<u>A_3：母親であることの受容</u>
　妊娠の経過のなかで形成された妊娠に対する姿勢（$A_1 \rightarrow A_2$）と，分娩時の心理および出産後の育児中の母親としての心理との関連性を，次のE，Fをとおして検討する。
　<u>E：分娩時の心理，初めてわが子と対面したときの心理</u>
　1）　分娩に対してどのような気持ちで臨んだか
　2）　分娩時に赤ちゃんのことをどの程度考えていたか
　3）　分娩に対してどのような感想をもったか
　4）　初めて赤ちゃんをみたとき，どのような感情をもったか——誰に似ていると思ったか，わが子という実感をもったか，可愛いという感情をもったか
　<u>F：わが子への愛着，母親としての実感がどのように発達していくか</u>
　1）　母体の回復の状態
　2）　育児への自信，疲労感
　3）　育児中の心理的安定度

4) 赤ちゃんへの愛着の程度
5) 自分自身の変化に対する受容
6) 夫婦関係のあり方が2)～5)の事項にどのように影響しているか

なお，調査項目の具体的な内容は，結果のところで併せて述べることとする。

§3　調査時期
調査時期は次のとおりである。
妊娠中の調査　1976年10月～11月
出産後の調査　1977年4月～7月

3．結果と考察

§1　調査対象
　調査対象（妊娠中156人，出産後67人）の，本人の年齢・学歴・就業状況，夫の年齢・学歴は表5-1に示すとおりである。なお，本調査は妊娠中から出産後にかけての縦断的な追跡調査である。したがって，出産後の調査対象の67人については，妊娠中の調査においても回答が得られているものである。

§2　当初の妊娠に対する受容
1)　妊娠を知ったときの喜びの程度
　妊娠を知ったとき，それをどのように受容したかについて，喜びの程度を4段階で評定することをもとめた。
　その結果は，次のとおりであった。
「非常に嬉しい」69人（44.2％）
「どちらかといえば嬉しい」67人（42.9％）
「どちらかといえば困った」19人（12.2％）
「非常に困った」1人（0.6％）
　この各群について，以下，次のように記すこととする。
　P群（Positiveの略）

表5-1 調査対象に関する基礎的事項

	妊娠中の調査対象 ($n=156$)		出産後の調査対象 ($n=67$)	
調査対象（母親）の年齢	平　均　　26.4歳 SD　　　　3.1 年齢範囲　19〜39歳		平　均　　26.1歳 SD　　　　3.2 年齢範囲　19〜39歳	
調査対象（母親）の学歴				
中学卒	6	(3.8)	1	(1.5)
高校卒	70	(44.9)	28	(41.8)
短大卒	54	(34.6)	2	(32.8)
大学卒以上	26	(16.7)	16	(23.9)
調査対象（母親）の就業状況				
有職者　妊娠前	71	(45.5)		
妊娠中	28	(17.9)		
出産後	—		8	(11.9)
夫の年齢	平　均　　29.2歳 SD　　　　3.6 年齢範囲　22〜41歳		平　均　　28.6歳 SD　　　　3.2 年齢範囲　23〜37歳	
夫の学歴				
中学卒	7	(4.5)	4	(6.0)
高校卒	45	(28.8)	17	(25.4)
短大卒	14	(9.0)	7	(10.4)
大学卒以上	88	(56.4)	38	(56.7)
N・A	2	(1.3)	1	(1.5)

注）①年齢以外の数字は人数，（　）内はパーセンテイジ。
　　②出産後の調査対象67人は，妊娠中からの縦断的サンプルである。

　：「非常に嬉しい」と回答した人びと。

RP群（Rather Positive の略）

　：「どちらかといえば嬉しい」と回答した人びと。

N群（Negative の略）

　：「どちらかといえば困った」「非常に困った」と回答した人びと。

2）妊娠を嬉しい，あるいは困ったとする理由

　表5-2は，P群，RP群，N群のそれぞれが妊娠を嬉しい，あるいは困ったとする理由およびその背景として考えられる事項をまとめたものである。

　妊娠を嬉しいとする理由のうち，P群は「子どもが欲しかったから」がもっとも多く，その比率は69.6％である。RP群の32.8％にくらべて，2倍強の比率

表5-2 妊娠を嬉しいとする理由，困ったとする理由およびその背景として考えられる事項

理由および事項	P群 ($n=69$)	RP群 ($n=67$)	N群 ($n=20$)
妊娠を嬉しいとする理由			
・子どもが欲しかったから	48 (69.6)	22 (32.8)	—
・夫が妊娠を喜んでくれたから	31 (44.9)	29 (43.3)	—
・自分の血を分けた子どもができるから	18 (26.1)	32 (47.8)	—
・結婚すれば子どもがいるのが自然だから	10 (14.5)	16 (23.9)	—
妊娠を困ったとする理由	—	—	
・妊娠をする予定ではなかったから	—	—	10 (50.0)
・自分のやりたいことができなくなるから	—	—	6 (30.0)
・なんとなくまだ妊娠はしたくなかったから	—	—	3 (15.0)
・もう少し夫と二人の生活を楽しみたかったから	—	—	2 (10.0)
結婚したときの平均年齢	24.8歳	25.3歳	25.1歳
妊娠したときの平均年齢	26.5歳	26.6歳	26.2歳
結婚してから妊娠するまでの平均年数	1.7年	1.3年	1.1年
過去に流産経験のある人	8 (11.6)	7 (10.4)	1 (5.0)
就業状況			
有職者　妊娠前	30 (43.5)	33 (49.3)	8 (40.0)
妊娠中	15 (21.7)	10 (14.9)	3 (15.0)

注）年齢以外の数字は人数，（ ）内はパーセンテイジ。

を占めている。一方，RP群は「自分の血を分けた子どもができるから」という回答が47.8％でもっとも多く，また「結婚すれば子どもがいるのが自然だから」という回答も23.9％である。P群では前者が26.1％，後者が14.5％である。P群，RP群ともいずれも妊娠を嬉しいとしている群であるが，非常に嬉しいというP群にくらべて，どちらかといえば嬉しいというRP群は，その理由においてもP群より間接的である。

また，P群，RP群ともに「夫が妊娠を喜んでくれたから」という回答が44.9％，43.3％と半数近くを占めていることが注目される。女性がこれから母親になろうとするとき，それを肯定的に受容し得る背景には，夫の期待や励ましがあることを示しているものと考えられる。

一方，N群が妊娠を困ったとする理由は，「妊娠する予定ではなかったから」が50.0％，「自分のやりたいことができなくなるから」が30.0％のほかに，「なんとなくまだ妊娠はしたくなかったから」が15.0％，「もう少し夫と二人の生

活を楽しみたかったから」が10.0%である。

　N群は結婚してから妊娠するまでの期間が平均1年1ケ月であり，P群の1年7ケ月，RP群の1年3ケ月にくらべて，3群のうち，もっとも短い。このことも予定外の妊娠を喜べないという回答につながっていると考えられる。しかし，同じく予定外の妊娠を喜べない理由にも，上述のとおり，それが自分自身の仕事や生活上の計画の中断・変更を余儀なくされるためと，たんに漠然といやだという理由とに分かれているのがみられる。

§3　当初の妊娠の受容とその後の妊娠過程における心理との関連性

　表5-3は，当初の妊娠に対する受容の姿勢が，その後の妊娠の経過にともなう身体上の変化の受容や妊娠中の心理にどのように影響しているかをまとめたものである。

1) 妊娠の経過にともなう身体上の変化の受容について

　つわり時の身体的変調に関してはとくに群差はなく，全体として「吐き気がした」68.2%，「においに敏感になった」51.6%，「だるい」42.0%，「食物の好みが変化した」39.5%，等が主なものであった。そして，こうした身体的変調を総合して，「耐えられないほど調子が悪かった」と回答した人は，P群14.5%，RP群19.4%，N群25.0%であり，N群にやや多い傾向がみられたが，しかし，統計的には有意差は認められなかった。

　胎動について「感動した」「赤ちゃんの存在を実感した」として肯定的な感想をもった人は，P群が55.1%であり，RP群の34.3%，N群の25.0%とのあいだにそれぞれ有意差（$p<.01$）がみられた。一方「気味が悪い」「思ったほど感動がない」「何とも思わない」など否定的・消極的感想をもった人は，N群が15.0%であり，P群の2.9%とのあいだに有意差（$p<.01$）がみられた。胎動は妊婦に母親となる喜びを感じさせる重要な要因と一般には考えられている。しかし，上記の結果が示すとおり，胎動から受ける感動は妊娠を受容する当初の姿勢のいかんによって，必ずしも一律ではないと考えられる。

　妊娠中期から後期にかけて，下腹部の肥大をはじめとした身体上の変化は外見からもいちじるしいものがある。こうした身体上の変化についても，P群は「お腹の大きな姿が晴れがましい」として肯定的に受けとめている人が30.4%

第5章 研究Ⅰ：母性発達と妊娠に対する心理的な構えとの関連性について

表5-3 当初の妊娠に対する受容とその後の妊娠過程における心理との関連性

妊娠過程における心理	P 群 ($n=69$)	RP 群 ($n=67$)	N 群 ($n=20$)	有意差検定 P vs N	RP vs N	P vs RP
1) 妊娠当初の胎児に対する感情						
positive ―可愛い，成長を楽しく想像している	24(34.8)	17(25.4)	1(5.0)	**	**	
negative ―何も考えない	13(18.8)	22(32.8)	10(50.0)	**		*
2) つわりのとき耐えられないほど調子が悪かった	10(14.5)	13(19.4)	5(25.0)			
3) 胎動に対する感動						
positive ―感動した，赤ちゃんの存在を実感した	38(55.1)	23(34.3)	5(25.0)	**		**
negative ―気味が悪い，思ったほど感動がない，何とも思わない	2(2.9)	4(6.0)	3(15.0)	**		
4) 妊娠中期の妊娠に対する感想						
positive ―とても楽しい，女に生まれて幸せである	46(66.7)	26(38.8)	2(10.0)	**	**	**
negative ―長すぎてうんざりしている，めんどうなことだと思う	4(5.8)	14(20.9)	7(35.0)	**		**
5) 妊娠のために受ける行動上の制約について						
positive ―妊娠の喜びのほうが大きいので苦にならない	41(59.4)	17(25.4)	1(5.0)	**	**	**
negative ―妊娠していない人がうらやましい	18(26.1)	38(56.7)	17(85.0)	**	**	**
6) 身体上の変化について						
positive ―お腹の大きな姿が晴れがましい	21(30.4)	4(6.0)	1(5.0)	**		**
negative ―みじめな姿である，気になって仕方がない	14(20.3)	22(32.8)	8(40.0)	*		*
7) 臨月の心境						
positive ―生まれる日を待っている生活は楽しい	25(83.3)	7(25.9)	5(50.0)	*		
negative ―二度と味わいたくない時期だ	5(16.7)	20(74.1)	5(50.0)	**	**	**

注) ①数字は人数，( )内はパーセンテイジ．
　　②項目7)は出産後のデータ．したがって，P群($n=30$)，RP群($n=27$)，N群($n=10$)．
　　③有意差検定 * $p<.05$ ** $p<.01$

おり，RP群の6.0％，N群の5.0％とのあいだに有意差（$p<.01$）がみられた。RP群，N群は逆に「みじめな姿である」「気になって仕方がない」という否定的な回答がそれぞれ32.8％，40.0％あり，P群の20.3％とのあいだに有意差（$p<.05$）を示している。

 2） 妊娠中期の時点での妊娠に対する感想

 妊娠中期の時点で「妊娠していることがとても楽しい」「女に生まれて幸せである」として，妊娠を肯定的に受容している人は，P群が66.7％であり，RP群の38.8％，N群の10.0％とのあいだに有意差（$p<.01$）がみられた。

 前述のつわりに関して，P群のなかで「耐えられないほど調子が悪かった」と回答した人について，この妊娠中期の妊娠に対する感想をみると，10人中7人はそれでもなお「妊娠していることがとても楽しい」「女に生まれて幸せである」と肯定的な姿勢を持続させていることがみられた。

 次に，妊娠しているために受ける行動上の制約について，「妊娠の喜びのほうが大きいので苦にならない」と回答した人がP群では59.4％であり，RP群の25.4％，N群の5.0％との間に有意差（$p<.01$）がみられた。

 一方，RP群，N群の妊娠中期の時点での妊娠に対する感想は，P群にくらべて否定的な傾向が強い。「妊娠が長すぎてうんざりしている」「めんどうなことだと思う」という回答が，RP群では20.9％，N群では35.0％あり，いずれもP群の5.8％とのあいだに有意差（$p<.01$）がみられた。

 また，妊娠しているために行動上の制約を受けることに対しても，「妊娠していない人がうらやましい」と回答している人が，RP群は56.7％，N群は85.0％であり，P群の26.1％にくらべてそれぞれ有意（$p<.01$）に多いことがみられた。

 しかしながら，妊娠のためにやれなくなったこととしてあげている内容は，RP群とN群とで違いがみられた。RP群では旅行・スポーツ・稽古事が多く，妊娠のために受ける行動上の制約を煩わしいとした38人中33人（86.8％）が上記の事項を回答していた。N群にも上記の事項を回答した人は17人中10人（58.8％）いるが，その他，資格取得を中途で断念したこと・仕事を休むこと・店をもつことを開店直前で断念したことなど，生活設計そのものに変更を余儀なくされた事項を回答した人が7人（41.2％）おり，このことはRP群にはみられ

ない傾向である。

3) 日常生活における心理的不満——妊娠前と妊娠後（妊娠中期）との比較

表5-4は，日々の生活のなかで抱く漠然とした不満や焦りについて，妊娠前と妊娠後の変化をP群，RP群，N群の3群で比較したものである。

イ)「毎日がなんとなく面白くない」ロ)「自分の能力を充分にだしきれていない」ハ)「世の中においていかれる」ニ)「生きているという張り合いがない」ホ)「一人ぽっちで寂しい」の5項目に対して，〈そのとおりである—4，どちらかというとそうである—3，どちらかというと違う—2，違う—1〉の4段階で評定をもとめた。数値が大きいほど不満や焦りが強いことを示す。

表5-4 日常生活における心理的不満
——妊娠前と妊娠後（妊娠中期）との比較——

項目	P群 ($n=69$)		RP群 ($n=67$)		N群 ($n=20$)	
	妊娠前	妊娠中	妊娠前	妊娠中	妊娠前	妊娠中
イ) 毎日がなんとなく面白くない	1.87 .83	1.56 .84	2.00 .88	1.90 .92	2.00 .94	2.16 .96
ロ) 自分の能力を充分にだしきれていない	2.06 .99	1.87 .90	2.17 .95	2.03 .98	2.11 .94	2.83 .96
ハ) 世の中においていかれる	1.57 .80	1.41 .63	1.69 .85	1.72 .83	1.68 .89	2.05 1.08
ニ) 生きているという張り合いがない	1.32 .61	1.16 .37	1.54 .79	1.33 .62	1.58 .90	1.26 .65
ホ) 一人ぽっちで寂しい	1.56 .84	1.26 .56	1.78 .94	1.52 .69	1.63 .83	1.42 .69

注) 上段の数字は MEAN，下段の数字は SD。

表5-4に示すとおり，妊娠前，妊娠中いずれの評定においても，P群の数値は3群のなかでもっとも小さい傾向がみられる。また，P群の妊娠中の数値は5項目のすべてにおいて，妊娠前よりもさらに低下している。とくに，イ)「毎日がなんとなく面白くない」ホ)「一人ぽっちで寂しい」の2項目では，妊娠中の数値は妊娠前にくらべて有意（$p<.05$）に低い。P群は妊娠前から心理的に安定している傾向にあるが，妊娠後に一層の安定が得られているといえる。

一方，N群は，イ)「毎日がなんとなく面白くない」ロ)「自分の能力を充分にだしきれていない」ハ)「世の中においていかれる」の3項目に関して妊娠

中の数値が上昇している。とくに，ロ)「自分の能力を充分にだしきれていない」では，妊娠前にくらべて妊娠中の数値は有意に ($p<.05$) 高い。N群においては，予定外の妊娠のために自分のやりたいことができないという妊娠当初の気持ちが，妊娠中期の時点にもなお持続していることが考えられる。

　4)　臨月における心理

　臨月の時点で妊娠に対してどのような姿勢を保っているかは表5-3に示すとおりである（なお，この項目は出産後の調査項目であるために，各群の人数はP群30人，RP群27人，N群10人である)。

　P群は「出産が待ち遠しい」「赤ちゃんが日一日と大きくなっていると思うと楽しい」「生まれる日を待っている生活は楽しい」として肯定的な感想をもつ人が83.3%である。

　一方，N群は肯定的な感想をもつ人と，「身動きするのがたいへんでうんざりした」「何もすることができないので，二度と味わいたくない時期だ」という否定的な感想をもつ人とが半数ずつに分かれている。当初からの否定的な姿勢を持続している人と，それが肯定的な姿勢に変わった人とに分かれていることが注目される。

　RP群では肯定的な感想をもつ人が25.9%であり，P群にくらべて有意 ($p<.01$) に少ないことがみられる。

§4　妊娠に対する受容の変化

　P群，RP群，N群は妊娠を知った時点での妊娠を喜ぶ程度によって分けた群であるが，当初の妊娠を受容する姿勢のいかんによって，その後の妊娠過程での心理に群差がみられたことは，以上第3項1)〜4)でみてきたとおりである。妊娠を非常に嬉しいと受けとめたP群は，妊娠の進展にともなう身体上の変化も肯定的に受容し，行動上の制約も苦にならず，妊娠していることそれ自体が楽しいという肯定的な姿勢を維持している人が多い。一方，妊娠を困ったと受けとめたN群はP群とは対照的に，妊娠過程全般をとおして妊娠に対する消極的・否定的な回答が多く，とくに予定外の妊娠を喜べないという気持ちから妊娠を行動上の制約と受けとめ，心理的な不満や焦りを生じさせている人が多いことがみられた。しかし，その一方で胎動に感動し，妊娠中期には妊娠に

対して肯定的な姿勢に変化した人もいることが注目される。RP群はP群よりも消極的、N群よりは積極的・肯定的な回答が多く、P群とN群の中間的な傾向を示す群であるが、しかし、行動上の制約や身体上の変化がいちじるしくなる妊娠中期以降に、RP群では妊娠に対して消極的・否定的な回答をする人の比率が漸増している。

　以上の結果から、当初の妊娠を受容する姿勢によって、その後の妊娠過程の心理をある程度予想することが可能だといえよう。もっとも、当初の気持ちが必ずしもその後も変化せずに持続するというわけではない。とくにRP群、N群においては、妊娠の経過とともに妊娠に対する姿勢に変化が生じていることが考察される。

　上記第3項1)〜4)の結果は、各調査項目ごとに3群の回答を比較したものであったが、当初の妊娠に対する受容の姿勢と母親としての心理発達との関連性を検討するためには、さらに一人ひとりの妊婦の心理発達の経過を明らかにし、そこに当初の妊娠の受容の仕方による差異を検討することが必要であろう。

　表5-5はP群、RP群、N群に属した妊婦たちが、それぞれ妊娠過程の進展

表5-5　妊娠に対する受容の変化

妊娠当初	妊娠中期	妊娠後期	該当する人数
P　群 ($n=30$)	P	P	19
	N	P	6
	P	N	2
	N	N	3
RP　群 ($n=27$)	P	P	8
	N	P	0
	P	N	5
	N	N	14
N　群 ($n=10$)	P	P	2
	N	P	3
	P	N	0
	N	N	5

注）妊娠中期・後期のPはPositive、NはNegativeの略。

にともなって妊娠に対する姿勢をどのように変化させているかを示したものである。

各時期の妊娠に対する姿勢が肯定的〔Positive〕か否定的〔Negative〕かの判定は，次のように行なった。

妊娠中期：

次の回答を肯定的と判定した。
- 妊娠していることがとても楽しい
- 女に生まれて幸せである 〔表5-3の4)〕
- 妊娠しているために受ける行動上の制約について，"妊娠の喜びのほうが大きいので苦にならない" 〔表5-3の5)〕

次の回答を否定的と判定した。
- 妊娠していることが，長すぎてうんざりしている，めんどうなことだと思う 〔表5-3の4)〕
- 妊娠しているために受ける行動上の制約について，"妊娠していない人がうらやましい" 〔表5-3の5)〕

妊娠後期：

次の回答を肯定的と判定した。
- お腹の大きな姿が晴れがましい 〔表5-3の6)〕
- 出産が待ち遠しい
- 赤ちゃんが日一日と大きくなっていると思うと楽しい
- 生まれる日を待っている生活は楽しい 〔表5-3の7)〕

次の回答を否定的と判定した。
- お腹の大きな姿に対して，"みじめな姿である"
- 容貌やスタイルの変化に対して，"気になって仕方がない" 〔表5-3の6)〕
- 臨月の心境として，"何もすることができないので二度と味わいたくない時期だ" "身動きするのがたいへんでうんざりした" 〔表5-3の7)〕

表5-5に示した妊娠を受容する姿勢の変化は，妊娠中と出産後の両方の調査に回答が得られた67人についてみたものである。

表5-5に示すとおり，妊娠に気づいた当初，妊娠を肯定的に受容したＰ群では，30人中19人が妊娠中期・後期と一貫して妊娠に対して肯定的である。中期に一

時否定的になるが後期にふたたび肯定的になっている6人をくわえると，P群は30人中25人（83.3％）が後期においても肯定的な姿勢を維持している。

一方，妊娠初期にRP群に属した27人のうち，中期・後期一貫して肯定的である人は8人にすぎない。残りの19人（70.4％）は中期あるいは後期の時点で否定的な姿勢に変化している。RP群はP群にくらべて，妊娠を喜ぶ程度やその理由が間接的であることは第3節第2項の2)で述べたとおりである。そのRP群は妊娠過程全般をとおして肯定的な姿勢を保持している人が少ない。

妊娠に気づいた当初，妊娠に対して否定的であったN群では，10人中5人は妊娠中期・後期も一貫して否定的な姿勢を持続している。しかし，残りの5人は中期あるいは後期の時点で，妊娠に対する姿勢を肯定的に変化させている。

RP群，N群における妊娠を受容する姿勢の変化は，それがなにゆえに生じたか興味深いものがあるが，この点については，その変化の背景要因とあわせて考察することが必要だと考えられるため，第6項で改めてとりあげることとする。

§5　妊娠中の心理と分娩時および出産後の心理との関連性

妊娠に対する姿勢が妊娠過程全般をとおして変化し形成されていく様相は，上記第4項で述べたとおりであるが，次にそれがわが子への愛着，分娩時や出産後4ケ月までの育児中の心理にどのように反映されていくかについて，検討することとする。

具体的には表5-5のなかから，妊娠に対する姿勢の変化として特徴的と思われる4群について比較検討を行なう。

その4群とはすなわち，P群のうち，妊娠過程全般をとおして妊娠を肯定的に受容している人と（以下P→P群と記す，19人），RP群のうち，妊娠中期あるいは後期の時点で妊娠に対して否定的な姿勢に変化した人びと（以下RP→N群と記す，19人），N群のうち，妊娠中期あるいは後期の時点で妊娠に対して肯定的な姿勢に変化した人びと（以下N→P群と記す，5人），N群のうち，妊娠中期・後期をとおして妊娠に対して一貫して否定的な姿勢であった人びと（以下N→N群と記す，5人）である。

表5-6は，上記の4群別に分娩時および出産後4ケ月時点までの育児中の心

表5-6 分娩時および出産後の心理——4群別——

分娩時および出産時の心理	P→P群 ($n=19$)	RP→N群 ($n=19$)	N→P群 ($n=5$)	N→N群 ($n=5$)
分娩時に赤ちゃんのために最後まで頑張ろうと思った人	10(52.6)	3(15.8)	3(60.0)	0(0.0)
出産に対して肯定的な感想をもった人	18(94.7)	4(21.1)	5(100.0)	1(20.0)
出産に対して否定的な感想をもった人	0(0.0)	6(31.6)	0(0.0)	2(40.0)
出産後4ケ月の時点で母乳を与えている人	9(47.4)	1(5.3)	2(40.0)	0(0.0)
自分の子である，この子の母であるという実感をもっている人	16(84.2)	10(52.6)	4(80.0)	3(60.0)
出産後の自分自身の変化について ○母親としての役割に熱心になった人 ○人間としても女性としても成熟したとしている人 ○個性・女性としての魅力などが失われたとしている人	17(89.5) 10(52.6) 5(26.3)	11(57.9) 5(26.3) 8(42.1)	3(60.0) 3(60.0) 0(0.0)	4(80.0) 2(40.0) 4(80.0)

注) 数字は人数，( )内はパーセンテイジ。

理を示したものである。以下表5-6に即して述べていくこととする。

1) 分娩時の心理および出産に対する感想

分娩時の心理としては，「ともかく早く生まれてほしい」と思った人が全体の89.7％と大半を占めており，群差はみられない。その他，陣痛や分娩時の苦痛のなかで思ったこととしては，「自分が死ぬのではないか」27.9％，「夫にそばにいてほしい」26.5％，「とり乱すまいと必死に耐えた」20.6％などが回答されており，顕著な群差はみられなかった。

しかしながら，このような苦痛や不安のなかでも胎児のことを考え，「赤ちゃんのために最後まで頑張ろうと思った」人は，P→P群の52.6％，N→P群の60.0％に対して，RP→N群は15.8％，N→N群は0.0％にすぎなかった。

次に出産に対する感想では，全体の97.1％が「経験してみたらたいへんなことだと思った」「気やすく子どもは産めないと思った」と回答しており，この点に関しては群差はみられなかった。

しかし，そのうえで「今までの経験でいちばん感動的なものだった」「女に生まれて幸せだと思った」「生命の誕生の神秘性を感じた」として出産に肯定的な感想をもった人は，P→P群では94.7％を占め，N→P群では100.0％であ

る。それにくらべてRP→N群は21.1%，N→N群は20.0%にすぎない。RP→N群，N→N群では，むしろ「みじめでつらい経験だと思った」「なぜ女だけが経験しなければならないのかと思った」という否定的な感想が，それぞれ31.6%，40.0%みられている。

以上の結果に示されていたとおり，妊娠過程全般をとおして形成された姿勢が妊娠に対して肯定的なものであるとき，P→P群，N→P群が示すとおり，分娩に積極的に臨み，かつ，子どもを産んだことを肯定的に受容する姿勢へと継承されることが明らかである。逆に，妊娠過程全般をとおして形成された姿勢が妊娠に対して否定的なものであるとき，RP→N群，N→N群にみるとおり，分娩に臨む姿勢や出産に対する感想が消極的・否定的になる傾向がみられている。

ところで，出産に対する感想は分娩所要時間の長さや分娩形態の正常・異常によって異なることも想定される。表5-7は，分娩状況別に出産の感想をみたものである。分娩所要時間に関しては，分布から10時間未満を短時間，10時間以上を長時間とした。また，ここでの異常分娩とは，帝王切開3人，吸引分娩4人，切迫仮死3人（うち1人は吸引分娩），早期破水2人である。

表5-7に示すとおり，出産に対して「経験してみたらたいへんなことだと思った」「気やすく子どもは産めないと思った」という感想は，異常分娩にもっとも多く，正常分娩でも分娩所要時間が長い群に多い傾向がみられた。しかし，統計的にこの傾向は有意とは認められなかった。

表5-7 分娩状況別にみた出産に対する感想

	正常分娩		異常分娩
分娩所要時間	10時間未満 (平均5.3時間)	10時間以上 (平均20.5時間)	—
該当者数	32	17	11
出産に対する感想 　大変なことだと思った 　感動した，女に生まれて幸せだと思った，生命の誕生の神秘性を感じた	21(65.6) 18(56.3)	13(76.5) 10(58.8)	10(90.9) 5(45.5)

注）数字は人数，（　）内はパーセンテイジ。

また,「今までの経験でいちばん感動的なものであった」「女に生まれて幸せだと思った」「生命の誕生の神秘性を感じた」という肯定的な感想に関しては,分娩所要時間の長短による差はみられない。異常分娩にくらべて正常分娩においてその比率がやや大きい程度である。

以上に述べたとおり,本調査においては分娩所要時間の長短や分娩形態の正常・異常の別が,出産に対する感想を左右するか否かについては,必ずしも明確な結論は得られなかった。

2) 出産後4ケ月時点での心理

表5-6に示すとおり,出産後4ケ月の時点で母乳を与えている人は,P→P群が47.4%,N→P群が40.0%に対して,RP→N群は5.3%,N→N群は0.0%である。

また,出産後4ケ月の時点で自分が母親であるという実感,この子は自分の子であるという実感をもっている人は,P→P群,N→P群がそれぞれ84.2%,80.0%であるのに対して,RP→N群は52.6%,N→N群は60.0%である。

出産後の自分自身の変化に関して,「子どもに関する記事や話に関心が向くようになった」「家事など家庭のことに熱心になった」という回答が全体的にもっとも多く,母親としての役割に熱心になったことを示すものといえる。これを群別にみると,P→P群89.5%,N→P群60.0%,RP→N群57.9%,N→N群80.0%であり,とくに顕著な傾向はみられていない。しかし,そのほか「女としての役目を果たしたので一人前になったように思う」「自分以外の存在に対して目が向くようになった」「がまん強くなった」「母親になってからより女性的になったように思う」の項目を肯定し,人間としても女性としても成熟したと回答している人の比率は,P→P群52.6%,N→P群60.0%に対して,RP→N群は26.3%,N→N群は40.0%である。とくにP→P群とRP→N群の差は有意なものと認められた($p<.05$)。一方「個性がなくなってしまったようだ」「女としての自分の魅力のことなど考えてみることもなくなったのが寂しい」「若さや美しさがそこなわれた」として否定的な感想をもつ人は,P→P群26.3%,N→P群0.0%に対して,RP→N群は42.1%,N→N群は80.0%におよび,明らかな群差がみられている。

以上のことから明らかなように,妊娠中をとおして形成された姿勢が妊娠に

対して肯定的な場合，P→P群，N→P群にみられるとおり，出産後4ケ月の時点でわが子という実感を抱く人が多く，また，母親になったことで人間的にも女性的にも成熟したとして，出産後の自分自身の変化を肯定的に受容している。逆に，妊娠中をとおして形成された姿勢が妊娠に対して否定的な場合，RP→N群，N→N群にみられるとおり，出産後の自分自身の変化に対しても否定的なことがみられている。

3) わが子への愛着の発達

表5-8，図5-2，5-3，5-4は，妊娠初期から出産後4ケ月までの各時期におけるわが子への愛着を示したものである。

わが子への愛着の測定は，以下イ）〜リ）の各時期およびヌ）〜ソ）までの育児中の各場面で，胎児または赤ちゃんに対してどの程度可愛いと感じたかを評定させたものである。評定方法は〈とても可愛い―6，可愛い―5，どちらともいえない―4，あまり可愛くない―3，可愛くない―2，みるのも考えるのもいや―1〉の6段階である。

- イ) 妊娠に気づいたとき
- ロ) つわりのとき
- ハ) 胎動を感じたとき
- ニ) お腹が大きくなってから
- ホ) 陣痛のとき
- ヘ) 分娩直後
- ト) 赤ちゃんを初めてみたとき
- チ) 赤ちゃんに初めて乳首をふくませたとき
- リ) 赤ちゃんがあなたをみつめるようになったとき
- ヌ) 赤ちゃんが笑っているとき
- ル) 赤ちゃんが眠っているとき
- ヲ) 赤ちゃんが声をだしてごきげんのとき
- ワ) 赤ちゃんがむずかっているとき
- カ) 赤ちゃんがギャーギャー泣いているとき
- ヨ) 授乳しているとき
- タ) おむつがえ（大便）のとき

表5-8 妊娠初期から出産後4ケ月までの各時期・各場面におけるわが子への愛着――6段階評定の結果――

妊娠中から出産後の各時期各場面	全調査対象 ($n=67$)	P→P群 ($n=19$)	RP→N群 ($n=19$)	N→P群 ($n=5$)	N→N群 ($n=5$)
イ) 妊娠に気づいたとき	4.09 1.08	4.63 .76	4.16 .60	2.80 1.30	2.20 1.64
ロ) つわりのとき	3.76 .96	4.33 .59	3.82 .39	2.60 1.34	2.40 1.52
ハ) 胎動を感じたとき	5.09 .64	5.37 .60	4.95 .62	5.00 .00	4.40 .55
ニ) お腹が大きくなってから	4.68 .84	5.05 .71	4.47 .77	4.80 .45	3.60 1.14
ホ) 陣痛のとき	3.93 .89	4.21 1.03	3.94 .73	3.40 1.34	3.40 1.34
ヘ) 分娩直後	4.71 .97	5.32 .82	4.65 .86	4.20 .45	4.00 1.87
ト) 赤ちゃんを初めてみたとき	5.03 1.02	5.74 .45	4.63 .96	4.80 1.30	4.80 1.30
チ) 赤ちゃんに初めて乳首をふくませたとき	5.46 .75	5.63 .68	5.16 .76	5.60 .55	4.80 1.30
リ) 赤ちゃんがあなたをみつめるようになったとき	5.81 .40	5.79 .42	5.79 .42	5.80 .45	5.40 .55
ヌ) 赤ちゃんが笑っているとき	5.91 .29	5.95 .23	5.84 .37	6.00 .00	5.80 .45
ル) 赤ちゃんが眠っているとき	5.75 .44	5.79 .42	5.68 .48	5.80 .45	5.80 .45
ヲ) 赤ちゃんが声をだしてごきげんのとき	5.91 .34	5.84 .37	5.89 .32	6.00 .00	6.00 .00
ワ) 赤ちゃんがむずかっているとき	4.22 1.06	4.47 1.12	3.84 .90	5.00 1.22	3.40 1.14
カ) 赤ちゃんがギャーギャー泣いているとき	3.87 1.20	3.68 1.10	3.84 1.07	4.80 1.64	3.00 1.41
ヨ) 授乳しているとき	5.37 .62	5.21 .71	5.42 .61	5.40 .55	5.20 .45
タ) おむつがえ(大便)のとき	4.87 .79	5.26 .65	4.37 .76	5.20 .84	4.40 .55
レ) おむつがえ(小便)のとき	4.94 .71	5.16 .69	4.74 .56	5.60 .55	4.40 .55
ソ) お風呂に入れるとき	5.66 .48	5.79 .42	5.58 .51	5.80 .45	5.40 .55

注) 上段の数字は MEAN,下段の数字は SD。

第5章 研究Ⅰ：母性発達と妊娠に対する心理的な構えとの関連性について　91

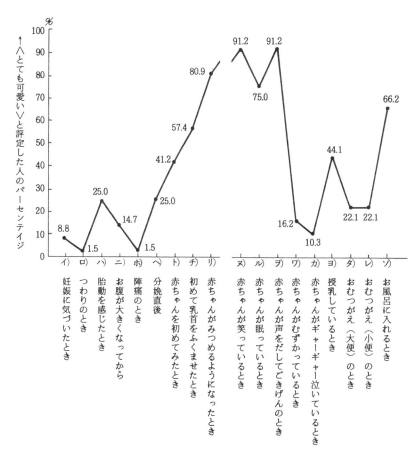

図5-2　妊娠初期から出産後4ケ月までの各時期・各場面において，わが子を
　　　〈とても可愛い〉と評定した人のパーセンテイジ――全調査対象――

レ）　おむつがえ（小便）のとき

ソ）　お風呂に入れるとき

表5-8は，上記イ）～ソ）における評定値の平均値・標準偏差を，全調査対象およびP→P群，N→P群，RP→N群，N→N群の別に示したものである。

図5-2～5-3は，わが子への愛着の発達の様相をみるために，6段階評定のうち，〈とても可愛い〉と評定した人の比率をイ）～ソ）についてもとめ，それを

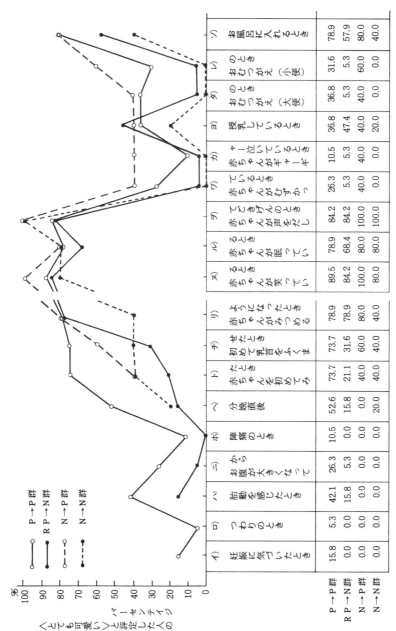

図5-3 妊娠初期から出産後4ヶ月までの各時期・各場面において、わが子を〈とても可愛い〉と評定した人のパーセンティジ——4群別——

グラフ化したものである．図5-2は全調査対象の結果を，図5-3は4群別の結果を示している．

図5-4は，わが子への愛着の始まりの時期を4群別に示したものである．愛着の始まりについては，調査対象の母親が初めて〈とても可愛い〉と評定した時期を累積比率でもとめ，それをグラフ化したものである．

① 全調査対象に関する結果

わが子への愛着の発達を全調査対象についてみた結果を図5-2に基づいて述べる．

まず，妊娠中のイ）〜リ）の各時期における愛着は次のとおりである．妊娠に気づいた当初，すでにわが子に強い愛着を抱いた人は8.8％であるが，その後のつわりのときには1.5％にまで減少している．妊娠初期は胎児の存在を体で感じることは少なく，さらにつわりという身体的不調がくわわるとき，胎児そのものへの愛着を芽生えさせることはむずかしいものとみられる．胎動を感じるようになると，わが子に愛着を抱く人は25.0％に増加するが，しかし，その後，妊娠後期に入り下腹部が大きくなった時点では14.7％に減少している．下腹部が大きくなる妊娠後期は，胎児の存在をより強く実感できる時期である．しかし，同時に身動きの不自由さや分娩に対する不安も増大する時期である．胎動によって芽生えた愛着は必ずしも確固としたものではなく，妊婦自身の身体的苦痛や不安によって減じられるものと考えられる．陣痛時に愛着を抱く人は1.5％にすぎない．

わが子への愛着が安定した増加傾向を示すのは，子どもの出生後である．〈とても可愛い〉と評定した人の比率は，分娩直後25.0％，初めてみたとき41.2％，初めて乳首をふくませたとき57.4％であり，わが子と触れ合う段階を追って愛着が着実に発達しているようすがみられる．そして，赤ちゃんが母親の自分をみつめるようになったときには，80.9％の人が〈とても可愛い〉と評定している．

次に，育児中の各場面における愛着は次のとおりである．赤ちゃんが笑っているとき，声をだしてごきげんのときに，〈とても可愛い〉という強い愛着を抱いている人は，いずれも91.2％である．次いで，赤ちゃんが眠っているときが75.0％，お風呂に入れるときが66.2％となっている．一方，ギャーギャー泣いているとき，むずかっているときに強い愛着を抱くものは，それぞれ10.3％，

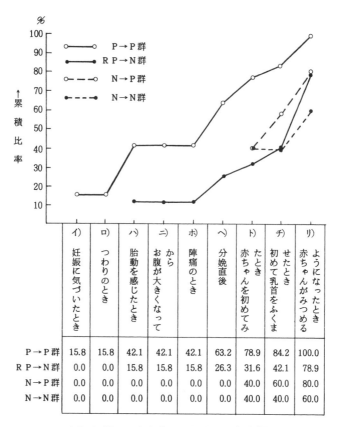

図5-4 妊娠初期から出産後4ケ月までの各時期において
わが子に対して初めて〈とても可愛い〉と評定した
人の累積比率——4群別——

16.2%にすぎず,また,おむつがえのとき(大便,小便いずれも)は22.1%と低い比率が示されている。赤ちゃんが静かできげんの良い状態にあるときは,強い愛着を抱く母親が多いが,むずかったり泣いたりして世話がやけるときにも愛着を抱く母親は,生後4ケ月の時点では急激に減少している。

② 4群別の結果

わが子への愛着の発達を4群別にみた結果は次のとおりである。

図5-3のイ)〜リ)は,妊娠中の各時期における愛着を4群別に示したもの

である。妊娠に気づいた当初からつわりの時期にかけては，RP→N群，N→P群，N→N群の3群には，強い愛着を芽生えさせている人は一人もおらず，P→P群において，妊娠に気づいたときが15.8%，つわりのときが5.3%みられるだけである。胎動を感じたときは，P→P群の半数近い42.1%が〈とても可愛い〉と評定し強い愛着を抱いている。RP→N群は15.8%である。一方，妊娠当初，妊娠を否定的な感情でむかえたN→P群，N→N群では，いずれも胎動時に強い愛着を抱いた人はみられない。その後，妊娠後期に入ってお腹が大きくなった時点では，P→P群においても強い愛着を抱く人は26.3%に減少し，さらに陣痛のときは10.5%となっている。しかし，他の3群には陣痛に苦しんでいるときに〈とても可愛い〉と評定した人はいない。

以上，妊娠に気づいた当初から分娩に至る過程でのわが子への愛着の発達をみると，妊娠をひじょうに喜んでむかえたP→P群は，早い時期から強い愛着を抱く人が多く，妊娠に対する喜び方が間接的であったRP→N群にくらべて大きな差がみられる。そして，妊娠を否定的な気持ちでむかえたN→P群，N→N群は，いずれも妊娠中にはわが子への強い愛着を芽生えさせた人はみられない。

妊娠当初の妊娠に対する姿勢が，妊娠中のわが子への愛着の芽生えおよびその発達に大きな影響を与えているものといえる。このことは，愛着の始まりの時期を累積曲線で示した図5-4においてよりいっそう明らかである。

次に分娩後の愛着の発達をみると，P→P群では愛着の発達がめざましく，分娩直後では52.6%，初めてみたときには73.7%の人が〈とても可愛い〉と評定している。妊娠当初は妊娠に対して否定的であったが，その後，妊娠過程の進展にともなって肯定的に変化したN→P群は，赤ちゃんを初めてみたときに40.0%，初めて乳首をふくませたときには60.0%の人が強い愛着を抱いており，その比率は赤ちゃんが母親をみつめるようになったときに80.0%に上昇している。このN→P群における分娩後の愛着の発達は，図5-3，図5-4に示すとおり，RP→N群よりも順調なことがみられる。一方，妊娠過程全般をとおして妊娠を否定的に受けとめていたN→N群は，分娩後の赤ちゃんへの愛着の発達も鈍く，初めてみたとき，初めて乳首をふくませたときに愛着を抱いている人は40.0%，赤ちゃんが母親をみつめるようになったときでも40.0%であり，その

比率は4群のなかでもっとも低い。

　次に，図5-3のヌ）～ソ）は育児中の各場面における愛着を4群別に示したものである。赤ちゃんが笑っているとき，声をだしてごきげんのとき，4群とも80～100％の人が強い愛着を抱いており，とくに群差はみられない。しかし，赤ちゃんがむずかっているとき，ギャーギャー泣いているとき，おむつがえ（大便，小便いずれも）のときには，愛着を抱く人の比率に群差がみられる。このように赤ちゃんの状態が望ましくないときや世話がやけるときでも，なお強い愛着を抱ける人はN→N群には皆無であり，RP→N群でも5.3％にすぎない。それにくらべてP→P群では10.5～36.8％，N→P群では40.0～60.0％が強い愛着を抱いている。また，風呂に入れるときも，RP→N群の57.9％，N→N群の40.0％に対し，P→P群は78.9％，N→P群は80.0％となっている。

§6　結果の要約および母親としての心理発達の規定因
① 結果の要約

　以上が妊娠を喜んでむかえたか否かの別によって，その後の妊娠過程，分娩時および出産後4ケ月時点での心理を検討した結果である。以上の結果を要約すると次のとおりになる。

　A．妊娠をひじょうに喜んでむかえた群：P群
　　　（妊娠中 $n=69$，出産後 $n=30$）

(1)　妊娠を知った時点で，それをひじょうに嬉しいとした人びとである。

(2)　妊娠過程全般にわたり，妊娠そのもの，および妊娠している自分自身を肯定的に受容し，かつ，母親になることに積極的な姿勢を示す回答が多くみられる。

ⓐ胎動に感動した人が多い。

ⓑつわりに苦しんだ人も，妊娠に対しては依然として肯定的な姿勢を保つ人が多い。

ⓒ妊娠のために受ける行動上の制約も，妊娠の喜びのほうが大きいので苦にならないとする人が多い。

ⓓ容貌や身体上の変化を肯定的に受容する人が多い。

ⓔ妊娠前から日常生活での心理が安定している傾向にあるが，妊娠後はいっ

そう安定していることがみられる。

ⓕ臨月の時点で出産を楽しみに待つ人が多い。

(3) 妊娠初期から後期に至る妊娠過程全般をとおして，妊娠に対して肯定的な姿勢を維持している人が多く，P群の63.3％がそれに該当する。これをP→P群と記した。

(4) 妊娠初期から後期に至るまで，一貫して肯定的な姿勢を維持したP→P群は，分娩時および出産後の育児中において，その心理が安定し，わが子への愛着が積極的であることがみられた。

ⓐ分娩時に赤ちゃんのために最後まで頑張ろうと自らを励ます人が多く，かつ，出産に対しても肯定的な感想をもつ人が多い。

ⓑ子どもに対してわが子であるという実感をもつ人が多い。

ⓒわが子への愛着の始まりが早い。また，育児場面で，赤ちゃんの状態が必ずしも望ましくなく世話がやけるときでも強い愛着を抱く人が多い。

ⓓ出産後の自分自身の変化を肯定的に受容する人が多い。

B．妊娠を一応は嬉しいとしたが，その喜び方が消極的であった群：RP群
　　（妊娠中 $n=67$，出産後 $n=27$）

(1) 妊娠を一応は嬉しいとするものの，その喜び方が消極的・間接的な人びとである。

(2) 妊娠過程全般にわたり，妊娠そのもの，および妊娠している自分自身を受容する姿勢が，P群にくらべて消極的な傾向がみられる。とくに妊娠中期以降，後期にかけて，妊娠のために被る行動上の制約や身体上の変化を否定的に受けとめる回答が増加することがみられる。

(3) 妊娠初期から後期に至る妊娠過程全般をとおして，妊娠に対して肯定的な姿勢を維持する人が少ない。RP群の70.4％は，中期以降，後期に至るまでに否定的な姿勢に変化している。これをRP→N群と記した。

(4) 妊娠中期から後期にかけて，妊娠に対する姿勢が否定的なものに変化したRP→N群は，分娩時および出産後の心理において否定的な傾向がみられ，わが子への愛着も消極的である。

ⓐ分娩時に赤ちゃんのために最後まで頑張ろうと自らを励ます人が少なく，かつ，出産に対して否定的な感想をもつ人が多い。

ⓑ子どもに対してわが子であるという実感をもつ人が少ない。
ⓒわが子への愛着の始まりが遅い。また，育児場面で，赤ちゃんが安定して望ましい状態にいるときは愛着を抱いているが，世話のやける不安定な状態になると愛着を抱く人が減少する。
ⓓ出産後の自分自身の変化を否定的に受けとめる人が多い。
　Ｃ．妊娠を困ったと受けとめた群：Ｎ群
　　　（妊娠中 $n=20$，出産後 $n=10$）
(1)　妊娠を知った時点で，それを困ったと受けとめた人びとである。
(2)　妊娠過程全般にわたり，妊娠そのもの，および妊娠している自分自身に対して，否定的な姿勢を示す回答が多くみられた。
ⓐ胎動に感動した人が少ない。
ⓑ妊娠のために行動上の制約を受けるとし，妊娠していない人をうらやむ回答が多い。
ⓒ容貌や身体上の変化に対して否定的な感想をもつ人が多い。
ⓓ「自分の能力を充分にだしきれていない」「世の中においていかれる」という心理的不安定感が強い。
(3)　妊娠初期から後期に至る妊娠過程全般をとおして，Ｎ群の半数は妊娠に対して否定的な姿勢を持続させている。しかし，残りの半数は後期の時点で肯定的な姿勢に変化していることがみられた。前者をＮ→Ｎ群，後者をＮ→Ｐ群と記した。
ⓐＮ→Ｎ群は，分娩時の心理，出産に対する感想，わが子への愛着，出産後の自分自身の変化に対する感想が，いずれも消極的・否定的なものが多い。分娩時から出産後に至るＮ→Ｎ群の心理的傾向は，上記ＲＰ→Ｎ群のそれと類似したものがみられた。
ⓑＮ→Ｐ群は，分娩時の心理，出産に対する感想，わが子への愛着，出産後の自分自身の変化に対する感想が，いずれも積極的・肯定的なものが多い。分娩時から出産後に至るＮ→Ｐ群の心理的傾向は，上記Ｐ→Ｐ群のそれと類似したものがみられた。
②　母親としての心理発達の規定因
以上が，妊娠に対する心理的な構えとその後の母親としての心理発達との関

連性をみた結果である。妊娠当初の妊娠の受容のいかんによって、その後の母親としての心理発達のあり方がある程度予想されるといえるものであった。

しかし、それは妊娠を知ったときの気持ちがそのまま、後の母親としての心理発達を直接的に規定すると考えるべきではない。第4項に記したP群,RP群,N群の3群にみられた妊娠に対する受容の変化は、たんに当初、妊娠を喜んでむかえたか否かということのみが問題ではないことを示すものである。むしろ、妊娠をむかえる姿勢の背後にある要因について考察をし、それがその後の母親としての心理発達におよぼす影響をみることが必要であると考えられる。以下、調査結果に基づいて母親としての心理発達の規定因として、次の二点を指摘する。

ⅰ）妊娠に対する自我関与の程度

P群とRP群は、妊娠を知ったとき嬉しいという気持ちを抱いたことでは、一応等しい群である。しかし、その後の過程でP群の大半は妊娠に対して肯定的な姿勢を維持している一方、RP群の大半は否定的な姿勢へと変化してしまうという違いが生じている。妊娠を知って困ったという気持ちを抱いたN群においても、その後の妊娠に対する姿勢が肯定的なものと否定的なものとに分かれている。

いったい何が、当初の妊娠を喜ぶ気持ち、困ったとする気持ちを持続させているのか、あるいは変化させているのだろうか。この点についての一つの示唆は、RP群とN群における変化から得ることができる。

第2項の2)で述べたとおり、RP群は妊娠を知った当初、妊娠を一応嬉しいとしているもののその理由は「自分の血を分けた子どもができるから」「結婚すれば子どもがいるのが自然だから」が主なものである。「子どもが欲しかったから」という理由が7割近くを占めているP群にくらべると、RP群の喜び方は消極的かつ客観的といえる。そのRP群においては、妊娠過程全般をとおして肯定的な姿勢を保てる人が少なかった。

一方、N群では妊娠を喜べない理由が大きく分けて二種類みられる。一つは、自分自身の生活や仕事に関する変更が余儀なくされたことが理由となっているものである。現在の勤務をやめなければならない、これから始めようとしていた仕事を延期しなければならない等である。他の一つは、それにくらべて漠然

とした理由であり，「なんとなくまだ妊娠はしたくなかった」「もう少し夫と二人の生活を楽しみたかった」というものである。

N群のうち，妊娠中期から後期にかけて肯定的な姿勢に変化したN→P群についてみると，5人のうちの3人は前者の理由を妊娠を困ったとする理由として回答していた。予定外の妊娠のために，自分自身の生活や仕事を変更あるいは中断せざるを得ないことからくる葛藤が，当初の妊娠に対する姿勢を否定的にしたと考えられる。

他方，妊娠当初から一貫して否定的な姿勢を持続させているN→N群についてみると，5人のうち4人は後者の理由を妊娠を困ったとする理由として回答している。

RP→N群とN→N群は，当初，妊娠を肯定的な気持ちで受容したか否定的な気持ちでむかえたかの違いはある。しかし，上記のことから明らかなとおり，妊娠を嬉しいとするにしろ，困ったとするにしろ，いずれもその理由が漠然とした間接的なものであり，必ずしも自分自身の問題として突き詰められていない点では，両群ともに共通している。当初は妊娠に対して否定的な姿勢で臨んだ人も，それが自分自身の生活上に大きな影響をおよぼすという認識から生じる葛藤であった場合は，N→P群にみられるとおり，その葛藤をのりこえて，母親としての心理発達を生じさせていることがみられる。妊娠を受容する姿勢として問題とすべきことは，母親になることがたんに嬉しいか嫌かではなく，それをどこまで自分自身の問題として自らに問う姿勢があるかが重要である。出産への姿勢は，女性がどう生きてきて，今後どう生きるかという問題であり，長いライフ・サイクルのなかに出産を位置づける視点が必要であると考えられる。

　ⅱ）　夫との関係

母親としての心理発達を支える要因の第二として，夫の存在が考えられる。P群，RP群が妊娠を嬉しいとする理由のなかに，「夫が妊娠を喜んでくれた」ことを回答した人が両群とも，半数近くいたことは，前述したとおりである。子どもが生まれることに対する夫の喜びや期待，そして，その夫の期待に応えようとする妻としての心のはたらきは，女性が妊娠を肯定的に受容するうえでの重要な要因であると考えられる。妊娠・出産は，それまでの夫婦関係に子ど

もという存在がくわわることであり，母親としての出発点の一つは夫婦関係にあることを考えることが必要であろう。

表5-9は，妊娠中および出産後4ケ月の時点での夫に対する感情を示したものである。

妊娠中の夫に対する感情は，1)「体を気づかって優しくしてくれるのが嬉しい」が82.7%と調査対象の大半を占めている。そのほか，2)「以前よりも親しみがもてるようになった」が45.5%，3)「甘えるようになった」が37.8%と親密な感情を抱いている回答が4割前後である。一方，4)「たよらなくなった」，5)「へだたりを感じる」は，それぞれ2.6%，0.6%にすぎない。妊婦にとって夫の存在が占める位置は大きく，夫は親密さや優しさをもとめる対象となっていることが考えられる。

出産後の夫に対する感情は，6)「いつまでも新鮮で魅力ある妻でいたい」が52.2%，7)「一緒に育児をしているなかで，よりいっそう心のつながりがもてた」

表5-9 妊娠中および出産後4ケ月における夫に対する感情

妊娠中（$n=156$）	
1) 体を気づかって優しくしてくれるのが嬉しい	129(82.7)
2) 以前よりも親しみがもてるようになった	71(45.5)
3) 甘えるようになった	59(37.8)
4) たよらなくなった	4(2.6)
5) へだたりを感じる	1(0.6)
出産後（$n=67$）	
6) いつまでも新鮮で魅力ある妻でいたい	35(52.2)
7) 一緒に育児をしているなかで，よりいっそう心のつながりがもてた	31(46.3)
8) 夫よりも子どものほうが大切になった	18(26.9)
9) 夫への関心が少なくなった	7(10.4)
10) 育児に協力してくれない夫に対して不満やあきらめの気持ちが強くなった	12(17.9)

注) 数字は人数，( )内はパーセンテイジ。

が46.3％と半数前後の回答率が示されている一方，8)「夫よりも子どもの方が大切になった」が26.9％，9)「夫への関心が少なくなった」が10.4％，10)「育児に協力してくれない夫に対して不満やあきらめの気持ちが強くなった」が17.9％となっている。妊娠中と同様に，出産後も夫に対して親密感を抱く回答が半数前後ある一方，消極的・否定的な回答も現われている。出産後の夫に対する感情は，子どもの存在や育児の問題をめぐって肯定・否定に分かれていくものと考えられる。

表5-10は，この出産後の夫に対する感情と育児中の心理的不安定さとの関連をみたものである。

夫に対する感情に関しては，上記5項目のうち，6)7)を選択し，かつ8)9)10)を選択していない人を肯定群（24人)，8)9)10)のうち2項目以上を選択し，かつ6)7)を選択していない人を否定群（18人）とした。

育児中の心理的不安定さに関しては，イ)「育児ノイローゼになりそうである」ロ)「育児に振り回されて自分がだめになりそうな気がする」ハ)「いらいらする」ニ)「毎日がなんとなく面白くない」の4項目に対して，〈そのとおりである―4，どちらかというとそうである―3，どちらかというと違う―2，違う―1〉の4段階で評定をもとめた。数値が大きいほど，不満や焦りが強いことを示す。

表5-10 夫に対する感情と育児中の心理的不安定さとの関連

項　　目	夫に対する感情		有意差検定
	肯定群 ($n=24$)	否定群 ($n=18$)	
イ) 育児ノイローゼになりそうである	1.58 .72	2.00 .84	
ロ) 育児に振り回されて自分がだめになりそうな気がする	1.83 .87	2.50 .92	＊
ハ) いらいらする	2.33 .70	2.83 .62	＊
ニ) 毎日がなんとなく面白くない	1.63 .77	2.06 .94	

注) ①上段の数字は MEAN，下段の数字は SD。
　　②有意差検定　＊ $p<.05$

表5-10に明らかなとおり，4項目のすべてにおいて否定群のほうが肯定群よりも数値が大きい。とくに，ロ)「育児に振り回されて自分がだめになりそうな気がする」ハ)「いらいらする」の2項目では，否定群の数値は肯定群にくらべて有意 ($p<.05$) に高いことがみられる。夫婦関係が情緒的に不安定な場合，育児中の母親の心理が否定的になることが示されており，母親の心理的安定にとって，夫との間に心理的に充足した関係が維持されていることが必要であると考えられる。妊娠・出産は，それまでの夫と妻の生活に子どもという新しい存在がくわわることである。したがって，いかなる夫婦関係のうえに子どもの誕生をむかえるかが，安定した母性の発達を支える重要な要因の一つになると考えられる。

4. 今後の課題

妊娠は女性の一生のなかで，おそらく身体的にも行動的にももっともいちじるしい変化と制約を受ける経験である。それは自分の身体に起こりながら，まぎれもなく自分以外の新しい生命ゆえに生じる変化と制約である。胎児の成長とともに育てるわが子への愛情は，母親が自分自身をみつめることによって初めて育て得る他者への愛といえよう。その母親としての心理発達の始まりは，生まれてきたわが子を胸に抱くときではなく，それ以前の妊娠をむかえる時点にすでに始まりがあることを，本研究は明らかにしたものといえる。当初の妊娠を受容する姿勢によって，その後の妊娠過程の受けとめ方や母親としての心理に差異が生じることがみられた。しかも，妊娠に対する姿勢として重要なことは，たんに妊娠を嬉しいとするか否かではなく，いかに自分自身の問題として関わるかにあることが示された。また，母親となる過程でより的確に自己をみつめつづけていくためには，その女性が心理的に安定していることが必要であり，夫婦関係の安定がそこに寄与することも大きいものがあると考えられた。

妊娠・出産は一人の女性が母親となるために通過する一つの過程であり，それは母親となることを生物学的に保証する過程でもある。しかし，どのようにして，どのような母親になるかは，たんに妊娠し出産することで一様に規定されるものではない。女性一人ひとりが，自分自身母親となることをどう受けと

めるか，そして，それを自分の生き方のなかにどう位置づけるかが，母親としての出発点として考えられてゆかなければならないであろう。妊娠・出産という女性独自の生理的過程を経験することが，母親としての愛情の大部分を規定するという従来の一般的見解に対して，本研究は一つの疑問を投じたものであり，その結果は上述のとおり，従来の見解への反証となり得るものを示し得たといえるのではなかろうか。

　本研究は，母親としての心理発達の規定因として，妊娠に気づいた当初の妊娠に対する受容のあり方とその背景要因の重要性を指摘したものである。しかしながら，この点に関してより実証的な関連性を確認するためには，本研究は方法論的に次の点を今後の課題とするものである。

　すなわち，本研究は妊娠を知ったとき，それをどの程度喜んでむかえたかを調べることにおいて，調査時点の妊娠6～7ケ月での回想によっている。妊娠を確実に知り得るのが，通常は初診時の妊娠3ケ月であることを考えると，これは約3～4ケ月前の事象に対する回想ということになる。この点に関する問題点の第一は，記憶の確かさということである。しかし，この点については，調査対象が初妊婦であることからして印象はかなり鮮明であろうと推察される。回答が正確になされるのであれば，第一の問題点それ自体はある程度欠陥を免れるものと考える。むしろ，問題は記憶の薄れにあるのではなく，記憶そのものにバイアスがかかることである。妊娠6～7ケ月時点での状況およびそれまでの3～4ケ月間の経験が，妊娠当初の心理を回想するうえで影響をおよぼすことを考えなければならない。

　もっとも，本研究の資料では，妊娠6～7ケ月時点の心理と妊娠当初の心理とはかなり独立に回答されていると考えられ，それゆえに，第3節第4項および表5-5に示した妊娠に対する受容の変化が把握されたと考えられる。しかし，これは結果論であり，上記の第二の問題点をより明確に排除するためには，次の二つの方法をとることが望ましいであろう。その第一は，妊娠が確定した初診時に資料をとることである。そのためには医療機関との研究協力体制が必須である。そして，第二は資料収集の時期を妊娠確定期よりさらに以前にもとめることである。母親としての心理発達の規定因として，妊娠を喜ぶか否かそれだけが問題なのではなく，その背後にある家族関係，本人の生きる姿勢を重視

するうえでは，結婚前後からの長期的な追跡資料をもつことが，今後の課題であると考える。

第6章 研究Ⅱ：母親意識の世代差について

1. 研究目的

　本章および次章では，母親である女性たちが自分が母親であることをどのように認識し，また，子どもに対する母親としての役割についていかなる意識を有しているかを明らかにするとともに，その変容過程について検討を行なう。

　女性の生き方，とりわけ母親としての女性の生き方に関しては，第3章第3節で述べたとおり，わが国固有の文化の型として歴史的に継承されてきたイメージが存在する。育児を女性の天職とみなし，子どものためにはすべてを犠牲にして尽くす母親の姿を女性の生き方の理想とする通念は，わが国においては伝統的に習性化されたパターンでもあった。女性は母親として生きることが最善であり，母親として味わう喜びを人生のすべての喜びとして受容する生き方が是認され，それが文化的レベルでの規範として女性の生き方を方向づけてきたといえる。

　しかし，一方ではとくに第2次大戦後の社会の変動が，女性の生き方やライフ・サイクルを変化させたことも事実である。家族成員数の減少，出生児数の低下と育児期間の短縮，女性の教育水準の向上など，こうした社会情勢の変動が女性の生き方におよぼした変化を明確化し，また，それが母親としての役割意識や子どもへのかかわり方にいかなる変容を生じさせているかを把握することは，すなわち，母性に対する社会的・文化的条件の規定力を明らかにすることである。また，この点について検討を行なうことは，女性の生の連続線上に母性を位置づけて把握しようとする筆者の研究上の視点を全うするためにも必要不可欠である。

以上の問題意識を基に，本章では生きる時代を異にする母親たちの意識・行動について調査し比較を行なう。そして，次章では，この世代差調査で得られた知見および示唆された問題点を，調査対象をさらに広く一般化することで確認し検討することとする。

2. 調査内容および調査方法

§1　調査対象

　第2次大戦後のわが国の社会変動が，母親の意識・行動におよぼした影響を分析するために，次の3つの時代に育児を担当した母親たちを本調査の対象とした。すなわち，1）昭和初期，2）昭和20年から25年までの第2次大戦後の混乱期，3）昭和45年前後，の各時代に初産をむかえ，その後の数年間にわたって育児を行なった母親たちであり，以下，順に，1）A世代，2）B世代，3）C世代とよぶこととする。

　調査対象は，高学歴女性であることを一つの属性として選び，かつての東京女子高等師範学校，現在のお茶の水女子大学の卒業生に調査への協力をもとめた。高学歴女性を調査対象とした理由は，高い水準の教育を受けた女性たちは，その時代の状況を敏感に把握し意識的に対処することが予想され，その意識の差が母親としての意識や行動にどう反映されるかを検討するためである。また，女子の高等教育機関としてお茶の水女子大学を選定した理由は，高学歴女性の一つの代表という意味とともに，筆者の母校であり卒業生に協力を依頼しやすいためでもある。調査対象の抽出は，初産年齢を27歳と想定し（財団法人地域社会研究所高年齢層研究委員会，「高年齢を生きる7，お茶の水出の50年」1975を参考），初産が上記3つの時期に該当する卒業年次を決定したうえで，同窓会名簿より各世代100名ずつ無作為抽出した（p.110の註を参照）。

§2　調査内容および調査方法

　調査は，第1次調査と第2次調査からなる。第1次調査は，調査趣旨を説明し，協力を依頼する文書を同封した調査票を郵送し，記入後返送してもらう方法を用いた。第2次調査は継続調査への協力を了承した調査対象に対して，筆

者が個別に訪問し面接を行なった。

　なお，卒業生の居住地は全国におよんでいるが，第2次調査では，筆者の訪問の都合上，協力を了承した調査対象のうちから関東各県の居住者を選び，訪問面接を行なった。

　調査の主な項目は次のとおりである。

〔第1次調査〕

　A．育児行動および育児環境

1)　出産に関する事項（初産年齢，最終出産年齢，出生児数，現在の健在児数，流産・中絶等の出産に関する異常の経験の有無）
2)　授乳様式
3)　育児の情報源および教育方針の決定方法
4)　育児期間中の母親の生活状況（就業の有無）
5)　育児協力者の有無
6)　夫の育児協力と夫婦関係のあり方
7)　育児期間中の家族構成・住宅環境・経済状態

　B．母親としての意識および育児中の心理

1)　育児の意義の評価
2)　育児期間中の母親としての心理（精神的・肉体的疲労，育児の喜び，子どもへのかかわり方等）
3)　母親としての自己像の認知

　各項目の具体的内容は，結果とあわせて述べる。調査票の作成方針として，自由記述による回答をできるかぎり多くした。各時代の社会情勢を把握し，そのなかで育児に携わる女性たちの意識の変遷を検討することは，たんなる数量化を超えた複雑な様相を呈するものでもある。自由記述によって回答の自由度を大きくすることによって，調査対象の意識や行動がより端的に反映されることを意図した。この点に関しては，第2次調査において，さらに綿密に検討を行なうこととした。

〔第2次調査〕

　第2次調査は訪問面接調査である。各自の育児体験談を語ってもらい，母親としての喜びや苦労をたずねることによって，調査票では得にくい内容を臨床

的に把握することを主要な目的とした。調査内容は，第１次調査票の回答を基に，調査対象固有の事象に重点をおいた。

§3　調査時期

調査時期は次のとおりである。

〔第１次調査〕：
・調査票発送　1976年11月上旬
・調査票回収　1976年12月上旬

〔第２次調査〕：1977年２月～４月

　註）本研究は，生活状況のいかんによって母親としての意識や感情・行動に生じる変容を明らかにすることを目的としたものであり，この観点から世代差を検討するものである。世代差の区分にさいしては，次の三点を基準とした。

　1）生活状況に顕著な差が想定される時期として，第２次大戦をはさんだ前後約20年を，世代区分の一応の基準とする。

　2）さらに，女子高等師範学校時代と現代とでは，卒業後の職業生活の状況に顕著な差が予想される。これは生活状況の違いとして大きな差と考えられる。

　3）女子高等師範学校時代の調査対象（A世代）として，昭和３～８年次の卒業生を選択した理由は，卒業生の平均初産年齢を考慮し，それから逆算した結果，上記の卒業生が，調査時点で健在で，調査依頼が可能な年代の上限と考えられたためである。他方，現代の世代（C世代）として，昭和40～45年次の卒業生を選択した理由は，同様の観点から，調査時点で育児経験のある若い世代としての下限と考えられたためである。

3. 結果と考察

§1　調査対象

第１次調査は，調査票を各世代100通ずつ計300通発送したが，住所不明で返送された調査票が16通あった。回収された調査票は141通，回収率は47.0％である。郵送法による調査としては高い回収率といえる。なお，出産や育児経験のないものは集計から除外した。このため，有効数は134，世代別ではA世代50，B世代35，C世代49である。このうち，第２次調査への協力了承者数は，A世代26，B世代７，C世代25であったが，筆者が訪問可能な関東各県の居住

者を第2次調査対象とした。第2次調査対象数の世代別内訳は，A世代10，B世代1，C世代8である。B世代の調査対象数が少ないため，第2次調査の分析は主にA世代とC世代について行なう。

調査対象に関する基礎的事項は，表6-1に示した。

表6-1 調査対象に関する基礎的事項

	A 世 代	B 世 代	C 世 代
有 効 数			
第1次調査	50	35	49
第2次調査	10	1	8
調査時点での平均年齢	67.2歳	54.6歳	31.5歳
（年齢範囲）	（64～70歳）	（50～58歳）	（27～35歳）
卒 業 年 次	昭和3年～8年	昭和15年～20年	昭和40年～45年
出身科系			
文 化 系	15	4	23
理 科 系	25	23	13
家 政 系	10	8	13
就業状況			
有職者　卒業時点	49	34	46
結婚後第1子出産まで	37	21	31
育児期間中	31	20	12
育児終了後	37	26	―

注）年齢，卒業年次以外の数字は人数。

§2　育児行動および育児環境における世代差

出産および育児行動に関する事項は表6-2，6-3にまとめて示した。

1)　出産に関する事項

まず，結婚年齢については，戦前のA世代，B世代のほうが現代のC世代にくらべて2年余り遅く，かつ，結婚年齢の分布も広範囲にわたっている。その理由として，一つにはA,B両世代がかつての女子高等師範の卒業生であり，卒業後の一定期間を教職に就くことが義務とされていたために結婚が遅くなったことが考えられる。また，第2次大戦による配偶対象者の不足も少なからず起因しているといえる。

次に出産年齢であるが，各世代とも，結婚後平均1～2年以内に初産をむか

表6-2 出産に関する世代差

	A 世代 ($n=50$)	B 世代 ($n=35$)	C 世代 ($n=49$)
平均結婚年齢 （年齢範囲）	26.9歳 (22～45歳)	26.1歳 (21～37歳)	24.7歳 (21～29歳)
平均初産年齢 （年齢範囲）	27.7歳 (23～38歳)	28.2歳 (23～38歳)	26.4歳 (22～29歳)
平均最終出産年齢 （年齢範囲）	35.7歳 (27～44歳)	31.6歳 (24～40歳)	29.5歳 (26～32歳)
平均出生児数 （調査時点での健在児数）	3.4人 (3.2人)	2.2人 (2.0人)	2.0人 (2.0人)
中絶経験者数	9人 (18.0%)	15人 (42.9%)	8人 (16.3%)

注）C世代の最終出産年齢に関しては，今後出産の可能性があるが，現代一般の出生児数を考慮し，子どもが2人以上いるものにかぎって算出した。

えている。しかし，初産から最終出産までの年数では顕著な世代差がある。A世代がもっとも長く平均8年間であり，B世代，C世代ではそれぞれ3.4年間，3.1年間である。

出産期間の長さにみられる世代差は出生児数に反映され，A世代が3.4人ともっとも多く，B世代は2.2人，C世代は2.0人である。なお，A世代の出生児数は，当時の一般の平均出生児数5.04人［人口問題研究所，1940］にくらべると少ないが，これは本調査対象のA世代の結婚年齢および初産年齢が高いことによると考えられる。また，B世代とC世代の出生児数は類似しているが，その背景要因は異なることが考察される。B世代は第2次大戦後の混乱期が育児担当時期に該当し，当時の生活困難を訴える回答も多く，そのために出生児数が少なくなっていると考えられる。このことはB世代の中絶経験者の比率が他の2世代にくらべてはるかに高く（B世代42.9%，A世代18.0%，C世代16.3%），B世代全体の半数近くにおよんでいることにも示されている。

なお，出生児数の世代差の背景には，子ども観の変化や避妊法の普及度の違いが考えられる。A世代では54.0%が「子どもは授かりものである」と回答しており，面接調査では全員が，「私たちの頃は子どもをつくるとかつくらないという発想はなく，妊娠すれば産むのが自然だった」という回答を寄せている。一方，C世代では「子どもは授かりものである」という回答と「子どもは計画

第6章 研究Ⅱ：母親意識の世代差について　113

表6-3　育児行動に関する世代差

	A 世代 (n=50)	B 世代 (n=35)	C 世代 (n=49)	A vs C	B vs C	A vs B
育児期間中の就業状況						
無　職	19(38.0)	15(42.9)	37(75.5)	**	**	
有　職	31(62.0)	20(57.1)	12(24.5)	**	**	
子どもの世話をたのめる人がいる	42(84.0)	26(74.3)	20(40.8)	**	**	
授乳様式						
母乳のみ	21(42.0)	16(45.7)	18(36.7)			
混合乳	20(40.0)	12(34.3)	4(8.2)	**		
時間ぎめで与える	43(86.0)	25(71.4)	25(51.0)	**	*	*
泣くと与える	5(10.0)	6(17.1)	19(38.8)	*	*	
育児の情報源は育児書である	20(40.0)	10(28.6)	31(63.3)	**	**	
教育方針						
教育方針をきめるのは母親の自分である	21(42.0)	16(45.7)	12(24.5)	*	**	
教育方針をきめるには夫と相談する	19(38.0)	12(34.3)	27(55.1)	*	*	
父親の育児協力						
夫は子煩悩で子どもへの関心が高い	28(56.0)	21(60.0)	37(75.5)	**		
夫は細々とした子どもの世話も手伝う	11(22.0)	13(37.1)	25(51.0)	**		*
男性も余裕のあるかぎり，妻と育児を分担すべきであると考える	42(84.0)	29(82.9)	36(73.5)			
夫に育児への協力をもとめた	20(40.0)	12(34.3)	42(85.7)	**	**	

注）①数字は人数，（　）内はパーセンテージ。
　　②有意差検定　** $p<.01$　* $p<.05$

的につくるべきである」との回答が，それぞれ44.9％ずつに分かれている。しかし，面接調査では，子どもをつくるという表現が多くみられ，生活設計や子どもの教育を考慮して出生児数を決定している人がほとんどであった。避妊の普及がこれを可能にしていると考えられる。

2)　授乳様式および育児の情報源

授乳様式では以下の世代差がみられた。まず，母乳のみの人は3世代とも40％前後であり，その比率に大差はないが，人工乳を併用する混合乳をあわせると母乳授乳者は，A世代82.0％，B世代80.0％に対し，C世代は44.9％にすぎない。さらに母乳にした理由は，A世代は「栄養的に良い」「自然である」が主な回答である。B世代には上記の理由にくわえて「当時ミルクは配給制であり，

母乳が出る人は母乳にするのが当然だった」という第2次大戦後の時代背景をうかがわせる回答も含まれている。一方，C世代は「栄養的に良い」「自然である」という理由のほかに，「母子双方の情緒的安定に良い」「授乳時にスキンシップができて乳児の心的発達に良い」等の回答も多く，育児書や心理学の知識の反映がみられる。

ところで，A・B両世代は母乳授乳者の半数が人工乳との併用である。これは育児期間中の就業率が両世代とも60％前後であることからも推考されるとおり，母親の勤務がその理由である。また，B世代には第1子は母乳で育てているが，第2子以降を人工乳にした人が10％強いる。その理由として「疲労と栄養状態の悪化のために母乳が分泌しなくなった」と回答しており，当時の食料事情が想起される。一方，C世代には美容上や育児の合理化から混合乳または人工乳にしたという回答があり，これは数例ではあるが，A・B両世代にはみられない回答である。

次に授乳方法については，A・B両世代の大半（A世代86.0％，B世代71.4％）が時間ぎめで与える方法を用いており，その理由は「当時は時間ぎめで与えるのが普通だったから」と回答している。これに対して，C世代では時間ぎめで与える方法が51.0％，泣くと与える方法が38.8％に分かれ，共通の一般的傾向はみられない。授乳方法の決定にさいして，C世代は乳児の要求にあわせることが性格の発達とどう関係するかとか，授乳時間の規則化が乳児と母親の両方にもたらす利点などを考えあわせて，母親自身が決定しているようすがみられる。C世代では，授乳の方法一つにしても育児様式が多様化しており，母親が自分の考えを育児に反映させる余地がある反面，多くの情報のなかから主体的に選択する労力もくわわっているといえよう。ちなみに，育児の情報源は育児書であるという回答は，A世代40.0％，B世代28.6％に対し，C世代は63.3％と高い比率を示している。B世代は敗戦後の混乱期ゆえに，育児書を読む余裕に乏しく，また育児書そのものの入手も困難であったことが推察される。

3) 育児期間中の母親の就業状況および育児協力者の有無

育児期間中の母親の就業状況では，A・B両世代とC世代とのあいだに顕著な差がある。育児期間中の有職者はA世代62.0％，B世代57.1％に対し，C世代は24.5％にすぎない。C世代は75.5％が育児に専念している。

育児期間中の就業率の世代差の要因として，次の三点を指摘することができる。第一は，卒業時に選択した職種の違いである。A・B両世代はほとんど全員が教職に就いている。教職は労働条件が比較的整備されているため，家庭生活との両立が容易であったことが，育児期間中も教師としての仕事をつづけていた人びとに共通して回答されている。一方，C世代の就職先は民間企業も増えて多様化している。しかし，その仕事内容の多くが専門を活かしきれない一時的なものであり，このことが結婚または出産による退職を安易にしている主な理由と考えられる。

　第二の要因は，経済的事情である。育児期間中も仕事をつづけた理由として，A世代の61.3％，B世代の55.5％が経済的理由を回答している。この両世代には，夫の戦死や病気，敗戦による夫の失業に遭遇し，自分が働かなければ子どもを育てていけなくなったために復職したケースが多い。C世代にも経済的理由が回答されているが，それは25.0％であり，学生結婚がその主な原因である。

　第三の要因は，育児分担機能の違いである。C世代で出産を契機として退職した人の最大の理由は，子どもの世話をたのめる人がいないことである。A世代は84.0％，B世代は74.3％が子どもの世話をたのめる人がいたと回答しているが，C世代は40.8％にすぎない。これは一つには家族構成の差に起因することも考えられる。しかし，育児期間中の家族構成では，両親や兄弟姉妹との同居者は，A世代38.0％，B世代57.0％，C世代10.2％である。A世代の同居率がとくに高いということはなく，育児の手助けとしては，両親にたよっている人よりも，お手伝いや子守りを雇っている人が多い。A世代で子どもの世話をたのめる人がいると回答した人のうち，64.0％はこれに該当する。一方，B世代は，人を雇っている場合は14.0％にすぎず，親や姉妹にたよっているのが大半である。A世代，B世代とも母親以外に育児を分担する人を確保しているが，その人手の中味が時代の差とともに異なっている。A・B両世代にくらべて，C世代はその90％弱が核家族であり，また，現代はお手伝い等の人手は得にくい時代である。母親以外に育児を分担する機能として，保育所等の施設があるが，現状ではその機能はいまだ不充分であるとして，保育所を回答している人は少ない。むしろ，夫にたよる人が多く，現代の家族構成や人手の問題がおよぼす余波は，父親の育児機能の変化として端的に現われている。

育児期間中の就業率の世代差の要因として，上記三点のほかに職業意識の差が考えられる。この点については，育児の意義の評価との関連のうえで後述する。

4) 父親の育児機能

「夫はどんな父親であるか」という問いに対して，「夫は子煩悩で子どもへの関心が高い」と回答した人は，A世代56.0％，B世代60.0％，C世代75.5％と，世代が新しくなるにつれて多くなっている。このうち，「おむつを換える」「風呂に入れる」「散歩に連れて行く」というように，細々とした日常的な子どもの世話まで手伝う夫は，A世代22.0％，B世代37.1％に対し，C世代は51.0％と半数余りにおよんでいる。

ところで，3世代の妻たちは，それぞれ，自分たちの夫の育児への協力姿勢をどうみているのだろうか。男性が育児を分担することに対して「男性も余裕のあるかぎり，妻と育児を分担すべきである」と回答している人は，A世代84.0％，B世代82.9％，C世代73.5％であり，3世代ともその大半が男性の育児分担を肯定している。

しかし，実際に夫に育児の協力をもとめた人は，C世代が85.7％ともっとも多く，A世代，B世代ではそれぞれ40.0％，34.3％にすぎない。

夫に協力をもとめない人は，A世代44.0％，B世代57.1％，C世代10.2％である。比率のうえで差がみられるが，なぜ協力をもとめないかという理由でも，A世代とC世代では顕著な世代差がみられる。A世代の理由の一つは，「女手が多く，夫が育児を手伝う必要がない」というものである。他の一つは「昔の男性は家庭や子どものことは女性に任せっきりで，仮りに手伝っても下手で任せられない」あるいは「初めからあきらめていた」というものの二つに大別される。一方，C世代で夫に育児協力をもとめない人は少ないが，「夫が自発的に協力してくれるので，協力をもとめる必要がない」というのがもとめない人の理由である。A世代とはきわめて対照的である。しかし，C世代でも，精神的にも具体的な世話のうえでも，育児にまったく非協力的な夫が16.3％いる。その場合はあきらめるよりも，周囲に多い協力的な男性とくらべて，夫への不満を募らせたり，育児を負担に感じて苦痛を訴える回答が多くみられた。

具体的な育児分担だけでなく，しつけや教育方針を誰が決定するかでも，A・

B両世代とC世代には差がある。すなわち，A・B両世代では「母親の自分である」という回答が多く，A世代では42.0％，B世代では45.7％を占めているが，C世代は24.5％にすぎない。C世代では，むしろ「夫と相談する」人が多く，その比率は55.1％におよんでいる。

以上のことから，父親の育児機能にも世代差があり，とくに現代は育児に関して父親の占める位置が大きくなっていることが明らかである。

5) 育児環境

「現代は育児がしやすいか否か」について回答をもとめたところ，「しやすい」という回答は3世代とも20～30％にすぎなかった。しやすい点では，「家事の合理化が可能になったこと」「医学の進歩」が主に指摘されている。一方，育児がしにくい点として，「各種公害」「自然環境の破壊」「住宅事情の貧困」「自動車の氾濫による交通事故の多発」「情報過剰」「核家族化」が指摘された。なお，現代の「情報過剰」「核家族化」が育児行動におよぼす影響については，本項の2) 授乳様式および3) 育児協力者の有無の箇所で述べたとおりである。

§3　母親としての意識における世代差

1) 育児の意義についての評価

育児の意義についての評価は表6-4に示したとおりである。

育児の楽しさや疲労感については，3世代とも，ほとんど同傾向の回答である。A世代，B世代，C世代の順に記述すると，「育児は楽しい」との回答は，44.0％，37.1％，42.9％，「育児は精神的に疲れる」との回答は，40.0％，42.9％，38.8％，「育児は肉体的に疲れる」との回答は，62.0％，65.7％，63.3％である。A・B両世代はすでに育児終了世代であるにもかかわらず，育児が精神的・肉体的に疲れると回答した人の比率が，目下育児期間中のC世代と同程度であり，育児による疲労感が年月を経ても忘れられていないことは，育児がいかに労力のうえで負担の大きいものかを示していると考えられる。3世代とも，育児についての感想では，肯定，否定いずれか一方だけの回答は30％前後にすぎない。大半が「育児は楽しいが疲れる」「充実感があるが煩わしい点も多い」というように両面的な評価をしていることで共通している。

しかし，育児の意義についての評価や育児を自分自身の生活のなかにどう位

表6-4 育児の意義についての評価に関する世代差

	A世代 (n=50)	B世代 (n=35)	C世代 (n=49)	有意差検定 A vs C	有意差検定 B vs C	有意差検定 A vs B
育児は楽しい	22(44.0)	13(37.1)	21(42.9)			
育児は精神的に疲れる	20(40.0)	15(42.9)	19(38.8)			
育児は肉体的に疲れる	31(62.0)	23(65.7)	31(63.3)			
育児は有意義なすばらしい仕事である	37(74.0)	21(60.0)	20(40.8)	**	*	
自分にとって育児は生きがいであり，自分の成長にもプラスになった	39(78.0)	23(65.7)	17(34.7)	**	**	
自分の生きがいは育児とは別である	10(20.0)	7(20.0)	30(61.2)	**	**	
育児は女性の義務である	28(56.0)	18(51.4)	9(18.4)	**	**	

注) ①数字は人数，( )内はパーセンテイジ。
② 有意差検定 ** $p<.01$ * $p<.05$

置づけるかに関しては，顕著な世代差がある。

A世代は，3世代のなかでもっとも育児を高く評価している世代である。「育児は有意義なすばらしい仕事である」と評価している人が74.0%，「自分にとって育児は生きがいであり，自分の成長にもプラスになった」と回答している人が78.0%である。

A世代とは対照的にC世代は育児への評価が低い。「育児は有意義なすばらしい仕事である」と評価している人は40.8%，「自分にとって育児は生きがいであり，自分の成長にもプラスになった」と回答している人は34.7%で，いずれもA世代の半数程度の低率である。逆に「自分の生きがいは育児とは別である」と回答している人が61.2%おり，A世代の3倍強の比率を示している。しかし，C世代の特徴は育児の意義をまったく否定しているのではなく，むしろ，自分自身の生きがいや生活を考えたとき，育児だけに専念できないという相対的な評価である。「自分の生きがいは育児とは別である」と回答した人のうちに，「育児は私にとって喜びであり楽しみでもあるが，それだけでは満足できない。育児以外の仕事や生きがいをもつことは，自分のためにも子どものためにも必要と思う」という類の記述をしているものが多い。また，「育児は女性の義務である」との回答は，C世代は18.4%にすぎず，A世代の56.0%と

大きな開きがある。C世代の回答には,「育児は女性だけの義務ではなく,両親や社会の責務である」とのコメントが多くつけられていた。この点に関しては,女子教育の違いが考えられる。A世代では,女学校や母親などから,女子の心得として育児・家事の意義を教えられたという回答が80.0％である。とくに教えられた記憶はないという残りの20.0％の人も,ほぼ全員が家庭や周囲の状況からみて自然に会得したと回答している。一方,C世代では育児・家事の意義についての教育を受けたという回答は36.7％である。

2) 育児期間中の母親としての心理

ⅰ) 心理的不安定さ

育児期間中の母親の心理として,苛立ちや不安,焦りについて調査した結果は表6-5に示したとおりである。

「子どもを産まないほうが,子どものためにも自分のためにも良かったと思う」「自分の若さや女性としての美しさが失われてしまうように感じる」については,それを肯定する人はA・B両世代に各1～2人,C世代には皆無であった。ま

表6-5 育児期間中の母親の心理に関する世代差

	A世代 ($n=50$)	B世代 ($n=35$)	C世代 ($n=49$)	有意差検定 A vs C	有意差検定 B vs C	有意差検定 A vs B
何となくいらいらする	17(34.0)	20(57.1)	41(83.7)	**	**	**
子どもを育てることが負担に感じられる	11(22.0)	9(25.7)	16(32.6)			
自分のやりたいことができなくて焦る	12(24.0)	14(40.0)	34(69.4)	**	**	*
自分が世の中に遅れてしまうという感じがする	8(16.0)	13(37.1)	22(44.9)	**		**
自分の関心が子どもにばかり向いて視野が狭くなるのを感じる	9(18.0)	13(37.1)	24(49.0)	**		*
自分の若さや女性としての美しさが失われてしまうように感じる	1(2.0)	1(2.9)	0(0.0)			
子どもを産まないほうが子どものためにも自分のためにも良かったと思う	2(4.0)	2(5.7)	0(0.0)			
育児ノイローゼに共感できる	2(4.0)	4(11.4)	29(59.2)	**		

注) ①数字は人数,( )内はパーセンテイジ。
②有意差検定 ** $p<.01$ * $p<.05$

た,「子どもを育てることが負担に感じられる」という回答も,A世代22.0%,B世代25.7%,C世代32.6%で,C世代の比率がやや高いが,しかし,統計的には有意な差ではない.

一方,「自分が世の中に遅れてしまうという感じがする」「自分の関心が子どもにばかり向いて視野が狭くなるのを感じる」では,C世代の44.9%,49.0%が肯定しており,とくにA世代の16.0%,18.0%にくらべて明らかに高い比率を示している.さらに,「何となくいらいらする」「自分のやりたいことができなくて焦る」については,C世代の83.7%,69.4%と大半が肯定しており,A世代の34.0%,24.0%とのあいだに顕著な差がみられる.なお,B世代の回答は表6-5に示したとおり,4項目ともA世代とC世代との中間の比率であった.

ⅱ) 育児ノイローゼへの共感

上記ⅰ)の心理に関連して,育児ノイローゼへの共感についても世代差が明らかである.育児ノイローゼとは学術用語ではなく,マスコミの造語であるが,佐々木(保行)[1982]はこれを「出産や子育ての過程で発生する神経症」と説明している.必身の疲労が重なる等が原因で気分が不安定になり,子どもの発育や病気を必要以上に気にするようになる状態であり,時には子どもを折檻したり,殺害し,親自らも死に至る事例もある.

こうした育児ノイローゼに対して,共感の有無をたずねた結果,A世代の80.0%が「まったく共感できない」と回答し,「共感できる」との回答はわずか4.0%である.「子どもが難病や障害児であるような特殊な事情のときのみ,部分的に共感ないしは同情する」という回答を含めても20.0%に満たない.「子どもがいてこそ母親は強く生きられる」「子どもが生まれた以上は忠実に育てるべきである」という回答が大半であった.B世代の回答もA世代と同様の傾向を示し,「共感できない」が65.7%である.「とんでもないこと」「そういうことは異常である」との指摘もある.また,「現代の状況からして同情の余地はあるが,しかし,戦争中はもっとひどかった.母親がしっかりして対処すべきである」という回答が多くみられた.「共感できる」と回答した人は11.4%にすぎない.さらに,育児ノイローゼの原因については,A・B両世代は「母親としての自覚・責任感の欠如」「忍耐不足」「精神的な弱さ」「自己中心性」等,母親自身に問題があることを指摘する回答が多く,A世代の64.0%,B世代の

42.9%がこれに該当する。

　以上のA・B両世代の指摘は，通常みられる年寄り世代の，若い世代に対するたんなる非難にすぎないとはいえない面がある。第2次調査で面接したA世代10名の大半は，戦争がもたらした困難な状況のなかを逞しく生き抜いてきた人びとである。夫の突然の病死に遭い，幼い子ども3人を家に残しながら定時制高校に勤め，3人とも，立派に大学教育を受けさせた人，敗戦を満州でむかえ，さまざまな迫害や掠奪に遭い，あるときはとっさの機智でソ連兵の奇襲を逃れて，自分の身とともに娘3人を守った人，財閥解体による夫の失業で，借金と売り食い生活のなかで自らも働き，継子5人と実子1人を育て，たった1人の実子の死に遭遇しながらも継子を実子のように育てあげた人など，昭和初期から第2次大戦にかけての激動の時代を強く生き，説得力ある人生を背景とした発言であるというのがA世代の人びととの面接で得た印象である。

　一方，C世代はA・B両世代と対照的に，育児ノイローゼに「共感できる」人が59.2%である。「部分的に共感ないし同情できる」という回答を含めると67.3%になる。「共感できない」人は22.4%にすぎない。「共感できる」という回答のなかには，自分も実際に育児ノイローゼに陥った，あるいは陥りそうになったという体験例も多く記入されている。「私も育児に悩み，自責の念にかられることがよくある。子どもが思うように動いてくれないことに苛立ち，暴力を振るって折檻をしてしまうこともある」「育児は肉体的に疲れるので，それによって精神的に弱くなる経験をした。周囲が冷たかったりすれば，ノイローゼから子殺しに発展すると思う」「第2子が生まれてから心身ともに疲れ，赤ん坊を抱いて川の橋の上にいたとき，ふと飛び込みたい衝動にかられた。また，この子が生まれたためにこんな辛い思いをするのかと考えたりして，今思うとあの頃の自分は自分でなかったとぞっとする」など，リアルな体験例が多い。育児ノイローゼの原因についても，C世代には母親自体に問題があることを指摘した回答は少なく，むしろ，育児が母親一人に負わされている現状に問題があることを指摘した回答が71.4%を占めている。具体的には「育児についての相談相手や手助けの欠如」「夫の無理解」「育児を女性の仕事とする社会一般の通念」等である。その他の回答例としては「昔は母親が育児に没頭するのを周囲も当然と考え，したがって，母親も育児に専念しやすかったはずである。

現代は女性の労働力に対する社会的要請も大きく，それにともなって女性自身も育児にだけ専念することに焦りや後ろめたさを抱いていて，それが育児ノイローゼになる一つの原因ではないだろうか」と，母親の意識の変化を指摘したものがある。

　ⅲ）　母親としての自己像の認知

　上記ⅰ）ⅱ）に示された世代差は，自分自身をどのような母親と思うかについての回答と比較すると，いっそう明確になる。

　A世代は「子どものために自分のすべてを捧げ，苦労を厭わなかった」という回答が60.0％であり，さらに犠牲とか献身という表現は用いていないが，子どもへの真剣な愛情に自信をもった回答を含めると，70.0％の人が子ども第一に生きていたことが示されている。

　B世代では多少変化が認められ，「子どものために自分のすべてを尽くした」との回答は31.4％に減少している。「子ども第一であったが，自分をまったく犠牲にするほどではない」という回答が28.6％あり，次の世代への過渡期的傾向が示されている。しかし，現実には敗戦後の混乱の日々を生きることに追われ，自分自身の生活への欲求との葛藤で悩んでいる人は，まだ少ない。

　一方，C世代になると，子ども第一にしている人は8.0％にすぎず，つねに何らかの形で自分の生き方を考えている人が36.7％である。たとえば，「現在は両立不可能から育児に専念しているが，少しでも子どもから手が離れたら，自分のための時間が欲しいと思っている母親である」「子どもか自分かでつねに悩んでいる母親である。気持ちのうえでは子ども第一の古い型なのに，高等教育を受けたという意識があって，このままではいけないという気持ちと衝突している母親」等である。以上のほかに，「子どもよりも自分を優先してしまう母親」「親子というよりは，人生の先輩と後輩という関係で接し，互いに距離をおくことを考えている母親」等，母親としてのタイプが多様化しているのがC世代の特徴である。

　さらに，以上の母親像の世代差は「母性愛の評価」とも関連していると思われる。「子どもにとっては生みの母親の愛情が最善である」ことを肯定している人は，A世代は70.0％であるのに対し，C世代は，「生みの母親が必ずしも子どもにもっともふさわしい養育者になるとはかぎらない。保育所等の施設の

充実も望まれる」という回答と半々に分かれている。

3) 母親としての意識と母親自身の生活状況との関連

すでに述べてきたとおり，育児の意義に対する評価および育児期間中の母親としての意識において世代差が示されていたが，とくにA世代とC世代の差は顕著である。その背景には，育児期間中の母親自身の生活状況の違い，とりわけ職業生活の有無が大きく影響していることが考えられる。

A世代は育児を自分自身の生きがいと結びつけて高く評価していた。一方，C世代は育児以外に自分の生きがいをみいだそうとしており，育児にだけ専念することには否定的であった。しかし，実際に育児期間中も仕事をしている人は，第2項の3）で述べたとおり，A世代が62.0％に対し，C世代は24.5％にすぎない。

A世代の職種は大半が教職である。育児期間中も仕事をつづけた人のうち45.2％は，教師としての仕事が好きで，生きがいを感じたことをその理由としている。一例をあげると，「教えること，教師であることが好きであった。教室に一歩入ると，体中で味わう親しい愛情と心地好い緊張がたまらなく好ましい」というものである。これらの人びとの回答には，職業生活での充実感が子どもに対したときの，母親としての喜びにつながったことが記されている。

もっとも，第2項の3）で述べたとおり，A世代の育児期間中における就業理由の第一が経済的事情であったことからも推察されるように，すべての人が必ずしも恵まれた環境のなかで仕事をつづけていたわけではない。次の第4項1）の事例で紹介するように3人の子どもを抱えて未亡人になった母親が，面接調査の折，幼い子どもを家に残して夜学の教壇に立った当時を語りながら，そのときの辛さを思い涙を浮かべていたことが印象に残る。しかし，仕事と育児との両立に苦しみながらも，その苦悩が母親としての意識や愛情をいっそう強めたことが回答されており，これはA世代の母親にかなり共通してみられた回答である。

C世代は職業が多様化しているが，仕事をつづけている理由としては，「女性は母親であると同時に職業をもつべきだと思うから」「子どもべったりが母子双方に与えるマイナス面を積極的になくしたい」「自分をつねに向上させる機会がほしい」等の回答が58.3％を占めている。C世代は育児期間中も仕事を

つづけている人は少ないが，仕事をつづけている人が答える理由は，かなり観念的な傾向が強い。一方，出産・育児を契機として仕事をやめたＣ世代34人について，その感想をみると，肯定的な感想をもつ人が５人，残りの29人は否定的な感想を述べている。肯定的な人びとは「過保護という意味ではなく，充分育てたという自信から，子どもが自立するとき安心して手をひけると思う」「女性で子どもをもった以上，一定期間育児に専念するのは当然で，それなりの充実感がある」と述べている。否定的な人びとは「一定期間，育児に専念することもよいとは思うが，条件さえそろっていたら，細々とでも仕事はつづけたかった。ブランクが再就職にどうひびくか心配である」「ここでこうして埋もれてしまうのかと思うとたまらない」「今の環境ではやめるのも仕方なかったが，ひじょうに残念である」といった後悔が強い。Ｃ世代は，育児に専念していることに肯定的な人もいるが，全体としては否定的な傾向が強い。面接調査対象の８人のうち，仕事と育児を両立させているのは１人であった。残りの７人は育児に専念しながらも，焦りを訴えていることで共通していた。何とか再就職の糸口をみいだそうと奔走している人，何かしたくても夫の反対が強く，夫への不満が募っていくのを訴える人など，悩みが深刻であった。次の２例の回答はＣ世代の育児期間中の心理を代表していると考えられる。ある２児の母親は「今何かしないと，このまま一生何もしないうちに，私の人生は終ってしまいそう。そう考えるとこの娘たちをみても，素直に可愛いとは思えなくなる」と焦る気持ちを訴え，また，ある母親は「育児はたしかにたいせつで有意義な仕事です。しかし，散漫な労働であるというのも偽らざる心境であって，つねに育児はすばらしいとか，自分の手で育てていることを満足に思うのは無理という気持ちがします。ですから，つい，自分がこんなことをしていていいのだろうかと考えたり，これからの生き方を考えると，焦りや苛立ちをおぼえます」と述べている。Ｃ世代は男性と同等の教育を受けて育ってきた世代である。意識のうえでは生きがいを家庭や育児のほかにもとめているにもかかわらず，現実には子どもの世話をたのめる人がいないとか，保育所等の施設が不充分であるために育児に専念している人が多い。この意識と現実とのずれが，Ｃ世代の焦燥感につながっていると考えられる。

§4 面接事例の紹介

本項では，第2次調査対象のA世代10人，C世代8人のうち，各世代の典型的事例と思われるものについて紹介する。以下，A世代の3事例，C世代の2事例は，面接時の調査対象の発言を要約して記したものである。

1) A世代の事例

(i) 事例 No.4-193

「面接日時1977年3月10日午後1時～4時。年齢66歳。都内在住。32年前に夫と死別。現在東京都家庭相談員。子どもは長女39歳，長男36歳，次女34歳。次女夫婦と同居。」

実家は水戸の士族である。すべてにおいて格式・形式一点張りであり，親子の愛情は微塵も感じられない家庭であった。それだけに結婚したら暖かい家庭を築くことを熱望していた。婚家は柏崎の商家である。商家には男女の格差がなく，格式・形式を越えた人情があった。春風胎蕩とした家風で目が開かれる思いがした。

夫は元来病弱であったが，仕事先の満州で死亡した。子どもたちが7歳，5歳，3歳のときである。柏崎に引き揚げ，夫の実家から家一軒を与えてもらい，母子4人の生活をはじめた。定時制高校に勤め午後1時から9時まで働いた。幼い子ども3人を残して学校へ行くことは身を引き裂かれる思いであった。手伝いの人をたのんだが，その人は夕食の仕度を終えると午後5時に帰ってしまう。半鐘を聞くたびに家が火事ではないかと心配で死ぬ苦しみを味わった。冬の柏崎は雪が深く，長靴の中までびしょびしょになりながら，夜道を家へと急いだ。家に帰ると子どもたちが炬燵でゴロ寝をしており，布団まで抱いて運びながら本当に切なかった。子どもたちにはきめ細かい世話をしてやれず，また，家庭的なぬくもりも味わわせてやれずにかわいそうであった。しかし，皆丈夫であり，母親が一所懸命働いている姿をみて，よく勉強してくれた。経済的にもまったく余裕はなかった。今度あのお金が入ってきたら子どもにどうしてあげようと，そればかり考えていた。私は娘時代は子どもはあまり好きではなかった。しかし，子どもをもってみると大事で大事で一所懸命だった。夫のぶんまで子どもが大事になったのであろう。男女平等を教育方針とし，女の子も学問的な面で独立し，将来家庭と両立可能な職業に就いてほしいと願っていた。3人とも，志望の大学に進み，結婚生活を営みながら各自の道を歩いている。それぞれに孝養を尽くしてくれており，これ以上の満足はない。

柏崎の定時制高校には17年間勤務し，末子が東京の大学に入学したのと同時に，

退職金を投入して上京した。上京後，家庭相談員の募集を知り応募した。通り一遍の応募ではだめだと思い，履歴書のほかに自分の今まで歩いてきたところを綴り，この仕事を熱望している旨を訴えた。それが審査員の目にとまり採用してもらえた。57歳のときである。現在の収入は恩給と合せて月収17～18万円である。やりがいのある仕事であり，老後の生活設計も立てることができる。今に働けなくなったら老人ホームに行くつもりでいる。親が子どもを育てるのは親の任務であるが親が老いたとき，その看病などで若い人たちの精力を奪うのは気の毒でやりきれない。老人ホームに入ることには寂しさもあるが，それに耐えることも必要であろう。私は老人といえども経済的自立は精神的自立につながるものと思う。

　夫を亡くした後の育児のために，自分のすべてを捨て献身したが，そのことが私を成長せしめたと強く思う。子どもを与えられ，育てることができたことは有難いことであった。封建制度のなかで伸びられなかった実家の母とくらべて，自分の才覚で生きることのできたことは幸せだと思っている。

◇

(ii)　事例 No.5-295

「面接日時1977年3月12日午前10時～11時30分。年齢67歳。都内在住。29年前に夫と死別。8年前に教師生活から引退。子どもは長女38歳1人。長女夫婦と同居。」

　私の経歴は同年齢の仲間にくらべると特殊である。仲間は皆，地方の女学校に就職し，戦後はそれらが高校や大学に昇格し，現在も大学等で教えている人が多い。私も初めは埼玉県の女学校に勤めたが，女学校の生徒たちは年齢的に中途半端で，話をしていても少しもおもしろくなかった。自分の教育熱が満たされず，上京して高等小学校の教師になった。学制変更後もそのまま残り，昭和44年まで勤務をつづけた。小学校での教育はたいへんおもしろく，やりがいがあった。教師間の人間関係には煩わしいことも多くあったが，教室へ来て子どもたちの顔をみるとほっとして，晴れ晴れした気持になった。

　27歳で結婚した。夫は逓信省に勤めていた人で恋愛結婚である。しかし，夫との生活は結婚後の4～5年であり，その後夫は戦地へ7～8年行き，帰ってきたときは胸を患っていた。帰国後3年で亡くなった。29歳のときと39歳のとき出産し，子どもは2人生まれたが，第2子（長男）は1歳で亡くなった。この子を生むために自分はこの世に生命を授けられたと思ったくらい可愛い子だった。亡くなったときは，自分の生活はこれから一生灰色かと嘆いていた。昭和23年に長男と姑を，昭和24年に夫と，つづけて3人を失った。

　私は職業婦人だったから子どもを育てられたと思う。経済的にも精神的にも夫にさほどべったり依存はしていなかった。姑が健在中は子どものことを心配しないで

仕事ができた。子どもの着物を厚着にするか薄着にするかといった細々としたことは，いつも子どものそばにいる姑がきめていた。しかし，教育方針などではよく姑と衝突した。姑もきつい人だったし，私も働いているという気の強さもあって，よく喧嘩をした。しかし，お互いに言いたいことを言ってしまえば，後はすっきりして，とくにどうということもなく済んだ。両者の方針の中間をとって育てていったというところかと思う。今は核家族だから，誰の制約も受けずに自分のしたいようにできることは羨ましいが，反面，何もかも母親が一人で判断するというのもたいへんのようにみうけられる。

姑の死後は，自分は仕事をもっていたから，娘のことをあまりかまってやれなかったが，そのときは娘も11歳になっていたし，一人で伸び伸び遊んでいた。40歳近くなっても娘の可愛さは変わらない。私は現在，恩給で月15～16万円もらえるので生活には困らないし，かえって娘夫婦に援助してやっているくらいである。娘は，高校の時間講師をしているが，そんなのはお小遣い程度にしかならない。職業を身につけてやらなかったことが，何といっても悔やまれてならない。自分の死後も元気に子どもを育てていってくれるかと，今なお心にかかる。

(iii) 事例 No.7-443

「面接日時1977年3月25日午後1時～5時。年齢66歳。神奈川県在住。夫76歳。子どもは長男43歳，長女38歳，次男35歳，三男33歳，次女31歳。現在私立大学講師。夫と二人暮らし。」

女高師を卒業後，岐阜の女子師範に勤務した。結婚は33歳のとき，後妻として現在の夫のもとに嫁いだ。そのとき，夫は5人の子ども（13歳，8歳，5歳，3歳，1歳）を抱え，先妻に死なれて困っていた。この縁談話があったとき，親戚中の人が，まさか5人の子どものいる人と結婚を決意するとは思っていなかった。私には婚約者がいたが，彼が戦死し，私は一生結婚しないつもりでいた。しかし，この話があったとき，戦死した人への心の償いのような思いがあって，幼い子どもを抱えて困っている人ならば嫁いでみたいとも思った。結婚をきめる前に夫や子どもたちに会いに大阪まで行った。そのとき当時3歳の三男が私の膝を離れず，この子を見捨てるわけにはいかないと思った。

結婚当初は大阪に住み，女中が2人もいて，経済的にも豊かであった。しかし，戦争で家を焼失した。さらに戦後は財閥解体で夫は役職を退き，建築会社を設立したが，殿様商法のために失敗し，経済的にどん底に陥った。一切を売り払い，やっと工面したお金を旅費として一家で上京した。結婚するときに教職を退き，以後勤めるつもりはなかったが，こうした事情で一家の生計を担わねばならなくなり，ふ

たたび教師生活をはじめ，今日に至っている。
　焜炉(こんろ)も薪も買えない生活がしばらくつづいた。食後，皆で近くの松林へ散歩に出かけ，夫婦と子ども5人，手をつないで一列になって歌を歌いながら松毬を拾った。それを燃料とするような生活だったが，食後の散歩は当時の私たちには何よりの楽しみだったし，貧乏であっても心豊かな生活だった。
　5人の子どもを育てるのがたいへんだと思ったことはなかった。自分の子ではないという気持ちもまったくない。貧しさも隠さず，共に苦労をさせた。親だけで苦しむのではなく，「家の状態は今こうだから，あなたでできることはできるだけしなさい」と皆に話した。叱るときも義理の子だからという思惑や，他人の目を気にすることはなかった。三男が高校生のとき，反抗が激しく，自分の手が紫色になるまで叩いたことがあった。しかし，彼はうずくまったまま手向ってはこなかったし，何のわだかまりも残していない。母の日は，子どもたちが夫と私を散歩に出してくれ，帰ってみると子どもたちの手作りの料理がならび，皆で祝ってくれたこともあった。しかし，長男とだけはしっくりいかず苦労した。私が嫁いだとき中学1年で，ちょうど感じやすい年頃だった。高校時代に横道にそれ，立ち直りはしたが大学へは進学しなかった。後の4人は，それぞれ国立，私立の大学に進み，それぞれの道を歩いている。5人とも今は皆結婚し，孫を連れて交互に訪ねてくれ，年老いた私たちには何よりの楽しみである。
　結婚して12年目に実子に恵まれた。44歳のときである。諦めていただけに神様からの授かりものだと思った。しかし，生まれてきた子は先天性の心臓奇形だった。9年間という短い生命を生きて亡くなったが，信仰心の厚い，心の優しい子であった。亡くなる前の7ケ月の入院中，脳腫瘍を患った。痛みを堪えてベッドの柵が曲がるくらい握りしめながらも，一度も痛いとはいわずに耐えて，ロザリオを繰っていたような子であった。仕事をしながらの看病であったが，かえってこの子に慰められることも多かった。夫やほかのきょうだいからも心から愛され，皆に忘れがたい想い出を残していった子である。
　今までの教師生活は，私にとって経済的に不可欠のものであったが，心の張りになったこともたしかである。学校では家のことを忘れ，家に帰ってくると学校のことは忘れた。帰路は一つ前の停留所で降りて，歩きながら頭を子どもたちや家のことへ切り換えた。母親は子どもを他所に預けて働くことに罪悪感をもってはいけない。むしろ，子どもと接したときに，どれだけ子どもの気持ちを汲み，子どものことに心が砕けるかが大事なように思う。

2) C世代の事例

(i) 事例 No.44-931

「面接日時1977年3月9日午後2時〜4時。年齢30歳。都内在住。夫35歳・会社員。子どもは長女5歳，次女4歳。夫の両親の敷地内の別棟に居住。」

　大学卒業後，銀行に就職したが，一年余りで見合結婚をし退職した。学生時代に充分青春を満喫したから，この後は平凡な主婦になって平凡に暮らすことも魅力に思え，納得して結婚生活に入った。しかし，すぐ妊娠し，子どもが小さくて何もできないという生活に直面して徐々に不満がでてきた。

　このままここで埋もれてしまうのかという焦りが，今とても強い。一つは去年30歳になってしまったことがある。35歳過ぎたら頭が錆ついてしまうだろうから今しかないと思う。もう一つは先日高校時代の友人が自殺したことが原因である。彼は東大法学部から大蔵省へ行った人だが，彼の死を報じた新聞の見出しが「スーパーエリート自殺す」だった。自分と机を並べたかつてのクラスメートが社会ではスーパーエリートとしてあつかわれていることは，彼の死を悼むとともに，自分もこんなところで埋もれていられないという気持ちにさせた。この二つのことがあって，今，何かしたいと苛立つ気持ちを抑えることができない。

　現在，翻訳のアルバイトをしている。しかし，昼間それをやると子どもたちも落ち着かなくなってかわいそうだし，どうしても夜，子どもたちを寝かせてからということになる。今の自分には引きずっているものがあるという感じを拭うことができない。すなわち，子どもたちのことであるが，これは切り捨てることができるものではないし，切り捨てて自由に羽ばたきたいとも思わない。結局，自分が今，自由にできる時間内ですることとなると中途半端なものしかない。家事の片手間にやれることだから，やりがいのあることができるわけはない。結婚して子どもを産んでも仕事をつづけていればいいが，一度やめてしまうとふたたび世のなかに出るということはひじょうにむずかしいものである。毎日こんなことを考え悶々としている。今何かしないと，このまま一生何もしないうちに，私の人生は終ってしまいそう。そう考えるとこの娘たちをみても，素直にかわいいとは思えなくなることがある。

(ii) 事例 No.41-399

「面接日時1977年3月22日午後1時〜3時。年齢33歳。千葉県在住。夫35歳・検事。子どもは長男8歳，次男5歳。公務員住宅に居住。」

大学卒業後，東京郊外の小学校の教師となった。2年余りで結婚し，翌年長男を出産した。夫は地裁の修習生で，新居は世田谷区に構えた。妊娠後は勤務先の学校の近くに下宿した。下宿をしてまで勤めをつづけたが，仕事をやめることは考えなかった。やめれば楽になるとはまったく思わなかったし，仕事と両立させようと乗り切る方法を考えてのことである。私は父が早く亡くなり，母が子ども3人を育ててくれたので，女性も自分で生きていくべきだという考えが身についている。そして，大学の4年間でその考えがさらに強固になったように思う。

　夫が甲府に転勤したために教師をやめたが，今でもやめたことは後悔している。当時は別居する勇気がなかったが，今にして思うと夫について行かなかったほうが良かったかも知れない。甲府に3年いて次男を出産し，それからここ（千葉県）にきて5年である。夫は検察庁に配属されて検事になっている。

　教師をやめてからも仕事のことはいつも考えているし，絶えず何かしてきてはいる。第一は大学の同窓生同志で研究会をつくり参加した。長男が幼稚園に入園後はその送り迎えで出席ができなくなった。第二は，近くの幼稚園で先生がいなくて困っていると聞き，自分は幼・小の免許をもっていたので，次男も一緒に連れていくという条件で，しばらく手伝っていた。第三は，保母の資格がなかったので1週間講習を受けて免許を取得した。第四は，大学に聴講に行った。次男を保育園に入れたため，月2万円の経費がかかり，長くはつづかなかった。そして，第五は，この1年幼稚園のP.T.A.の会長をした。幼稚園のことをいろいろ知ることも自分の専門からいって一つの勉強になると思って引き受けたが，いちばんたいへんだったし，子どものことも犠牲にしたと思う。いろいろやってきたが，いずれも定職には結びつくものではない。夫の任地が2〜3年でまた変わるだろうと思ったために腰を落ち着けてとりくめなかった。ここに5年もいるのなら何かできたのにと悔まれる。

　夫は育児にとても協力的である。結婚前から女性も仕事をもって男性と対等にやっていくべきだという基本姿勢があった。また，一応，学歴のある女性と結婚する以上，その女性の能力を伸ばしてあげなければと考えているようである。しかし，夫は富山県の出身である。とくに封建的で女性の地位の低い農村で育ったので，頭のなかでわかっていることと実際とが食い違っていることも大分あった。そのたびに衝突し話し合ってきた。夫はおもしろくないながらも頭ではわかっているので，そのたびに少しずつ変わってきたようである。

　私は大学時代，無口で友人も少なく暗い性格だった。自分なんかいてもいなくてもいいんだという気持ちがいつもあって，生きている意味がわからなかった。それが夫と出会い，そして，子どもができて，すごく明るくなった。子どもが私にとってすべてとは思わないが，私をたよりにしている存在があるということは，生きて

いるという実感があるものである。子どもを超エリートにしたいとは思わない。親が一所懸命詰め込むのではなく，子どもに能力があれば伸びてほしいと思っている。自分たち夫婦は家庭的には恵まれないで，自分で努力してやってきた。子どももその気になってやってくれるだろうという信頼はもっている。

　私がこれからしようと思っていることは次のことである。この宿舎に検事と裁判官のご夫婦がいるが，このあいだ出産し，赤ちゃんを預かってくれる人を探している。私は自分の子を育てるように他人の子も育てられるはずだと思うし，赤ちゃんを預かってあげたいと思っている。子どもを育てることはすばらしいことである。しかし，だからといって社会的労働以上だとか以下だとかはいえない。理想は子どもを育てつつ，かつ，何らかの形で社会的労働に参加することだと思う。

4. 要約と結語

　以上がわが国の昭和初期，第2次大戦後の混乱期，現代の各時期に育児を担当した女性たちの，母親としての意識・行動を調査し比較した結果である。各世代の特徴を要約すると，次のとおりである。

　昭和初期のA世代は，出生児数が多く，育児期間も長い。伝統的母性観を支持したうえで，育児を高く評価しており，育児期間中の心理も安定している。育児期間中も育児協力者を確保しつつ，女子高等師範卒の資格のもとに教職に就いている人が多い。自分の仕事をもつ一方で，家庭では育児に全力を投じていることが，母親としての心理を安定させている大きな要因として考察された。

　現代のC世代は，A世代とは対照的に育児に対する評価が概して低い。必ずしもまったく意義のない仕事と評価しているわけではないが，育児以外に自分自身の生活や生きがいをもとめたいという欲求の強い世代である。しかし，現実には育児協力者を得られない等の理由から育児に専念している母親が多く，意識と現実との不一致が心理的不安定感を導き出している。さらに，現代は価値観の多様化とともに，育児様式も多様化しており，このことが母親に主体的に育児様式を選択する余地を与える一方で，母親の心理的負担や不安感を増長する要因にもなっている。

　C世代が育児を担当している現代は，婦人解放運動をはじめとして，世界的規模で女性の生き方が再検討されている時代であり，また，女性の高学歴化も

進展して，女性自身のなかに社会人としての自我意識，社会参加への意欲が向上している時代であることを指摘することができる。一方，A世代は，その大半が女学校や母親から，女性の役割として育児および家事の意義を教えられたと回答しており，とくに教えを受けた記憶がない人も，そのほぼ全員が家庭や周囲の状況から自然に習得したと回答していることから推察できるとおり，昭和初期の風潮として，女性の生き方を家事・育児に結びつけ，その意義を重視することによって，母親であることに誇りと安定感をもたせる傾向があったといえる。A世代とC世代には，女性たちをとりかこむ社会情勢に大きな変化が存在していることを指摘できる。そして，その変化を彼女たちの母親としての意識や行動と関連させて考察したとき，母親としての意識や行動は，社会情勢や時代状況とともに変容していることを，本研究は明らかにし得たといえよう。

なお，第2次大戦後の混乱期のB世代は，母親としての意識において，現代の世代への過渡期的傾向も認められるが，生活そのものが逼迫していたという敗戦後の特殊事情もあり，日々の育児行動において，他の2世代とは異なるものが反映されていた。

ところで，本研究の方法上の問題点として，次の二点が指摘され得る。第一は，すでに育児終了世代であるA・B両世代の回答は回想によるものであり，これと育児期間中のC世代の回答とを同次元で考察することには慎重な配慮を要するということである。しかしながら，昭和初期あるいは第2次大戦後の混乱期に，当時育児中の女性から直接回答を得た資料がない以上，彼女たちの母親としての意識や行動は，現時点での回想にたよるほかに方法がないのが実情である。また，この点を考慮して，調査票の大部分に自由記述方式を採用したものであるが，本調査対象の記憶の鮮明さに救われた点も大きいといえる。第1次調査票への回答は3世代ともにひじょうに克明であり，回想とはいえ，A・B両世代の回答はC世代の回答に劣らず詳細であったことを，ここに記しておきたい。また，1人1時間から数時間におよぶ面接調査においても，A世代の人びとの記憶が鮮明であることが印象的であった。

問題点の第二は，本調査対象がいわゆる高学歴女性であることである。本調査結果をそのまま一般化することは慎むべきであり，調査対象をさらに広く一般にもとめることが，今後の課題である。しかしながら，一方では高い知的水

準を有する女性たちであるだけに，時代の変化を敏感に把握していたことは特筆すべきことである。そして，その変化を彼女たちの母親としての意識・行動と照合するとき，上述のとおり，母性が各時代の社会的・文化的要因のもとに変容することを指摘するうえでの的確な資料となり得たといえるかと思う。

　ところで，本研究のもう一つの知見は，上記の世代差，とりわけA世代とC世代の差は，たんに昭和初期と現代の社会情勢の差異をそのまま反映したものではなく，それぞれの時代状況のなかで生きる個々の母親の姿勢にこそ真の問題の所在が認められたということである。第3節第3項の3) 母親としての意識と母親自身の生活状況との関連のところで述べたとおり，母親としての心理的安定に関する両世代の差は，主として育児期間中の母親の生活状況，とくに就業の状況に大きく起因することが考察された。A世代は育児期間中も仕事をつづけた人が多く，仕事と育児との両立に苦労する一方，社会的に活躍する場を有し，家庭では母親として充足していることが特徴である。A世代の母親たちは昭和初期の社会一般，とくに女性一般にくらべてかなり高い知的水準を有する人びとである。また，職業婦人としての生き方も，当時では一部のグループに属するものといえよう。A世代の母親としての意識・行動を考察するにさいしては，たんに昭和初期の社会情勢の反映であるだけでなく，育児期間中も社会人としての生活の場を確保していた高学歴女性たちの意識の何らかが，そこに存在しているという視点が必要である。この点に関しては，第2次調査の面接事例にも端的に示されているとおり，A世代は，育児以外の生活の場をもちたいというC世代の願望を体現した世代という見方も可能であろう。

　A世代とC世代の母親としての意識・行動の差は，たんに古い，新しいという視点で把握されるべきではなく，各時代の社会的・文化的状況のなかで生きた女性たちが，母親としてどのような意識をもち生活をしたかを検討していくための資料として考えるべきである。両世代の母親たちの意識は，形のうえでこそ違いがあるが，しかし，高学歴女性が母親として生きるうえでもとめたものとしては共通の要素を認めることができる。母親として以外の生活をともにもとめながら，A世代はそれを実現し，C世代はそれが叶えられない点に，両世代の相違の原点があると考えられる。

　本研究は，従来の母性観が女性の生得的特性に立脚し，それゆえに普遍性・

画一性を強調する傾向にあるのに対し，社会的・文化的要因の規定のもとに成立変容する側面を検討することを目的としたものである。昭和初期から現代に至るまでの期間に，わが国の母親たちの意識・行動に確実に変化が生じていることを実証的に把握し得たことは，本研究の一つの成果である。しかしながら，母親たちの意識・行動の変化にのみ注目するのであれば，それは通常みられるところの「昔の母親・今の母親」という世俗的な常識を実証したにすぎないものである。世代差を検討する本来の目的は，表面的な変化を問題とすることではなく，変化の根底に存在する諸要因に考察の目を向けることにある。さもなくば，C世代の母親たちの不安定な傾向は，否定的な現象と批判されることはあっても，現在を含めて今後の母親のあり方に展望を拓くことは不可能であろう。また，A世代の母親の傾向は懐古的風潮のもとに賛美されることに終始するのみであろう。A世代の母親の心理的安定と育児への熱意は，母親であると同時に自分自身の生活をもち得た女性の充実感であり，一方，同じ高学歴女性でありながら，そうした充実感をもち得ないがゆえに，精神的余裕を喪失しているところに，C世代の母親の不安定感および現代の社会情勢の問題点が指摘されるべきである。それぞれの時代の社会状況に内在する問題点は，そのなかで生きる個々人の姿勢との関連上で検討がなされて初めて認識することが可能となるのであり，そうしてこそ今後の社会状況の変動に対応した母性のあり方を模索する視点が確立されるはずである。生きる時代を異にした母親たちの意識・行動を比較検討することをとおして，上記の問題点を提起し得たことが，本章の世代差調査の真の研究成果といえよう。

第7章　研究Ⅲ：母親意識の発達変容について

1. 研究目的

　前章の母親意識の世代差調査は，生きる時代を異にする母親たちが，どのような意識のもとに育児にとりくんだかを明らかにしようとしたものであった。その結果，母親としての意識は，現代のＣ世代において多くの葛藤を生じていることが示されていた。昭和初期に育児を担当したＡ世代が母親役割の受容に肯定的であったのに対して，Ｃ世代には否定的・消極的な姿勢がうかがえた。
　しかし，Ａ世代とＣ世代の意識の差はたんなる世代差ではなく，その背景として彼女たちの生き方や生活状況を考察すべきことが示唆された。Ｃ世代は，育児の意義を認めてはいるものの，育児以外に生きがいをもとめる意識が強い。しかし，現実には育児の手助けが得にくい等の状況から育児に専念している母親が多く，願望と現実との不一致がＣ世代の心理を不安定にしていた。一方，Ａ世代も育児以外の生きがいをもとめる意識を有していたことでは，Ｃ世代と大差がない。しかし，Ａ世代には現実に育児期間中も仕事をつづけ，自分の生き方に対する願望と現実とを一致させた母親が多かった点がＣ世代との相違点であった。
　ところで，この世代差調査の対象はすべて大学卒（女子高等師範卒）の高学歴女性であることを考慮に入れるべきであろう。育児期間中も自分の生活をもつことの意義は，母親自身の学歴によっても差異が生じることが考えられる。この問題に関しては調査対象を一般化し，そこで学歴，就業形態別に検討することが必要である。
　また，母親意識の発達変容に関しては，母親自身の年齢的要因も考慮すべき

である。これは世代差としての年齢ではなく，子どもの成長にともなう母親自身の加齢を意味するものである。なお，ここでいう子どもの成長とは一つには年齢的成長であり，いま一つには第1子と第2子以降の区別を生じさせる出生児数の増加を意味するものである。同じく現代に生きる母親であっても，そうした子どもの成長段階により母親自身の生活状況に変化が生じることは，充分考えられることであり，母親意識の発達変容の一因をそこにもとめる必要性は大きいものと思われる。第4章第1節で述べたとおり，従来の母性研究の大部分は乳幼児をもつ母親を対象としたものである。そこで問題とされる内容も幼いものへの世話や養護に限定される傾向が強く，子どもの成長に即した母親としての心理発達を検討するだけの展望をもたないものが大半であった。こうした従来の研究動向に欠如していた視点として，子どもの成長にともなう母親の加齢をとりあげ，それが母親意識の発達変容にどのように影響するかを検討したいと思う。

母親意識の発達変容は，それを規定する要因別に明らかにすべきである。本研究は，主として前章の母親意識の世代差調査の知見に基づき，母親の生き方にかかわると考えられる三要因，すなわち，母親自身の学歴・就業形態・子どもの成長にともなう加齢について，母親意識の発達変容を検討することとする。

2. 調査内容および調査方法

§1 調査内容

調査は質問紙調査法を用い，調査票を次のように作成した。

調査項目は，母親であることに対する受容の姿勢を問う12項目と，子どもに対する感情を問う15項目によって構成した。自分自身が母親であることをどのように受けとめているかという，母親役割の受容に対する姿勢を明らかにし，それが子どもへのかかわり方といかなる関連性をもつかをあわせて検討しようとしたものである。

そのほか，調査対象に関する基礎的項目として，母親自身の年齢・学歴・就業形態，夫の年齢・学歴，子どもの人数・年齢について回答をもとめた。

母親役割の受容と子どもに対する感情を問う項目は，具体的に次のとおりで

ある。
〈母親役割の受容に関する項目〉
　母親役割の受容に関する12項目のうち，半数の6項目は母親であることに対する積極的・肯定的な意識を，残りの6項目は消極的・否定的な意識を内容としている。これらは前章の母親意識の世代差調査で用いた項目を修正追加したものである。
　評定は，各項目の内容に対して〈そのとおりである―4，どちらかといえばそうである―3，どちらかといえば違う―2，違う―1〉の4段階でもとめた。
　A．積極的・肯定的な意識
　17）母親であることが好きである
　19）母親になったことで人間的に成長できた
　21）母親としてふるまっているときがいちばん自分らしいと思う
　23）母親であることに生きがいを感じている
　25）母親になったことで気持ちが安定して落ち着いた
　27）母親であることに充実感を感じる
　B．消極的・否定的な意識
　16）子どもを育てることが負担に感じられる
　18）育児に携わっているあいだに，世の中からとり残されていくように思う
　20）自分の関心が子どもにばかり向いて視野が狭くなる
　22）自分は母親として不適格なのではないだろうか
　24）子どもを産まないほうが良かった
　26）母親であるために自分の行動がかなり制限されている
〈子どもに対する感情を問う項目〉
　子どもに対する感情を問う15項目は，母親が子どもを自分自身のどこに位置づけ，子どもに対していかなる距離感をもって接しているかという視点から作成した。
　15項目のうちの9項目は，母親であることに専念し，子どもに密着する傾向を示すもの，残りの6項目は，子どもの自立を促すと同時に，子どもと自分とのあいだにある程度の距離をおいて客観的にかかわることを志向していることを示すものである。項目の作成においては，母親との面接資料（研究Ⅱ「母親

意識の世代差について」の第2次調査），新聞・雑誌への母親の投稿記事等を参考とした。

　評定は，各項目の内容に対して〈そのとおりである―4，どちらかといえばそうである―3，どちらかといえば違う―2，違う―1〉の4段階でもとめた。なお，ここでの「子ども」とは，第2項「調査対象」で後述するとおり，調査協力をもとめた各園，各校に在園，在学中の子どもであることを指定し，その子どもに対する感情について評定をもとめたものである。

●子どもへの密着化傾向を示す項目
　1）子どものためなら，たいていのことは我慢できる
　2）子どもをみていると，まだあぶなかしくて自分がそばにいてやらねばと思う
　4）子どものためなら，どんなことでもするつもりでいる
　5）子どもが赤ちゃんだった頃が，たまらなく懐かしい
　7）子どものために自分が何をしてやれるかを考えることは楽しい
　8）子どもが親元を離れていくことは，親として寂しいことである
　10）母親の自分がいちばん良いと思う教育を子どもに与えたい
　11）子どもは自分の体の一部のように思う
　14）いつまでもあどけなく子どもっぽくいてほしい

●子どもの自立を促し，客観的なかかわりを志向する項目
　3）子どもをみていると，自分が産んだ子というよりは別の一人の人間という感じがする
　6）わが子といえども，自分の思いどおりにいかないことも多いものだと思う
　9）子どもに対しては，親というよりも共に生活している仲間という気持ちが強い
　12）親の期待や思惑にとらわれず，のびのびした人生を子どもに送らせたい
　13）子どもがどんどん成長して一人前になっていくことは嬉しいことである
　15）親が子どものためと思ってすることが，本当に子どものためになっているか疑問である

§2 調査対象

本研究は，母親としての意識の発達変容を，主として子どもの成長および母親自身の加齢から検討するものである。したがって，調査対象は，本研究の目的からして，幼児をもつ母親から高校生の子どもをもつ母親まで広範囲に設定した。そのため，東京都内およびその近郊に所在する幼稚園（私立2園），保育園（私立1園），小学校（公立1校），中学校（公立2校），高校（私立2校）に調査票を配布し，協力をもとめた。なお，小学校は3年生と6年生の母親，中学校と高校はそれぞれ2年生の母親を対象とした。

調査票の配布・回収は，各園・各校における母親集会の場で協力を要請し，その場で記入・提出を依頼した。ただし，保育園のみは送迎時に担任から母親へ配布するよう依頼し，自宅記入の後に封をして園側に提出してもらった。

§3 調査時期

調査時期は次のとおりである。
1977年11月～1978年3月

3. 結果と考察

§1 調査対象

回収された調査票のうち，有効数は497であった。

調査対象の年齢・学歴・就業形態，子どもの人数および第1子の年齢，夫の年齢・学歴は，表7-1に示すとおりである。

§2 調査項目の因子分析の結果

母親役割の受容に関する12項目と，子どもに対する感情を問う15項目の計27項目を合わせて因子分析（主軸法により因子を抽出した後，Varimax回転を行なった）を行なった結果，7因子が抽出された（累積寄与率51.3％）。因子分析の結果は，表7-2に示した。

以下に述べるとおり，母親役割の受容に関しては第Ⅰ・Ⅲ因子，子どもに対する感情に関しては第Ⅱ・Ⅳ・Ⅴ・Ⅵ・Ⅶに5因子抽出された。以下，各因子

表7-1 調査対象に関する基礎的事項

調査対象（母親）の年齢	平均39.7歳（SD5.5，年齢範囲26～56歳）	
調査対象（母親）の学歴	中学卒 高校卒 短大卒 大学卒以上 N・A	64 (12.9) 248 (49.9) 107 (21.5) 57 (11.5) 21 (4.2)
調査対象（母親）の就業形態	無職 家業 内職 パート 常勤 N・A	211 (42.5) 117 (23.5) 25 (5.0) 60 (12.1) 76 (15.3) 8 (1.6)
夫の年齢	平均43.0歳（SD5.7，年齢範囲27～59歳）	
夫の学歴	中学卒 高校卒 短大卒 大学卒以上 N・A	52 (10.5) 141 (28.4) 53 (10.7) 228 (45.9) 23 (4.6)
子どもの人数	1人 2人 3人以上	120 (24.1) 278 (55.9) 99 (19.9)
第1子の年齢	6歳未満 8～9歳 11～12歳 13～14歳 16～17歳	79 (15.9) 48 (9.7) 48 (9.7) 111 (22.3) 211 (42.5)

注）数字は人数，（　）内はパーセンテイジ。

に高い負荷量（.360以上）を示した項目に基づいて解釈を行なう。

　第Ⅰ因子に高い負荷量を示した項目は，次の6項目である。17)母親であることが好きである（.604），19)母親になったことで人間的に成長できた（.445），21)母親としてふるまっているときがいちばん自分らしいと思う（.371），23)母親であることに生きがいを感じている（.672），25)母親になったことで気持ちが安定して落ち着いた（.610），27)母親であることに充実感を感じる（.714）。以上は「母親役割に対する積極的・肯定的な受容」と命名される。

　第Ⅱ因子に高い負荷量を示した項目は次の5項目である。5)子どもが赤ちゃんだった頃がたまらなく懐かしい（.549），8)子どもが親元を離れていくことは，

表7-2 母親役割の受容に関する12項目と子どもに対する感情を問う15項目の因子分析の結果

項目 \ 因子	I	II	III	IV	V	VI	VII	h^2
1) 子どものためなら、たいていのことは我慢できる	.148	.107	.106	.648	.016	-.004	.008	.466
2) 子どもをみていると、まだあぶなかしくて自分がそばにいてやらねばと思う	-.017	.176	.106	.363	-.114	.179	-.093	.228
3) 子どもをみていると、自分が産んだ子どもというよりは別の一人の人間という感じがする	-.052	-.178	.046	.007	.447	.255	-.037	.302
4) 子どものためなら、どんなことでもするつもりでいる	.179	.251	.049	.689	.063	-.008	.048	.578
5) 子どもが赤ちゃんだった頃が、たまらなく懐しい	-.005	.549	.051	.126	.072	.195	-.048	.366
6) わが子といえども、自分の思いどおりにいかないかともいるのだと思う	-.121	.017	.110	.027	.035	.366	.083	.170
7) 子どものために自分が何をしてやれるかを考えることは楽しい	.299	.311	-.033	.254	.129	-.041	.127	.286
8) 子どもが親元を離れていくことは、親として寂しいことである	.108	.444	.049	.124	-.109	.065	.019	.242
9) 子どもに対しては、共に生活している仲間という気持ちが強い	.015	.087	.007	.005	.716	-.028	.099	.531
10) 母親の自分からいちばん良いと思う教育を子どもに与えたい	.001	.205	.065	.260	.015	-.094	.009	.123
11) 子どもは自分の体の一部のように思う	.113	.530	.065	.190	-.060	-.109	-.009	.349
12) 親の期待や思惑にとらわれず、のびのびした人生を子どもに送らせたい	.108	.085	-.121	.004	.120	.114	.298	.150
13) 子どもがどんどん成長して一人前になっていくことは嬉しいとこである	.124	-.170	-.110	.011	-.012	.107	.501	.319
14) いつまでもあどけなく子どもっぽくいてほしい	-.019	.494	.030	.092	.067	-.047	-.299	.350
15) 親が子どものためってすることが、本当に子どものためになっているか疑問である	-.000	.011	.063	-.025	.043	.447	.083	.213
16) 子どもを育てることが負担に感じられる	-.405	.083	.408	.022	.108	.042	-.131	.368
17) 母親であることが好きである	.604	.181	-.175	.48	-.080	-.061	.103	.452
18) 育児に携わっているあいだに、世の中からとり残されていくように思う	-.102	.054	-.558	.009	.052	.012	-.093	.336
19) 母親になってよかったと心的に成長できた	.445	-.108	-.058	.094	.080	.054	.114	.244
20) 自分の関心が子どもにばかり向いて視野が狭くなる	.021	.253	.632	.085	-.085	.099	-.020	.489
21) 母親としてであるまっているときが自分らしいと思う	.371	.421	.218	.150	-.020	-.132	.163	.429
22) 自分は母親として不適格なのではないだろうか	-.334	.053	.362	.038	.128	.228	-.105	.326
23) 母親であることはきていきがいを感じている	.672	.199	.000	.116	-.042	-.196	.087	.552
24) 子どもを産まないほうが良かった	-.444	-.008	.364	.091	.079	-.034	-.066	.316
25) 母親になったことで気持ちが安定して落ち着いた	.610	.069	.063	.046	.058	.041	-.039	.389
26) 母親であるために自分の行動がかなり制限されている	.002	-.039	.411	.144	-.029	.112	-.037	.206
27) 母親であることに充実感を感じる	.714	.121	-.029	.153	-.014	-.132	-.002	.567
固　有　値	2.731	1.702	1.481	1.347	.853	.682	.586	
相対分散寄与率	29.1	18.1	15.8	14.4	9.1	7.3	6.2	

親として寂しいことである（.444），11)子どもは自分の体の一部のように思う（.530），14)いつまでもあどけなく子どもっぽくいてほしい（.494），21)母親としてふるまっているときがいちばん自分らしいと思う（.421）。以上は「子どもへの密着」と命名される。

第Ⅲ因子に高い負荷量を示した項目は，次の6項目である。16)子どもを育てることが負担に感じられる（.408），18)育児に携わっているあいだに，世の中からとり残されていくように思う（.558），20)自分の関心が子どもにばかり向いて視野が狭くなる（.632），22)自分は母親として不適格なのではないだろうか（.362），24)子どもを産まないほうが良かった（.364），26)母親であるために自分の行動がかなり制限されている（.411）。以上は「母親役割に対する消極的・否定的な受容」と命名される。

第Ⅳ因子に高い負荷量を示した項目は，次の3項目である。1)子どものためなら，たいていのことは我慢できる（.648），2)子どもをみていると，まだあぶなかしくて自分がそばにいてやらねばと思う（.363），4)子どものためなら，どんなことでもするつもりでいる（.689）。以上は「子どもへの献身」と命名される。

第Ⅴ因子に高い負荷量を示した項目は，次の2項目である。3)子どもをみていると，自分が産んだ子というよりは別の一人の人間という感じがする（.447），9)子どもに対しては，親というよりも共に生活している仲間という気持ちが強い（.716）。以上は「子どもの人格性の意識」と命名される。

第Ⅵ因子に高い負荷量を示した項目は，次の2項目である。6)わが子といえども，自分の思いどおりにいかないことも多いものだと思う（.366），15)親が子どものためと思ってすることが，本当に子どものためになっているか疑問である（.447）。以上は「子どもの独立性の意識」と命名される。

第Ⅶ因子に高い負荷量を示した項目は，次の1項目である。13)子どもがどんどん成長して一人前になっていくことは嬉しいことである（.501）。これは「子どもの成長への喜び」と命名される。

調査票作成時に，母親であることに対する受容の姿勢を問う項目として作成したもののうち，母親役割に対する積極的・肯定的受容の項目群と仮定したものは第Ⅰ因子として，消極的・否定的受容の項目群と仮定したものは第Ⅲ因子

として確認された。以下，前者をMP項目群，後者をMN項目群と記すこととする。

　子どもに対する感情を問う項目としては，当初，子どもへの密着化傾向と，子どもの自立を促し客観的なかかわりを志向するもの，の二方向を仮定した。しかしながら，上記の因子分析の結果に示されたとおり，子どもへの密着化傾向は，第Ⅱ因子の「子どもへの密着」と第Ⅳ因子の「子どもへの献身」の2つに分かれた。また，子どもへの自立的・客観的なかかわりの項目群は，第Ⅴ因子の「子どもの人格性の意識」，第Ⅵ因子の「子どもの独立性の意識」，第Ⅶ因子の「子どもの成長への喜び」の3つに分かれた。子どもに対する感情として確認された5因子を，以下，順にM1〜M5と記すこととする。

　以下，本調査結果の分析にあたって，次の方法で資料の検討を行なう。すなわち，MP，MN，M1〜M5の各構成項目群の評定値の平均値をもって各因子の尺度得点とし，その尺度得点をもって分析を行なう。

　各尺度得点の具体的算出方法は次のとおりである。
ＭＰ―母親役割に対する積極的・肯定的受容
　尺度得点 ＝ (17＋19＋21＋23＋25＋27) ／6
ＭＮ―母親役割に対する消極的・否定的受容
　尺度得点 ＝ (16＋18＋20＋22＋24＋26) ／6
Ｍ1　子どもへの密着
　尺度得点 (MS1) ＝ (5＋8＋11＋14＋21) ／5
Ｍ2　子どもへの献身
　尺度得点 (MS2) ＝ (1＋2＋4) ／3
Ｍ3　子どもの人格性の意識
　尺度得点 (MS3) ＝ (3＋9) ／2
Ｍ4　子どもの独立性の意識
　尺度得点 (MS4) ＝ (6＋15) ／2
Ｍ5　子どもの成長への喜び
　尺度得点 (MS5) ＝ (13) ／1

§3　母親役割の受容に関する結果

1) 全調査対象についての傾向

　母親役割の受容に関して，その意識が肯定的・積極的か，否定的・消極的かをあらわすMP尺度得点，MN尺度得点の平均値，標準偏差および両尺度得点の積率相関係数は，表7-3に示すとおりである。MP尺度得点はMN尺度得点にくらべて有意に（$p<.001$）高く，かつ，MP尺度得点とMN尺度得点の積率相関係数は，有意な（$p<.001$）負相関の関係を示している。

表7-3　MP尺度得点・MN尺度得点の平均値，標準偏差および両尺度得点の積率相関係数——全調査対象——

	MEAN	SD	有意差検定		有意性検定	
			T VALUE	2-TAIL PROB.	CORR.	2-TAIL PROB.
MP尺度得点	3.030	.598	26.88	.001	-.180	.001
MN尺度得点	1.934	.585				

　本調査対象の母親役割の受容に対する意識は，否定的・消極的であるよりは，むしろ，肯定的・積極的な傾向が強いことが明らかにされたが，この傾向が示唆する点について，さらにMP, MNの各構成項目への評定値を検討することによって，以下に考察を行なう。

　表7-4は，MP6項目，MN6項目の各項目への評定値（全調査対象の平均値）を示したものである。

　表7-4に明らかなとおり，MP項目の「21)母親としてふるまっているときがいちばん自分らしいと思う」，MN項目の「26)母親であるために自分の行動がかなり制限されている」の2項目を除いて，MP項目への評定値のほうがMN項目の評定値よりも大きい。全般的傾向として母親役割を否定するのではなく，むしろ，積極的・肯定的に受容する姿勢が強いといえる。とりわけ，「19)母親になったことで人間的に成長できた」という項目に対して評定値がもっとも大きいことが注目される。母親であることを肯定的に受容する姿勢の背景には，自分自身が人間的に成長できたとする，かなり理性的な価値判断が導入されていることが推察される。

　それにくらべて，「23)母親であることに生きがいを感じている」「27)母親で

表7-4　MP6項目・MN6項目に対する評定値——全調査対象——

	項　　　　　目	MEAN	SD
MP項目群	17) 母親であることが好きである	3.26	.83
	19) 母親になったことで人間的に成長できた	3.51	.68
	21) 母親としてふるまっているときがいちばん自分らしいと思う	2.25	1.00
	23) 母親であることに生きがいを感じている	3.05	.88
	25) 母親になったことで気持ちが安定して落ち着いた	3.16	.87
	27) 母親であることに充実感を感じる	3.13	.83
MN項目群	16) 子どもを育てることが負担に感じられる	1.53	.80
	18) 育児に携わっているあいだに，世の中からとり残されていくように思う	1.63	.85
	20) 自分の関心が子どもにばかり向いて視野が狭くなる	1.85	.93
	22) 自分は母親として不適格なのではないだろうか	2.07	.94
	24) 子どもを産まないほうが良かった	1.19	.54
	26) 母親であるために自分の行動がかなり制限されている	2.68	1.03

あることに充実感を感じる」の2項目に対する評定値は小さい。さらに，「21)母親としてふるまっているときがいちばん自分らしいと思う」においてはMP6項目のなかで評定値がもっとも小さい。

　母親になったことで人間的に成長したことは大いに認め評価するが，しかし，母親であることが生きがいであり，充実感を覚えるとする点では認識が低くなる。さらに，母親であることがすなわち自分であるというように，母親役割を全面的かつ直接的に受容することになると，消極的・否定的になる傾向がみられる。

　一方，MN項目の評定値は全般的にMP項目の評定値よりも低いが，とりわけ「24)子どもを産まないほうが良かった」に対しては評定値がもっとも小さい。むしろ，「22)自分は母親として不適格なのではないだろうか」「26)母親であるために自分の行動がかなり制限されている」の2項目に対する評定値が，MN6項目のなかでは大きい。

　このMN項目への評定値の傾向は，上述のMP項目への評定値の傾向と合わせて次のように解釈されよう。すなわち，MP項目のうち，もっとも肯定度の低い項目は，「21)母親としてふるまっているときがいちばん自分らしいと思う」

であり，一方，MN項目のうち，もっとも肯定度の高い項目は，「26)母親であるために自分の行動がかなり制限されている」である。前者の回答傾向は，母親であることが自分のすべてではないという意識ゆえに生じたものであり，かつ，それと表裏一体の関係で存在する母親として以外の自分の生活や行動への欲求が，後者の回答傾向の背景として考えられる。そこには共通して，母親であることが自分の生きがいや充実感のすべてにはなり得ていないという意識の存在をみることができるが，この意識は同時に母親としての自信の欠如を導くものと考えられる。すなわち，MN項目のうち，「22)自分は母親として不適格なのではないだろうか」という項目への肯定度の高さは，母親であることを必ずしも全面的には受容していないという意識と関連性が高いものと考えられる。

次に，母親役割の受容に関する12項目への評定値を，母親の学歴・就業形態・年齢別に検討する。

2) 母親の学歴と母親役割受容との関連性

表7-5は，母親の学歴別にMP尺度得点，MN尺度得点を一要因分散分析した結果である。

表7-5に示すとおり，MP尺度得点に関しては母親の学歴の違いによる差はみられない。しかし，MN尺度得点では，統計的に有意ではないが，傾向として学歴による差異が示されている。大学卒以上の母親においてMN尺度得点がもっとも高く，短大卒，高校卒，中学卒の順に低くなる傾向がみられる。とくに大学卒以上と中学卒との得点差は，統計的に有意（$p<.05$）であった。

上記の一要因分散分析から，高学歴になるほど母親役割の受容に消極的・否

表7-5 MP尺度得点・MN尺度得点の一要因分散分析の結果——母親の学歴別——

学 歴	MP尺度得点		MN尺度得点	
	MEAN	SD	MEAN	SD
中学卒 ($n=64$)	2.997	.664	1.816	.550
高校卒 ($n=248$)	3.069	.571	1.935	.609
短大卒 ($n=107$)	2.963	.606	1.933	.530
大学卒以上 ($n=57$)	2.988	.649	2.084	.541
F RATIO		.932		2.188
F PROB.		.425		.089

定的になることが考えられる。この点については，MP項目群，MN項目群の各項目への評定値を検討することによって，さらに次のことが考察される。

表7-6はMP6項目，MN6項目への評定値を母親の学歴別に示したものである。また，表7-7は各項目を肯定した人（4段階評定のうち，4と3に○印をつけた人）の比率を示したものである。

まず，MP項目群についてみると，学歴のいかんにかかわらず，4群とも「19) 母親になったことで人間的に成長できた」という項目への評定値がもっとも大きく，次いで，「17) 母親であることが好きである」に対する評定値が大きい。

表7-6　MP6項目・MN6項目に対する評定値——母親の学歴別——

項　目		学　歴	中学卒 ($n=64$)	高校卒 ($n=248$)	短大卒 ($n=107$)	大学卒以上 ($n=57$)
MP項目群	17)	母親であることが好きである	3.16 .97	3.28 .79	3.27 .84	3.26 .84
	19)	母親になったことで人間的に成長できた	3.53 .59	3.56 .65	3.40 .81	3.57 .63
	21)	母親としてふるまっているときがいちばん自分らしいと思う	2.34 1.01	2.28 1.03	2.07 .91	2.05 .92
	23)	母親であることに生きがいを感じている	3.06 .91	3.06 .90	2.99 .91	3.04 .82
	25)	母親になったことで気持ちが安定して落ち着いた	3.11 1.01	3.21 .85	3.14 .74	2.94 1.01
	27)	母親であることに充実感を感じる	2.94 .87	3.20 .82	3.12 .81	3.09 .89
MN項目群	16)	子どもを育てることが負担に感じられる	1.43 .77	1.53 .83	1.48 .72	1.68 .83
	18)	育児に携わっているあいだに，世の中からとり残されていくように思う	1.48 .78	1.63 .86	1.67 .87	1.75 .89
	20)	自分の関心が子どもにばかり向いて視野が狭くなる	1.73 .80	1.88 .96	1.79 .87	1.86 .96
	22)	自分は母親として不適格なのではないだろうか	2.10 1.00	2.04 .94	2.14 .94	2.11 .81
	24)	子どもを産まないほうが良かった	1.19 .53	1.22 .61	1.12 .36	1.19 .48
	26)	母親であるために自分の行動がかなり制限されている	2.52 1.02	2.63 1.06	2.69 1.05	3.12 .80

注）　上段の数字はMEAN，下段の数字はSD。

表7-7 MP6項目・MN6項目を肯定した人のパーセンテイジ
――母親の学歴別――

項　目		学　歴	中学卒 ($n=64$)	高校卒 ($n=248$)	短大卒 ($n=107$)	大学卒 以　上 ($n=57$)
M P 項 目 群	17)	母親であることが好きである	78.1	85.5	84.1	78.9
	19)	母親になったことで人間的に成長できた	92.2	94.8	84.1	91.3
	21)	母親としてふるまっているときがいちばん自分らしいと思う	48.4	36.3	29.9	29.8
	23)	母親であることに生きがいを感じている	75.0	73.0	71.9	71.9
	25)	母親になったことで気持ちが安定して落ち着いた	76.0	81.4	78.5	77.4
	27)	母親であることに充実感を感じる	78.1	81.0	80.4	78.9
M N 項 目 群	16)	子どもを育てることが負担に感じられる	12.5	14.5	11.2	22.8
	18)	育児に携わっているあいだに，世の中からとり残されていくように思う	10.9	13.3	14.9	22.8
	20)	自分の関心が子どもにばかり向いて視野が狭くなる	18.8	21.4	19.7	21.1
	22)	自分は母親として不適格なのではないだろうか	34.4	33.1	34.6	33.4
	24)	子どもを産まないほうが良かった	3.2	5.2	0.9	3.5
	26)	母親であるために自分の行動がかなり制限されている	53.2	59.3	60.8	80.7

注） 数字はパーセンテイジ。

一方，「21)母親としてふるまっているときがいちばん自分らしいと思う」に対して評定値がもっとも小さく，これも4群に共通していえることである。以上のことは，前述の全調査対象の結果においてみられたことと同様であり，学歴による違いはない。しかしながら，「21)母親としてふるまっているときがいちばん自分らしいと思う」に関しては，高学歴になるほど評定値が小さくなっている。この項目を肯定した人の比率は表7-7に示す通りであるが，中学卒48.4％，高校卒36.3％，短大卒29.9％，大学卒29.8％である。Bartholomew傾向検定の

結果,項目21)にみられた傾向は,有意であると認められた($\bar{x}_4^2 = 6.981$, $-p_{12} = .30$, $-p_{34} = .50$, $p<.05$)。

一方,MN項目では,「24)子どもを産まないほうが良かった」という項目を肯定する人は4群とも皆無に近い。「26)母親であるために自分の行動がかなり制限されている」に対して評定値がもっとも大きく,次いで,「22)自分は母親として不適格なのではないだろうか」への評定値が大きいことは4群に共通している。以上のことは,前述の全調査対象の結果においてみられたことと同様であり,学歴による違いはない。しかしながら,表7-7に示すとおり,「16)子どもを育てることが負担に感じられる」「18)育児に携わっているあいだに,世の中からとり残されていくように思う」「26)母親であるために自分の行動がかなり制限されている」の各項目を肯定する人の比率は,高学歴になるほど高くなる傾向を示している。とくに,項目26)に関しては,Bartholomew傾向検定の結果,この傾向が有意であることが認められた($\bar{x}_4^2 = 11.221$, $-p_{12} = .30$, $-p_{34} = .50$, $p<.01$)。

母親の学歴と母親役割受容との関連性については,以上述べてきたことから明らかなとおり,学歴が高いほど母親役割の受容に消極的・否定的であるといえる。しかし,高学歴の母親たちの意識として特徴的なことは,母親であること全般に対して消極的・否定的なのではない。母親になったことで得た人間的な成長は評価し,かつ,母親であることが好きだとする点では,学歴の高低にかかわりなく一致しているのである。しかしながら,母親であることがすなわち自分だという認識においては,高学歴の母親がもっとも消極的・否定的である。高学歴になるほど,子どもとの生活のほかに自分自身の生活をもとめる意識が強いことを,その背景に考察することができる。自分自身の生活への欲求と育児とのあいだに葛藤を生ずるとき,世の中からとり残されることへの焦燥感や行動が制限されているという意識をもつことが考えられる。

前章で述べた母親意識の世代差調査では,現代の母親たちにおいて,育児以外に自分自身の生活をもちたいとする傾向がみられたが,調査対象をさらに一般化した本調査でも同様の傾向が認められ,とりわけ,高学歴の母親に顕著な傾向であることが確認されたといえる。

表7-8 MP尺度得点・MN尺度得点の一要因分散分析の結果
　　　──母親の就業形態別──

就業形態	MP尺度得点		MN尺度得点	
	MEAN	SD	MEAN	SD
無　　職　($n=211$)	3.091	.567	1.983	.579
家　　業　($n=117$)	2.934	.579	1.886	.598
内　　職　($n=25$)	3.120	.742	1.944	.590
パ　ー　ト　($n=60$)	3.011	.636	2.077	.611
常　　勤　($n=76$)	2.980	.632	1.779	.522
F RATIO	1.575		2.845	
F PROB.	.180		.024	

3）母親の就業形態と母親役割受容との関連性

　表7-8は，母親の就業形態──無職（専業主婦），家業，内職，パート，常勤──の別にMP尺度得点，MN尺度得点を一要因分散分析した結果である。なお，以上の就業形態は第4章第2節第3項に定義した分類に従ったものである。

　表7-8に示すとおり，MP尺度得点に関しては，母親の就業形態の違いによる差はみられない。しかし，MN尺度得点では就業形態の違いによる有意差が認められる〔$F(4,484)=2.845, p<.024$〕。MN尺度得点は常勤においてもっとも小さく，無職（専業主婦）およびパートとのあいだに，それぞれ有意差（$p<.05$）が得られている。

　また，MP6項目，MN6項目の評定値においても，常勤の回答と無職（専業主婦）およびパートの回答とのあいだに相違がみられる。表7-9は，MP6項目，MN6項目に対する評定値を母親の就業形態別に示したものである。

　まず，MP項目では，「21)母親としてふるまっているときがいちばん自分らしいと思う」「23)母親であることに生きがいを感じている」「27)母親であることに充実感を感じる」の3項目において，無職（専業主婦）のほうが常勤よりも評定値が大きい。とくに項目21)において，無職（専業主婦）と常勤の差は有意（$p<.01$）であることが認められた。

　また，MN項目では，「18)育児に携わっているあいだに，世の中からとり残されていくように思う」「20)自分の関心が子どもにばかり向いて視野が狭くなる」の2項目において，やはり無職（専業主婦）と常勤とのあいだに相違がみられる。2項目のいずれにおいても，無職（専業主婦）のほうがより強くこれ

表7-9　MP 6 項目・MN 6 項目に対する評定値——母親の就業形態別——

	項　　目	就業形態	無　職 (n=211)	家　業 (n=117)	内　職 (n=25)	パート (n=60)	常　勤 (n=76)
MP項目群	17)	母親であることが好きである	3.29 .79	3.25 .87	3.20 .96	3.14 .92	3.33 .82
	19)	母親になったことで人間的に成長できた	3.58 .67	3.37 .72	3.48 .65	3.45 .73	3.55 .62
	21)	母親としてふるまっているときがいちばん自分らしいと思う	2.32 .98	2.10 .97	2.71 1.16	2.45 .94	1.97 .98
	23)	母親であることに生きがいを感じている	3.10 .83	2.96 .89	3.12 1.05	3.10 .90	2.96 .96
	25)	母親になったことで気持ちが安定して落ち着いた	3.21 .85	3.09 .82	3.32 .95	3.14 .90	3.15 .95
	27)	母親であることに充実感を感じる	3.22 .81	3.03 .77	3.00 1.00	3.12 .88	3.04 .87
MN項目群	16)	子どもを育てることが負担に感じられる	1.52 .77	1.59 .86	1.44 .82	1.63 .89	1.41 .76
	18)	育児に携わっているあいだに，世の中からとり残されていくように思う	1.71 .91	1.63 .87	1.60 .71	1.78 .89	1.33 .62
	20)	自分の関心が子どもにばかり向いて視野が狭くなる	1.96 .95	1.71 .85	2.04 1.10	2.02 .94	1.59 .84
	22)	自分は母親として不適格なのではないだろうか	2.05 .94	2.03 .94	2.12 .97	2.35 .93	2.03 .94
	24)	子どもは産まないほうが良かった	1.14 .46	1.26 .59	1.16 .47	1.27 .66	1.19 .57
	26)	母親であるために自分の行動がかなり制限されている	2.76 1.01	2.51 1.02	2.52 1.16	2.86 .95	2.62 1.13

注)　上段の数字は MEAN，下段の数字は SD。

らの内容を肯定している〔18)：$p<.001$，20)：$p<.01$〕。

　無職（専業主婦）は母親役割の受容に対して積極的・肯定的である反面，育児に専念することで世の中から遅れることや視野が狭くなることを懸念する傾向があり，常勤にくらべて，母親役割受容に葛藤が大きいことが考察される。

　このほかに注目されることとして，パートの回答傾向を指摘することができる。MN 項目の 6 項目すべてにおいて，パートの評定値は 5 群中もっとも大きい。とくに常勤と比較したとき，「18)育児に携わっているあいだに，世の中か

らとり残されていくように思う」「20)自分の関心が子どもばかり向いて視野が狭くなる」「22)自分は母親として不適格なのではないだろうか」の3項目において，パートの評定値は常勤にくらべて有意に大きく，母親役割受容に消極的・否定的傾向が強いことが示されている〔18)：$p<.001$, 20)：$p<.01$, 22)：$p<.05$〕。一方，MP項目のうち，「21)母親としてふるまっているときがいちばん自分らしいと思う」に対する評定値もパートがもっとも大きく，とくに常勤にくらべてその差は統計的に有意（$p<.01$）である。

　世の中からとり残されることや視野が狭くなるという焦燥感は，常勤には弱く，それはむしろ生活の場が家庭や育児にかぎられがちな無職（専業主婦）においてより強く認識されていることは既述のとおりである。しかし，パートも無職（専業主婦）と同等あるいはそれ以上に，育児に専念することによる焦燥感が強い。しかし，一方では母親としてふるまっているときがいちばん自分らしいという意識もパートには強い。母親であることに対するこうした矛盾した認識は，一つにはパートという就業形態に内在する問題に起因することが考えられる。労働省の1980年「第三次産業雇用実態調査」〔松原, 1983〕によると，第三次産業に働く女子パートの就業理由は，第1位が「生活費のたしにする」であるが，次いで「家にこもっていたくない」が第2位にあげられている。また，現在の勤務先を選んだ理由は通勤の便利さや，勤務時間・日数の便宜が主なものであり，仕事内容に直接関連する理由が少ない。女性のライフ・サイクルの変化にともなう自由時間の増加が就業傾向を強めているものの，家事・育児の制約下での就業であるために仕事内容よりは時間的余裕が優先されているといえる。家事・育児に支障のない範囲内で選ばれた仕事は，結局仕事内容そのものにも満足しきれないという結果を招いているものと思われる。既婚女性が仕事をもつべきか否かの論争がしばしば展開される昨今である。しかし，その是非論については，上記の常勤とパートの回答傾向の相違が示すとおり，その就業形態や仕事への自我関与等の問題を含めたきめの細かい検討が必要であると考えられる。

   4)　**母親自身の年齢と母親役割受容との関連性**

　母親役割受容のあり方との関連性を検討するうえで問題とすべき母親の年齢とは，たんなる加齢ではなく，そこに子どもの成長を加味することが必要であ

る。とりわけ，第1子の成長は母親としての生活・意識を規定する主要因の一つと考えられる。そのため，第1子の年齢を基準として母親の年齢を分類することとし，次の5群を設定した。

群	人数	第1子の年齢	母親の平均年齢(SD)
I群	79	6歳以下（園児）	32.2歳（3.5）
II群	48	8〜9歳（小学校3年生）	35.5歳（3.4）
III群	48	11〜12歳（小学校6年生）	37.0歳（3.9）
IV群	111	13〜14歳（中学校2年生）	40.1歳（3.2）
V群	211	16〜17歳（高校2年生）	43.7歳（3.6）

表7-10　MP尺度得点・MN尺度得点の一要因分散分析の結果
　　　　——母親の年齢群別——

年齢群	MP尺度得点		MN尺度得点	
	MEAN	SD	MEAN	SD
I 群（$n=79$）	3.131	.574	1.949	.567
II 群（$n=48$）	2.980	.593	2.154	.554
III 群（$n=48$）	2.917	.606	2.113	.636
IV 群（$n=111$）	2.941	.682	1.879	.558
V 群（$n=211$）	3.077	.553	1.867	.584
F RATIO	2.021		3.850	
F PROB.	.090		.004	

　表7-10は，I〜V群についてMP尺度得点，MN尺度得点を一要因分散分析した結果を示したものである。

　まず，MP尺度得点は，I群とV群が高く，III群とIV群が低いU字型の傾向を示している。逆に，MN尺度得点は，I群・IV群・V群が低く，II群とIII群が高い∩字型の傾向を示している。とくにMN尺度得点に関してみられた傾向は統計的に有意であることが認められた〔$F(4,492)=3.850, p<.004$〕。第1子が学童期から中学生の段階にいるII群・III群・IV群は，第1子がまだ幼児期のI群と高校生にまで成長しているV群にくらべて，母親役割の受容に消極的・否定的な傾向にある。

次に，各項目ごとの評定値を群別に比較した結果は次のとおりである。表7-11は，MP6項目，MN6項目の評定値を群別に示したものである。

まず，MP6項目のうち，「19)母親になったことで人間的に成長できた」では群差がみられず，この項目に関しては母親の年齢にかかわらず肯定率がもっとも高い。一方，傾向として群差がみられるのは，「21)母親としてふるまっているときがいちばん自分らしいと思う」「25)母親になったことで気持ちが安定して落ち着いた」「27)母親であることに充実感を感じる」の３項目である。い

表7-11　MP６項目・MN６項目に対する評定値——母親の年齢群別——

	項　目	年齢群	Ⅰ群 ($n=79$)	Ⅱ群 ($n=48$)	Ⅲ群 ($n=48$)	Ⅳ群 ($n=111$)	Ⅴ群 ($n=211$)
MP項目群	17)	母親であることが好きである	3.43 .73	3.36 .67	3.04 .94	3.26 .84	3.23 .86
	19)	母親になったことで人間的に成長できた	3.54 .66	3.48 .71	3.54 .58	3.52 .72	3.50 .69
	21)	母親としてふるまっているときがいちばん自分らしいと思う	2.29 .96	2.04 .96	2.04 .99	2.05 1.00	2.43 1.00
	23)	母親であることに生きがいを感じている	3.06 .87	2.89 .87	3.02 .84	3.01 1.00	3.11 .84
	25)	母親になったことで気持ちが安定して落ち着いた	3.31 .76	3.28 .83	2.92 .82	3.07 1.01	3.18 .85
	27)	母親であることに充実感を感じる	3.23 .77	3.06 .84	2.94 .86	2.98 .96	3.23 .76
MN項目群	16)	子どもを育てることが負担に感じられる	1.39 .73	1.75 .96	1.75 .86	1.43 .72	1.53 .81
	18)	育児に携わっているあいだに，世の中からとり残されていくように思う	1.68 .96	1.71 .90	1.79 .87	1.60 .85	1.58 .80
	20)	自分の関心が子どもにばかり向いて視野が狭くなる	1.85 .94	1.92 .82	1.96 .86	1.70 .85	1.89 1.00
	22)	自分は母親として不適格なのではないだろうか	2.03 .87	2.42 .94	2.25 .93	2.06 .96	1.97 .94
	24)	子どもは産まないほうが良かった	1.15 .58	1.19 .57	1.25 .60	1.16 .48	1.21 .53
	26)	母親であるために自分の行動がかなり制限されている	2.94 .93	2.98 1.02	2.85 .85	2.70 1.13	2.48 1.03

注)　上段の数字は MEAN，下段の数字は SD。

ずれもⅠ群・Ⅴ群にくらべてⅢ群・Ⅳ群の評定値が小さい。とくに項目21），27）の2項目では，Ⅲ群・Ⅳ群とⅤ群とのあいだに有意差が認められた〔21）Ⅲ群 vs Ⅴ群：$p<.05$，Ⅳ群 vs Ⅴ群：$p<.01$，27）Ⅲ群 vs Ⅴ群：$p<.05$，Ⅳ群 vs Ⅴ群：$p<.05$〕。また，項目25）ではⅢ群とⅠ群のあいだに有意差（$p<.01$）が認められた。

一方，MN6項目のうち，「26）母親であるために自分の行動がかなり制限されている」に対する評定値がもっとも大きいことは各群に共通している。しかし，とりわけⅠ群とⅡ群において評定値が大きく，Ⅳ群，Ⅴ群と高年齢になるにつれて評定値は小さくなる傾向がみられる。一方，「16）子どもを育てることが負担に感じられる」「22）自分は母親として不適格なのではないだろうか」の2項目ではⅡ群とⅢ群の評定値が大きく，とくにⅠ群・Ⅴ群とのあいだに有意差が認められた〔16）Ⅱ群 vs Ⅰ群：$p<.05$，Ⅲ群 vs Ⅰ群：$p<.05$，22）Ⅱ群 vs Ⅰ群：$p<.05$，Ⅱ群 vs Ⅴ群：$p<.01$〕。

以上の結果に示されたとおり，母親役割受容のあり方は，子どもの成長にともなう母親自身の加齢によって様相が異なることが明らかである。子どもの年齢が小さいⅠ群や高校生にまで成長しているⅤ群では，母親役割受容が肯定的な傾向にある。Ⅴ群は育児も一応終了期に入る年代である。育児から受ける行動上の制約も少なくなり，母親としての安定した時期と考えられる。一方，Ⅰ群は母親であるための行動上の制約をもっとも強く感じている年代である。しかし，そのことでとくに育児に負担を感じたり，母親としての適性に疑問を抱く傾向はⅠ群には弱い。子どもが小さいために日常的な煩雑な育児に没頭せざるを得ない状況が母親役割受容を容易にしていると考えられる。

それにくらべて，第1子が学童期から中学生の段階にいるⅢ群・Ⅳ群の母親たちは，母親役割受容に対して消極的であり，育児を負担に感じたり，母親としての適性に疑問を抱く傾向が強い。Ⅲ群・Ⅳ群は一応，乳幼児期の煩雑な育児から解放され，そのぶん自分自身の生き方を志向する年代と考えられる。母親であることの充足感が弱まり，育児以外の自分自身のあり方を模索していること，それがこの年代の母親たちの母親役割受容に対する消極的・否定的な意識を強めているものと考えられる。

§4 子どもに対する感情についての結果

1) 様式間の順位について

表7-12～17は，M1～M5の尺度得点MS1～MS5の平均値・標準偏差・尺度得点間の順位について，全調査対象の結果および母親の学歴・就業形態・年齢，子どもの人数・出生順位の別に結果を示したものである。

まず，全調査対象についての結果をみると，表7-12に示すとおり，子どもに対する感情のなかでは，M5「子どもの成長への喜び」が第1位を占めており，次いでM4「子どもの独立性の意識」が第2位，M2「子どもへの献身」が第3位に位置している。それにくらべて，M3「子どもの人格性の意識」と，M1「子どもへの密着」は，それぞれ第4位，第5位と下位に位置づけられている感情である。

次に，母親の学歴・就業形態・年齢，子どもの人数・出生順位の別にみると，表7-13～17に示すとおり，M5，M4，M2がそれぞれ第1位，第2位，第3位に位置していることは，母親の属性にかかわらずすべてに共通している。しかしながら，M1とM3の順位に関しては属性の別による差異がみられる。学歴別では中学卒，就業形態別ではパート，年齢別ではⅡ群において，M1が第4位でM3の上位にある。これに反し，他の群はM3が第4位，M1が第5位である。M1「子どもへの密着」とM3「子どもの人格性の意識」は，子どもに対する5つの感情のなかでは下位に位置するものであるが，いずれを重視するかをみると，低学歴の母親や子どもの年齢が小さい母親，そしてパートの母親においては，M1「子どもへの密着」の感情のほうが強い傾向にある。

表7-12　M1～M5の尺度得点の平均値，標準偏差および尺度得点間の順位――全調査対象――

	MS 1	MS 2	MS 3	MS 4	MS 5
	子どもへの密着	子どもへの献身	子どもの人格性の意識	子どもの独立性の意識	子どもの成長への喜び
MEAN	2.291	2.771	2.380	3.459	3.853
SD	.660	.783	.868	.587	.472
順位	5	3	4	2	1

表7-13 M1〜M5の尺度得点の平均値，標準偏差および尺度得点間の順位——母親の学歴別——

学歴	尺度得点	MS 1 子どもへの密着	MS 2 子どもへの献身	MS 3 子どもの人格性の意識	MS 4 子どもの独立性の意識	MS 5 子どもの成長への喜び
中学卒 ($n=64$)	MEAN	2.359	2.641	2.234	3.508	3.875
	SD	.664	.779	.955	.546	.549
	順位	4	3	5	2	1
高校卒 ($n=248$)	MEAN	2.313	2.786	2.399	3.440	3.895
	SD	.652	.784	.856	.597	.320
	順位	5	3	4	2	1
短大卒 ($n=107$)	MEAN	2.336	2.804	2.351	3.430	3.748
	SD	.619	.791	.858	.608	.631
	順位	5	3	4	2	1
大学卒以上 ($n=57$)	MEAN	2.070	2.791	2.588	3.465	3.895
	SD	.764	.744	.872	.611	.310
	順位	5	3	4	2	1

表7-14 M1〜M5の尺度得点の平均値，標準偏差および尺度得点間の順位——母親の就業形態別——

就業形態	尺度得点	MS 1 子どもへの密着	MS 2 子どもへの献身	MS 3 子どもの人格性の意識	MS 4 子どもの独立性の意識	MS 5 子どもの成長への喜び
無職 ($n=211$)	MEAN	2.290	2.872	2.441	3.396	3.848
	SD	.695	.719	.840	.620	.503
	順位	5	3	4	2	1
家業 ($n=117$)	MEAN	2.227	2.580	2.201	3.397	3.821
	SD	.555	.879	.823	.621	.428
	順位	4	3	4	2	1
内職 ($n=25$)	MEAN	2.440	2.860	2.540	3.720	3.960
	SD	.733	.771	.912	.410	.200
	順位	4	3	4	2	1
パート ($n=60$)	MEAN	2.513	2.850	2.142	3.592	3.767
	SD	.604	.678	.888	.474	.698
	順位	4	3	5	2	1
常勤 ($n=76$)	MEAN	2.184	2.684	2.598	3.553	3.934
	SD	.668	.840	.839	.533	.250
	順位	5	3	4	2	1

表7-15 M1〜M5の尺度得点の平均値,標準偏差および尺度得点間の順位——母親の年齢群別——

年齢群	尺度得点	MS 1 子どもへの密着	MS 2 子どもへの献身	MS 3 子どもの人格性の意識	MS 4 子どもの独立性の意識	MS 5 子どもの成長への喜び
Ⅰ 群 ($n=79$)	MEAN SD	2.373 .684	2.823 .821	2.373 .853	3.405 .610	3.861 .525
	順 位	4	3	4	2	1
Ⅱ 群 ($n=48$)	MEAN SD	2.339 .631	2.760 .700	2.281 .983	3.531 .488	3.833 .377
	順 位	4	3	5	2	1
Ⅲ 群 ($n=48$)	MEAN SD	2.203 .598	2.792 .667	2.427 .779	3.469 .550	3.875 .334
	順 位	5	3	4	2	1
Ⅳ 群 ($n=111$)	MEAN SD	2.178 .647	2.662 .818	2.338 .892	3.437 .640	3.865 .415
	順 位	5	3	4	2	1
Ⅴ 群 ($n=211$)	MEAN SD	2.329 .674	2.806 .79	2.417 .857	3.472 .581	3.844 .525
	順 位	5	3	4	2	1

表7-16 M1〜M5の尺度得点の平均値,標準偏差および尺度得点間の順位——子どもの人数別——

人 数	尺度得点	MS 1 子どもへの密着	MS 2 子どもへの献身	MS 3 子どもの人格性の意識	MS 4 子どもの独立性の意識	MS 5 子どもの成長への喜び
1 人 ($n=120$)	MEAN SD	2.444 .641	2.908 .775	2.508 .964	3.483 .635	3.875 .441
	順 位	4	3	4	2	1
2 人 ($n=278$)	MEAN SD	2.243 .670	2.685 .817	2.330 .851	3.484 .550	3.838 .502
	順 位	4	3	4	2	1
3 人 ($n=99$)	MEAN SD	2.242 .632	2.843 .661	2.450 .771	3.359 .623	3.869 .420
	順 位	5	3	4	2	1

表7-17 M1〜M5の尺度得点の平均値，標準偏差および尺度得点間の順位——子どもの出生順位別——

出生順位	尺度得点	MS 1 子どもへの密着	MS 2 子どもへの献身	MS 3 子どもの人格性の意識	MS 4 子どもの独立性の意識	MS 5 子どもの成長への喜び
第 1 子 ($n=259$)	MEAN	2.291	2.771	2.380	3.459	3.853
	SD	.660	.783	.868	.587	.472
	順位	4	3	4	2	1
第2子以降 ($n=238$)	MEAN	2.294	2.839	2.382	3.468	3.862
	SD	.672	.745	.812	.590	.456
	順位	4	3	4	2	1

2) 様式間の相関について

表7-18は，M1〜M5の相互の関連性を検討するために，MS1〜MS5について積率相関係数を算出した結果である。

表7-18に明らかなとおり，M1「子どもへの密着」は，M2「子どもへの献身」と有意な正相関を示し，一方，M5「子どもの成長への喜び」とは有意な負相関を示している。また，M3「子どもの人格性の意識」はM4「子どもの独立性の意識」と有意な正相関を示している。子どものためならたいていのことは

表7-18 M1〜M5の尺度得点間の積率相関係数——全調査対象——

		MS 1 子どもへの密着	MS 2 子どもへの献身	MS 3 子どもの人格性の意識	MS 4 子どもの独立性の意識	MS 5 子どもの成長への喜び
MS 1	子どもへの密着		***.353	-.073	.034	**-.105
MS 2	子どもへの献身			.027	-.011	.048
MS 3	子どもの人格性の意識				***.126	-.016
MS 4	子どもの独立性の意識					.062
MS 5	子どもの成長への喜び					

注）有意性検定 *** $p<.001$　　** $p<.01$

我慢できる，どんなことでもするつもりでいるという献身的な感情は，子どもに密着化する感情と密接な関係にある一方，子どもの成長に対しては喜ぶよりも，むしろ寂しさを抱くものと解釈される。また，わが子といえども自分の思いどおりにいかないことを実感し，子どもの独立性を認識する感情は，子どもの人格性を認め，客観的にかかわろうとする感情と深い関連性を有することが認められる。

3) 母親の学歴・就業形態・年齢と子どもに対する感情との関連性について

表7-19a〜eは，母親の学歴・就業形態・年齢の別に，MS1〜MS5のそれぞれを一要因分散分析した結果である。

表7-19a〜eに示すとおり，M5は母親の属性の違いによる差異はみられない。1)様式間の順位で述べたとおり，M5「子どもの成長への喜び」は，子どもに対する5つの感情のなかで第1位を占め，その順位は母親の属性の別にかかわらず共通していた。したがって，M5の感情は，母親が子どもに対して抱く感情としては普遍的なものであり，母親の属性の違いによって左右されることがないといえよう。

一方，母親の属性によって差異が認められるのは，M1，M2，M3，M4である。このうち，M2とM4は就業形態の違いによる差異が示されている。M2「子どもへの献身」では常勤において尺度得点が小さく〔$F(4,484) = 3.030, p<.017$〕，M4「子どもの独立性の意識」では無職（専業主婦）の尺度得点が小さく，内職・パート・常勤の有職者とのあいだに差が示されている〔$F(4,484) = 3.475, p<.008$〕。

母親の属性の違いがもっとも影響しているとみられるのはM1とM3である。まず，M1「子どもへの密着」では，学歴に関して中学卒の尺度得点がもっとも大きく，高学歴になるにしたがって尺度得点が低下している〔$F(3,472) = 2.601, p<.051$〕。とくに，中学卒と大学卒以上とのあいだに有意差（$p<.05$）が認められた。また，就業形態別では，パートにおいて尺度得点がもっとも大きく，常勤および無職（専業主婦）との差が顕著である〔$F(4,484) = 2.864, p<.023$〕。年齢別では，一要因分散分析の結果，有意な差ではないが，Ⅰ群とⅤ群の尺度得点が大きく，Ⅱ，Ⅲ，Ⅳ群の尺度得点が小さいというU字型傾向が示されている。とくにⅠ群とⅣ群の差は統計的に有意（$p<.05$）である。

次に，M3「子どもの人格性の意識」では，学歴に関して，統計的に有意で

表7-19　M1〜M5の尺度得点の一要因分散分析の結果
——母親の学歴別・就業形態別・年齢群別——

a　MS1「子どもへの密着」

学　歴　別	
中学卒 （$n=64$）	2.359 .664
高校卒 （$n=248$）	2.313 .652
短大卒 （$n=107$）	2.336 .619
大学卒以上 （$n=57$）	2.070 .764
F　RATIO F　PROB.	2.601 .051

就業形態別	
無　職 （$n=211$）	2.290 .695
家　業 （$n=117$）	2.227 .555
内　職 （$n=25$）	2.440 .733
パート （$n=60$）	2.513 .604
常　勤 （$n=76$）	2.184 .668
F　RATIO F　PROB.	2.864 .023

年　齢　群　別	
Ⅰ　群 （$n=79$）	2.373 .684
Ⅱ　群 （$n=48$）	2.339 .631
Ⅲ　群 （$n=48$）	2.203 .598
Ⅳ　群 （$n=111$）	2.178 .647
Ⅴ　群 （$n=211$）	2.329 .674
F　RATIO F　PROB.	1.581 .178

b　MS2「子どもへの献身」

学　歴　別	
中学卒 （$n=64$）	2.641 .779
高校卒 （$n=248$）	2.786 .784
短大卒 （$n=107$）	2.804 .791
大学卒以上 （$n=57$）	2.719 .744
F　RATIO F　PROB.	.775 .520

就業形態別	
無　職 （$n=211$）	2.872 .719
家　業 （$n=117$）	2.586 .879
内　職 （$n=25$）	2.860 .771
パート （$n=60$）	2.850 .678
常　勤 （$n=76$）	2.684 .840
F　RATIO F　PROB.	3.030 .017

年　齢　群　別	
Ⅰ　群 （$n=79$）	2.823 .821
Ⅱ　群 （$n=48$）	2.760 .700
Ⅲ　群 （$n=48$）	2.792 .667
Ⅳ　群 （$n=111$）	2.662 .818
Ⅴ　群 （$n=211$）	2.806 .793
F　RATIO F　PROB.	0.736 .568

c　MS3「子どもの人格性の意識」

学　歴　別	
中学卒 （$n=64$）	2.234 .955
高校卒 （$n=248$）	2.399 .856
短大卒 （$n=107$）	2.351 .858
大学卒以上 （$n=57$）	2.588 .872
F　RATIO F　PROB.	1.737 .159

就業形態別	
無　職 （$n=211$）	2.441 .840
家　業 （$n=117$）	2.201 .823
内　職 （$n=25$）	2.540 .912
パート （$n=60$）	2.142 .888
常　勤 （$n=76$）	2.592 .893
F　RATIO F　PROB.	4.111 .003

年　齢　群　別	
Ⅰ　群 （$n=79$）	2.373 .853
Ⅱ　群 （$n=48$）	2.281 .983
Ⅲ　群 （$n=48$）	2.427 .779
Ⅳ　群 （$n=111$）	2.338 .892
Ⅴ　群 （$n=211$）	2.417 .857
F　RATIO F　PROB.	.351 .843

d　MS4「子どもの独立性の意識」

学　歴　別	
中学卒 （$n=64$）	3.508 .546
高校卒 （$n=248$）	3.440 .597
短大卒 （$n=107$）	3.430 .608
大学卒以上 （$n=57$）	3.465 .611
F　RATIO F　PROB.	.280 .840

就業形態別	
無　職 （$n=211$）	3.396 .620
家　業 （$n=117$）	3.397 .621
内　職 （$n=25$）	3.720 .410
パート （$n=60$）	3.592 .474
常　勤 （$n=76$）	3.553 .533
F　RATIO F　PROB.	3.475 .008

年　齢　群　別	
Ⅰ　群 （$n=79$）	3.405 .610
Ⅱ　群 （$n=48$）	3.531 .488
Ⅲ　群 （$n=48$）	3.469 .550
Ⅳ　群 （$n=111$）	3.437 .640
Ⅴ　群 （$n=211$）	3.472 .581
F　RATIO F　PROB.	.414 .799

e MS5「子どもの成長への喜び」

学　歴　別		就　業　形　態　別		年　齢　群　別	
中学卒 （$n=64$）	3.875 .549	無　職 （$n=211$）	3.848 .503	Ⅰ　群 （$n=79$）	3.861 .525
高校卒 （$n=248$）	3.895 .320	家　業 （$n=117$）	3.821 .428	Ⅱ　群 （$n=48$）	3.833 .377
短大卒 （$n=107$）	3.748 .631	内　職 （$n=25$）	3.960 .200	Ⅲ　群 （$n=48$）	3.875 .334
大学卒以上 （$n=57$）	3.895 .310	パート （$n=60$）	3.767 .698	Ⅳ　群 （$n=111$）	3.865 .415
		常　勤 （$n=76$）	3.934 .250	Ⅴ　群 （$n=211$）	3.844 .525
F　RATIO F　PROB.	1.981 .081	F　RATIO F　PROB.	1.513 .197	F　RATIO F　PROB.	.091 .985

はないが，大学卒以上の尺度得点がもっとも大きく，低学歴になるにしたがって尺度得点が低下する傾向がみられる。とくに大学卒以上と中学卒との差に関しては統計的に有意（$p<.05$）である。

　以上の結果から明らかなとおり，子どもへの密着化傾向は，低学歴の母親やパートにおいて強く，また，年齢に関しては，子どもの年齢が小さい若年層の母親と，逆に子どもが高校生に成長している高年層の母親に強い傾向がみられた。高学歴の母親と常勤の母親，および子どもの年齢が学童期にあたる中間年齢層の母親では，子どもに対してその人格性を認め，客観的にかかわろうと志向する傾向があるといえよう。

　このM3「子どもの人格性の意識」において示された結果は，前述の第3項母親役割の受容に関する結果と照合すると興味深いものがある。すなわち，母親役割の受容に関しては，高学歴の母親と中間年齢層の母親に，消極的・否定的傾向が認められたが，それは主として母親であることが自分のすべてではありたくないという意識であり，そこには育児以外の自分自身の生活への強い欲求が存在していることが考察された。このような母親役割の受容に対する高学歴および中間年齢層の母親の意識は，子どもの人格性を認め客観的にかかわろうとする感情傾向と表裏一体の関係にあると考えられる。

4) 子どもの人数・出生順位と子どもに対する感情との関連性について

　表7-20は，子どもの人数別にMS1〜MS5のそれぞれを一要因分散分析した結果である。

表7-20　M1〜M5の尺度得点の一要因分散分析の結果——子どもの人数別——

人数	尺度得点	MS1 子どもへの密着	MS2 子どもへの献身	MS3 子どもの人格性の意識	MS4 子どもの独立性の意識	MS5 子どもの成長への喜び
1人 ($n=120$)	MEAN SD	2.444 .641	2.908 .775	2.508 .964	3.483 .635	3.875 .441
2人 ($n=278$)	MEAN SD	2.243 .670	2.685 .817	2.300 .851	3.484 .550	3.838 .502
3人以上 ($n=99$)	MEAN SD	2.242 .632	2.843 .661	2.450 .771	3.359 .623	3.869 .420
F RATIO F PROB.		4.274 .014	3.987 .019	2.820 .061	1.806 .165	.325 .723

　表7-20に示すとおり，M1「子どもへの密着」とM2「子どもへの献身」の2つの感情に関しては，子どもの人数による違いがみられており，いずれも子どもが1人の母親において，M1，M2の尺度得点が大きいことが認められる〔MS1：$F(2,494) = 4.274, p<.014$，MS2：$F(2,494) = 3.987, p<.019$〕。一人っ子の場合，母親は子どもに密着し，かつ，献身的な感情を抱くものと考えられる。一方，M3「子どもの人格性の意識」，M4「子どもの独立性の意識」，M5「子どもの成長への喜び」に関しては，子どもの人数の違いによる差異は認められない。

　表7-21は，子どもの出生順位（第1子，第2子以降）の別に，MS1〜MS5を示したものである。なお，出生順位の影響は子どもの年齢要因が関与することが考えられるため，年齢群別（園児，小学校低学年，小学校高学年，中学生，高校生）に比較を行なった。

　表7-21に示すとおり，M1「子どもへの密着」とM2「子どもへの献身」に関しては，園児の場合は第1子に対してM1，M2の尺度得点が大きいが，小学校低学年以上では第2子以降に対してM1，M2の尺度得点が大きい傾向がみられる。また，M3「子どもの人格性の意識」に関しては，年齢にかかわら

表7-21　M1～M5の尺度得点の一要因分散分析の結果――子どもの出生順位別――

		Ⅰ群 第1子($n=42$) 第2子($n=37$)		Ⅱ群 第1子($n=20$) 第2子($n=28$)		Ⅲ群 第1子($n=26$) 第2子($n=22$)		Ⅳ群 第1子($n=59$) 第2子($n=52$)		Ⅴ群 第1子($n=114$) 第2子($n=97$)	
		MEAN	SD	MEAN	SD	MEAN	SD	MEAN	SD	MEAN	SD
MS1 子どもへの密着	第1子	2.373	.684	2.213	.705	2.203	.598	2.178	.647	2.329	.674
	第2子	2.218	.672	2.339	.631	2.427	.568	2.168	.651	2.393	.680
	F RATIO	1.955		.969		3.238		.013		.861	
	F PROB.	.164		.327		.075		.910		.354	
MS2 子どもへの献身	第1子	2.823	.821	2.760	.700	2.792	.667	2.662	.818	2.806	.793
	第2子	2.747	.701	2.868	.689	2.976	.733	2.861	.732	2.826	.793
	F RATIO	.371		.673		1.535		3.368		.032	
	F PROB.	.544		.414		.219		.068		.857	
MS3 子どもの人格性の意識	第1子	2.373	.853	2.218	.983	2.598	.727	2.588	.872	2.417	.857
	第2子	2.169	.819	2.199	.769	2.427	.779	2.358	.892	2.376	.779
	F RATIO	2.229		.258		1.127		3.943		.235	
	F PROB.	.138		.612		.291		.043		.628	
MS4 子どもの独立性の意識	第1子	3.405	.610	3.531	.488	3.524	.487	3.437	.640	3.472	.581
	第2子	3.409	.581	3.390	.552	3.469	.550	3.479	.707	3.503	.559
	F RATIO	.002		2.032		.252		.207		.289	
	F PROB.	.968		.157		.617		.650		.591	
MS5 子どもの成長への喜び	第1子	3.861	.525	3.833	.377	3.805	.641	3.865	.415	3.844	.525
	第2子	3.817	.457	3.882	.442	3.875	.334	3.845	.565	3.893	.327
	F RATIO	.296		.392		.436		.081		1.199	
	F PROB.	.587		.532		.511		.776		.274	

ず第1子に対して尺度得点が大きい傾向がみられる。第1子に対しては，その人格性を認め，親子というよりも共に生活している仲間という感情を抱く一方，第2子以降に対しては，いつまでもあどけなく子どもっぽくいてほしいという乳児期的な感情をもって，子どもに密着する感情があると解釈される。しかし，表7-21に明らかなとおり，いずれも有意差は認められず，傾向として上記のことが解釈されるにすぎない。

§5　母親役割の受容と子どもに対する感情との関連性

　母親役割の受容および子どもに対する感情についてのそれぞれの結果については，第3項および第4項で述べたとおりである。本項では，次にこの両者の関連性について検討を行なう。

表7-22 MP・MNの尺度得点とM1〜M5の尺度得点の
積率相関係数——全調査対象——

	MS1 子どもへの密着	MS2 子どもへの献身	MS3 子どもの人格性の意識	MS4 子どもの独立性の意識	MS5 子どもの成長への喜び
MP 尺度得点	.230***	.335***	-.046	-.083	.130**
MN 尺度得点	.197***	.066	.073	.171***	-.118**

注) 有意性検定 *** p<.001 ** p<.01

　表7-22は，母親役割受容に対する意識が積極的・肯定的か，消極的・否定的かを表わすMP尺度得点，MN尺度得点と，子どもに対する感情を表わす5つの尺度得点MS1〜MS5との積率相関係数を示したものである。表7-22が示すとおり，MP尺度得点はMS1，2，5と有意な正相関を示し，MN尺度得点はMS1，4と有意な正相関，MS5と有意な負相関を示している。

　母親役割を積極的・肯定的に受容する姿勢は，子どもに対する感情のうち，M1「子どもへの密着」，M2「子どもへの献身」，M5「子どもの成長への喜び」の感情と密接な関係にあることが確認されたといえる。

　一方，母親役割への消極的・否定的受容は，M4「子どもの独立性の意識」と高い関連性を有すると同時に，M1「子どもへの密着」とも正相関の関係にあることが示されている。この点については次のように考察することが可能であろう。すなわち，第3項母親役割の受容に関する結果において明らかにされたとおり，本調査対象が示す母親役割に対する消極的・否定的意識とは，母親であることそれ自体への嫌悪や子どもの存在の否定ではない。このことは，MN6項目のうち，「16)子どもを育てることが負担に感じられる」や「24)子どもを産まないほうが良かった」に対する評定値がもっとも小さいことで立証されていた。むしろ項目20)，22)，26)の評定値が大きいことに示されているとおり，自分の関心が子どもにばかり向いて視野が狭くなることや，母親であるために自分の行動がかなり制限されることへの焦燥感であり，さらには，母親としての適性を自らに問うことが，消極的・否定的意識の内容である。こうした意識は，逆説的にいえば，それだけ育児に専念し，子どもに深く関与していることを認識している反映ともいえるであろう。それが一方では，M1「子ど

もへの密着」の感情につながり，他方では，わが子が自分の思いどおりにいかないことや，親が子どものためと思ってすることが本当に子どものためになっているかを反省し，子どもが自分とは別の存在であるというM4「子どもの独立性の意識」の感情との関連性を高めているものと考えられる。

4. 要約と結語

本研究は，母親意識について，とくに自分自身が母親であることの受容と子どもに対するかかわり方の意識をとりあげ，その発達変容を検討したものである。

東京都内およびその近郊に在住の，園児から高校生の子どもをもつ母親497名を対象とした調査の結果，次の事項が明らかにされた。

1) 全般的傾向として，母親役割の受容に関しては消極的・否定的意識よりは積極的・肯定的意識のほうが強い。

2) 母親であることを肯定的に受容する意識の背景には，母親になったことで人間的に成長できたという理性的な判断が存在していることが認められる。しかし，母親であることに生きがいや充実感を感じ，あるいはそれがもっとも自分らしいという認識は弱い。

3) 母親役割受容への消極的・否定的意識は，育児そのものへの否定ではなく，むしろ，育児に専念することから生じる行動上の制約や世の中からとり残されることに対する焦燥感が主な内容である。

4) 上記2) 3) の傾向は，母親の学歴に関してみると，とくに高学歴の母親において顕著である。

5) 母親の就業形態別にみると，無職（専業主婦）とパートは，母親役割受容に対して積極的・肯定的である反面，育児に専念することで世の中からとり残されることや視野が狭くなることを懸念する傾向も強く，母親役割受容に葛藤が大きいことが考察される。

6) 母親の年齢と母親役割受容との関連性については，とくに学童期から中学生段階の子どもをもつ母親において，母親役割受容に対する消極的・否定的意識が強い。

7) 子どもに対する母親としての感情では，子どもの成長を喜びとする感情（M5「子どもの成長への喜び」）とともに，わが子といえども親の思いどおりにはいかない存在であることを認める感情（M4「子どもの独立性の意識」）が上位を占めている。これは母親の属性の別にかかわらず共通した傾向である。

8) 一方，子どもに対してその人格を認め客観的にかかわろうとする感情（M3「子どもの人格性の意識」）と密着化しようとする感情（M1「子どもへの密着」）は，ともに下位に位置するものであるが，この二つの感情の強さは母親の属性によって違いがみられる。高学歴の母親と常勤および学童期の子どもをもつ中間年齢層の母親は，子どもへの客観的なかかわりを志向する傾向が強く，一方，低学歴の母親とパートおよび子どもの年齢が小さい若年層と高校生以上の子どもをもつ高年層の母親においては，子どもへの密着化傾向が強い。

9) 母親役割の受容に関する意識と子どもに対する母親としての感情との関連性については，次のとおりである。すなわち，母親役割を積極的・肯定的に受容する意識は，子どもの成長を喜ぶ感情（M5「子どもの成長への喜び」）とともに，子どもに密着し献身的にかかわろうとする感情傾向（M1「子どもへの密着」M2「子どもへの献身」）と関連性が高い。一方，母親役割への消極的・否定的意識は，わが子といえども思いどおりにはいかないという感情（M4「子どもの独立性の意識」）と，子どもに密着化する感情（M1「子どもへの密着」）と関連性が高い。なお，この母親役割への消極的・否定的意識と子どもへの密着化傾向との関連性については，3)に述べたとおり，母親役割への消極的・否定的意識が育児そのものの否定ではなく，育児に専念することから生じる制約に対する葛藤であることを考えるとき，それだけ子どもに深く関与していることを示すものであると考察される。

　従来，母親としての意識や感情は対子どもとの枠組のなかで，比較的固定したものとして把握されてきた。しかも，その大半は乳幼児期の子どもに対する養護や世話という範囲を出ないものであり，母親としての意識や感情そのものの発達変容が検討されることは少なかったといえる。

　しかし，本研究結果に示されたとおり，母親としての意識や感情は，母親の学歴や就業形態，年齢等によって種々の変容を遂げていることが明らかである。

このことは，母性が必ずしも普遍的・画一的なものではなく，母親自身の生活状況との関連性をもって，母親としての発達を検討する必要性を立証するものと考える。
　とりわけ高学歴の母親や，学童期から中学生段階の子どもをもつ30代の母親において，母親役割の受容に対する消極的・否定的意識が強いことは，現代的な傾向として注目される。こうした傾向は，現代の母親のエゴイズムとして，あるいは，いつまでも心理的に母親になりきれないモラトリアム的傾向［小此木，1978］として，批判される点でもある。しかしながら，育児に専念することで行動上の制約を感じ，世の中からの遅れを焦る気持ちそれ自体は，是非を問われるべきものではない。むしろ，そうした意識が生じた背景に視点を向けた検討が必要である。本調査対象の高学歴の母親や30代の母親の母親役割受容への消極的意識は，育児そのものへの嫌悪や否定ではなく，むしろ，育児以外に自分自身の生活をもとめるがゆえの相対的な消極性であることが考察された。この傾向は前章の世代差調査におけるC世代が示した傾向と同様であり，調査対象を一般化した本研究において，C世代の傾向が現代の母親の傾向として確認されたといえる。
　母親が育児のほかに自らの生き方を志向することは，かつての伝統的な母親像にはない傾向である。しかし，この傾向は今日の社会的状況から判断して，むしろ，当然の帰結と考えられるものであり，そのこと自体を問題視することは，今後の母親のあり方に何ら寄与するものではないであろう。今日および今後の課題として検討すべきことは，自らの生活への志向と育児との調和をいかに保つかであり，そのための条件を模索することが急務であると思われる。

第8章 研究Ⅳ：母親の対人関係と子どもへの
　　　　　　　かかわり方との関連性について

1. 研究目的

　研究Ⅳは，母親自身の対人関係と母親としてのわが子に対するかかわり方との関連性を検討するものである。
　従来，母子関係の心理は母と子の枠のなかの問題としてあつかわれてきた。とりわけ，わが子に対する母親としての感情は，それ以外の他者に対する感情とは質的に異なる特殊なものとみなすのが一般的であった。そうした前提のもとで問題とされてきた母親感情は，一人ひとりの母親の個人差よりは，むしろ，母親であることによる共通性・普遍性が強調される傾向にあったことは第1章で述べたとおりである。
　母親が子どもに向ける諸感情は，対子どもとの関係のなかで展開されることは事実であるが，しかし，それは同時に母親自身の対人関係の一端でもあるはずである。母親としてのあり方は，子どもに対する関係だけを問題とするのではなく，広く母親自身の対人行動のなかに位置づけて把握することが必要である。母親が子どもに対して抱く感情は，子ども以外の人びととの関係を反映し，あるいはそれを支えとしたものであることが考えられる。そこには，母親一人ひとりの対人関係の違いに応じた母親感情の差異が存在すると考えられる。
　ところで，対人関係とは「社会あるいは集団のなかにおける個人間の心理的関係」を指す概念であるが，とくに「ある個人の他者に対する関係というように，主として個人の側からとらえる」ことにおいて，人間関係と区別されるものである［『教育心理学新辞典』金子書房，1969］。本研究では母親の他者に対

する関係を問題とするが，内容的には母親が情緒的・精神的な絆を誰に対しても求めているか，また，その対象は母親の対人関係のどこに位置づけられているかを明らかにするものである。情緒的・精神的な絆をもとめる相手として，誰を，どのような位置づけで捉えているかは，対人関係の枠組として表わされるものである。母親においては，子どもが対人関係の枠組に含まれることは充分想定し得るところであるが，問題は母親の対人関係のなかで子どもが占める位置であり，同時に，子ども以外の対象が，どのような位置づけのもとで構成要因に含まれているかである。母親の対人関係の構造およびそのなかで子どもが占める位置のいかんによって，母親の子どもに対する諸感情に違いが生じることが考えられる。

以上の問題意識から，本研究では，母親の対人関係の枠組を明らかにし，そのうえで子どもに対する感情と母親の対人関係のあり方との関連性について検討を行なうこととする。

2. 調査内容および調査方法

§1 調査内容

本研究は，母親の子どもに対する感情が，母親自身の対人関係の枠組のあり方によって，どのように異なるかを質問紙調査によって明らかにすることを目的とする。したがって，調査票の内容は，1) 母親自身の対人関係の構成要因を測定し，その枠組を明らかにするもの，2) 母親としての感情を測定するもの，の2つから構成される。

調査項目の具体的な内容は，次のとおりである。

1) 母親の対人関係の枠組の測定

母親が情緒的・精神的な絆をもとめ得る相手が誰かを測定するために，8項目について該当する人物をSCT形式で記入することをもとめた。人物の記入は該当する人のすべてを記入する複数記述を認めた。

対象が対人関係の枠組のなかで占める位置については，その人が8項目中の何項目において選択されているかの選択回数に基づいて，中心的構成要因か周辺的構成要因かを決定する（具体的方法は，結果のところで詳述する）。

8項目のうち，2項目（項目①と項目②）は行動レベルの絆をもとめ得る対象を測定し，残る6項目は，精神的な支えとなり得る対象を測定する。なお6項目のうち，項目③と⑤は意見の交流を通じての絆を，項目④と⑦は相手に対する信頼という絆を，項目⑥と⑧は相手に対する援助という絆を，それぞれ内容としたものである。

 8項目は次のとおりである。
 ①私が一緒に行動して楽しい人は――
 ②私が安心して一緒にいることができる人は――
 ③私が満ち足りた会話をすることができる人は――
 ④つらいとき，困ったとき，私が相談する人は――
 ⑤私が自分の考えや意見を率直に交わし合える人は――
 ⑥私のことを必要としている人は――
 ⑦私が心から信じている人は――
 ⑧私がその人のためならできるだけのことをしてあげたいと思う人は――

   2) 母親感情の測定

 子どもに対する母親としての感情を測定する項目は，第7章・研究Ⅲで用いた，子どもに対する感情を問う15項目の分析結果を基に，修正追加した25項目からなるものである。

 研究Ⅲで用いた15項目は，因子分析の結果，5因子が抽出されたが，その各因子について尺度得点を算出して検討した結果，「子どもへの密着」と「子どもの人格性の意識」の2つにおいて，母親の属性による差異がみられた。さらに，「子どもへの密着」は「子どもへの献身」と，「子どもの人格性の意識」は「子どもの独立性の意識」と，それぞれ有意な正相関が確かめられた。一方，「子どもの成長への喜び」は5つの尺度得点のうち，もっとも高いものであるが，しかし，母親の属性による違いはみられず，母親感情としては共通性の高い，ある意味ではステレオタイプ的なものと考えられる。むしろ，子どもの成長に対するかかわり方としては，寂しさや疎外感という逆方向から回答をもとめることが適切ではないかと考えられる。

 以上のことから，本研究Ⅳでは母親感情として次の3つのタイプを仮定し，各項目を設定した。

A．子どもに献身的にかかわり，密着化する感情
2）子どものこととなるとわれ知らず夢中になってしまう
5）母親であるということが今の自分のすべてになっている
8）わが子をみていると，まだまだ母親の私がそばにいてやらねばと思う
11）子どもの教育や将来のためなら，どんなことでもするつもりでいる
14）わが子をみていると，お腹を痛めた自分の子だという感慨がわいてくる
16）何といっても子どもには産みの母親がいちばん良いのである
19）子どもが小さいうちは，母親は家庭にいて子どものそばにいてやるべきである
25）子どもをもってみると女性として生まれてきて良かったと思う
B．子どもに対してその人格性，独立性を認識し，客観的にかかわろうとする感情
3）自分が本当に子どもにとって望ましい母親かどうか考えることがある
6）成長したわが子をみていると，自分が産んだ子というよりは，何か別の人間という感じがする
9）子どもに手がかからなくなったので，これからが私の人生だと思う
12）わが子といえども自分の思いどおりにいかないことも多いものだと思う
17）親の期待や思惑にとらわれず，のびのびした人生を子どもに送らせたい
20）わが子の性格や能力を考えると，それぞれ自分とは違った個性があると思う
22）子どもに対しては，親というよりは共に生活している仲間という気持ちが強い
23）親が子どものためと思ってすることが，はたして本当に子どものためになっているのか疑問である
C．子どもの成長に寂しさを抱き，育児空白による疎外感を味わっている感情
1）わが子が赤ちゃんだった頃がたまらなく懐かしい
4）できることならもう一度子どもを産んでみたい
7）子どもが乳飲み子の頃のほうが手はかかるが，母親としてはいちばん張りがある

10）最近子どもが急に大人っぽくなって寂しい
13）いざ子どもに手がかからなくなると，手もちぶさたで心の中にポッカリ穴があいたようである
15）最近私はどことなく体の調子が悪い
18）最近自分は一人ぼっちだなあと思うことが多い
21）何かしたいと思っても，どうしてもこれをしたいというものがない
24）母親が子どものことを考えるほどには，子どもは母親のことを考えないものである

評定は各項目の内容に対して〈そのとおりである―4，どちらかといえばそうである―3，どちらかといえば違う―2，違う―1〉の4段階でもとめた。

§2　調査対象

調査は，東京都内および横浜市の公立小学校各1ケ所，東京都内で開催された市民講座1ケ所の計3ケ所において，それぞれの集会時に出席者に調査票を配布して協力を要請し，その場で記入をもとめた。回収した調査票のうち，子どものいる既婚女性の有効数は175であった。

§3　調査時期

1978年5月～6月

3．結果と考察

§1　調査対象

調査対象175名の，本人（母親）と夫それぞれの年齢・学歴・就業状況，子どもの人数と第1子の年齢は，表8-1に示した。

§2　対人関係の枠組

1）対人関係の構成要因

母親の対人関係の枠組を測定するための8項目に対する回答結果は，表8-2に示したとおりである。

表8-1　調査対象に関する基礎的事項

調査対象（母親）の年齢	平均36.7歳（SD4.3，年齢範囲28〜52歳）	
調査対象（母親）の学歴	中学卒	20 (11.4)
	高校卒	93 (53.1)
	短大卒	35 (20.0)
	大学卒以上	25 (14.3)
	N・A	2 (1.1)
調査対象（母親）の就業状況	無職	131 (74.9)
	有職	41 (23.4)
	N・A	3 (1.7)
夫の年齢	平均40.5歳（SD4.8，年齢範囲28〜60歳）	
夫の学歴	中学卒	9 (5.1)
	高校卒	47 (26.9)
	短大卒	18 (10.3)
	大学卒以上	90 (51.4)
	N・A	11 (6.3)
子どもの人数	1人	27 (15.4)
	2人	104 (59.4)
	3人以上	44 (25.1)
第1子の年齢	6〜9歳（小学校低学年）	65 (37.1)
	10〜12歳（小学校高学年）	69 (39.4)
	13〜15歳（中学生）	30 (17.1)
	16〜18歳（高校生）	11 (6.3)

　情緒的・精神的な絆をもとめ得る相手としてSCT形式の回答から選ばれた対象は，子ども・夫・親・きょうだい・学生時代の友人・近所の人・仕事やサークル等の仲間，に分類された。

　このうち，選択率が高い対象は子どもと夫である。表8-2に明らかなとおり，8項目中の4項目（「①私が一緒に行動して楽しい人」「②私が安心して一緒にいることができる人」「⑥私のことを必要としている人」「⑧私がその人のためならできるだけのことをしてあげたいと思う人」）において，母親たちの50％弱から90％弱が，子どもと夫を選択している。他の対象が選択されている比率をみると，「①私が一緒に行動して楽しい人」「③私が満ち足りた会話をするこ

表8-2　情緒的・精神的な絆をもとめ得る相手として選ばれた対象——全調査対象——

選ばれた対象	①私が一緒に行動して楽しい人は	②私が安心して一緒にいることができる人は	③私が満ち足りた会話をすることができる人は	④つらいとき、困ったとき、私が相談する人は	⑤私が自分の考えや意見を率直に交わし合える人は	⑥私のことを必要としている人は	⑦私が心から信じている人は	⑧私がその人のためならできるだけのことをしてあげたいと思う人は
子ども	112 (64.0)	81 (46.3)	16 (9.1)	4 (2.3)	8 (4.6)	155 (88.6)	62 (35.4)	137 (78.3)
夫	91 (52.0)	157 (89.7)	105 (60.0)	134 (76.6)	123 (70.3)	144 (82.3)	133 (76.0)	116 (66.3)
親	14 (8.0)	17 (9.7)	20 (11.4)	30 (17.1)	13 (7.4)	18 (10.3)	28 (16.0)	50 (28.6)
きょうだい	16 (9.1)	12 (6.9)	19 (10.9)	28 (16.0)	26 (14.9)	2 (1.1)	11 (6.3)	16 (9.1)
学生時代の友人	63 (36.0)	13 (7.4)	49 (28.0)	31 (17.7)	53 (30.3)	4 (2.3)	12 (6.9)	17 (9.7)
近所の人	29 (16.0)	3 (1.7)	10 (5.7)	6 (3.4)	7 (4.0)	1 (0.6)	1 (0.6)	3 (1.7)
仕事やサークル等の仲間	11 (6.3)	3 (1.7)	8 (4.6)	4 (2.3)	6 (3.4)	3 (1.7)	5 (2.9)	1 (0.6)
該当者なし	6 (3.4)	5 (2.9)	21 (12.0)	7 (4.0)	10 (5.7)	7 (4.0)	22 (12.6)	7 (4.0)

注）数字は人数，（　）内はパーセンテイジ。

とができる人」「⑤私が自分の考えや意見を率直に交わし合える人」の3項目で，学生時代の友人が選ばれている比率が30%前後，「⑧私がその人のためならできるだけのことをしてあげたいと思う人」として，親が選ばれている比率が28.6%であるほかは，親・きょうだい・学生時代の友人・近所の人・仕事やサークル等の仲間が選択される比率は，いずれも10%台あるいはそれ以下である。

以上の結果から，母親の対人関係においては，子どもと夫はほかの対象にく

らべて重要な位置を占めているといえる。

ところで，その子どもと夫が母親の対人関係のなかで果たしている機能には，次のような共通点および相違点がみられる。

まず，「⑥私のことを必要としている人」としては，80％以上の母親たちが子どもと夫を選択していることで共通している。次いで，「⑧私がその人のためならできるだけのことをしてあげたいと思う人」としては，子どもが78.3％，夫が66.3％，「①私が一緒に行動して楽しい人」としては，子どもが64.0％，夫が52.0％となっている。上記の3項目では，子どもも夫もともに高い被選択率を示していることで共通しているが，項目⑧と①の2項目では，子どもの被選択率が夫の被選択率よりも12％ほど高いことが示されている。

一方，「②私が安心して一緒にいることができる人」「③私が満ち足りた会話をすることができる人」「④つらいとき，困ったとき，私が相談する人」「⑤私が自分の考えや意見を率直に交わし合える人」「⑦私が心から信じている人」の5項目においては，夫の被選択率は60.0％から89.7％におよび，子どもの被選択率（2.3％～46.3％）にくらべて大きな差が示されている。

以上の結果から，母親にとっては，子どもも夫も，行動を共にし，彼らのために役立ちたいと思う対象であることでは共通しているといえる。とくに子どもに対して，この感情はやや強くなる傾向がみられる。一方，夫はそのほかに，満ち足りた会話や意見・考えの交流および相談の相手として，他の対象とは比較にならない程の重要性を有しており，夫の存在が母親の精神的な支えとして重要な機能を果たしていることが明らかである。

2）母親の加齢にともなう対人関係の構成要因の変化

母親の対人関係は，母親自身の加齢および子どもの成長とともに変化することが予想される。とりわけ，第1子の成長は母親としての対人行動を規定する重要な要因の一つと考えられる。

表8-3は，第1子の年齢別に母親を3群に分類し，その3群について8項目への回答結果を比較したものである。また，図8-1は，8項目のうち，とくに顕著な群差がみられたものについて図示したものである。

なお，3群の分類は次のとおりである。

第8章 研究Ⅳ：母親の対人関係と子どもへのかかわり方との関連性について　179

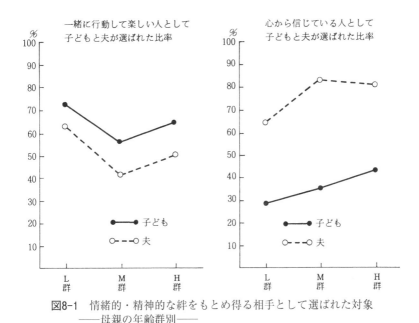

群	人数	第1子の年齢	母親の平均年齢(SD)
L群 (Low群)	65	6〜9歳 (小学校低学年)	33.6歳 (2.7)
M群 (Middle群)	69	11〜12歳 (小学校高学年)	37.2歳 (3.4)
H群 (High群)	41	13〜18歳 (中学・高校生)	40.9歳 (3.3)

図8-1　情緒的・精神的な絆をもとめ得る相手として選ばれた対象
――母親の年齢群別――

　加齢にともなう母親の対人関係の変化として，表8-3から次の諸点が指摘し得るであろう。
　まず，子どもと夫に関しては，「①私が一緒に行動して楽しい人」として選ばれる比率は，母親の年齢が高くなるほど小さくなることがみられる。Bartholomew傾向検定の結果，とくに夫に関してその傾向は有意であった（図8-1，子ども：$\bar{x}_3^2 = 3.098$, $-p_{12} = .43$, $p < .10$，夫：$\bar{x}_3^2 = 5.083$, $-p_{12} = .43$, $p < .05$）。
　また，「⑦私が心から信じている人」として子どもや夫が選ばれる比率は，母親の年齢が高くなるほど大きくなる傾向がみられる。この傾向は統計的に有意

表8-3 情緒的・精神的な絆をもとめ得る相手として

年齢群 項目 選ばれた対象	L群 (n=65)								① 私が一緒に行動して楽しい人は	② 私が安心して一緒にいることができる人は
	① 私が一緒に行動して楽しい人は	② 私が安心して一緒にいることができる人は	③ 私が満ち足りた会話をすることができる人は	④ つらいとき、困ったとき、私が相談する人は	⑤ 私が自分の考えや意見を率直に交わし合える人は	⑥ 私のことを必要としている人は	⑦ 私が心から信じている人は	⑧ 私がその人のためならできるだけのことをしてあげたいと思う人は		
子ども	47 (72.3)	29 (44.6)	4 (6.2)	0	0	59 (90.8)	19 (29.2)	52 (80.0)	39 (56.5)	34 (49.3)
夫	41 (63.1)	59 (90.8)	36 (55.4)	50 (76.9)	48 (73.8)	60 (92.3)	43 (66.2)	36 (55.4)	29 (42.0)	63 (91.3)
親	8 (12.3)	4 (6.2)	10 (15.4)	14 (21.5)	9 (13.8)	6 (9.2)	9 (13.8)	16 (24.6)	4 (5.8)	9 (13.0)
きょうだい	4 (6.2)	2 (3.1)	7 (10.8)	13 (20.0)	7 (10.8)	1 (1.5)	4 (6.2)	4 (6.2)	8 (11.6)	7 (10.1)
学生時代の友人	21 (32.3)	5 (7.7)	16 (24.6)	7 (10.8)	18 (27.7)	3 (4.6)	3 (4.6)	5 (7.7)	25 (36.2)	5 (7.2)
近所の人	11 (16.9)	0	4 (6.2)	1 (1.5)	2 (3.1)	0	0	0	10 (14.5)	3 (4.3)
仕事やサークル等の仲間	3 (4.6)	1 (1.5)	3 (4.6)	1 (1.5)	2 (3.1)	1 (1.5)	1 (1.5)	1 (1.5)	6 (8.7)	0
該当者なし	3 (4.6)	2 (3.1)	11 (16.9)	1 (1.5)	4 (6.2)	2 (3.1)	10 (15.4)	3 (4.6)	2 (2.9)	0

注) 数字は人数, ( )内はパーセンテイジ。

選ばれた対象——母親の年齢群別——

	M 群 ($n=69$)						H 群 ($n=41$)						
	③ 私が満ち足りた会話をすることができる人は	④ つらいとき、困ったとき、私が相談する人は	⑤ 私が自分の考えや意見を率直に交わし合える人は	⑥ 私のことを必要としている人は	⑦ 私が心から信じている人は	⑧ 私がその人のためならできるだけのことをしてあげたいと思う人は	① 私が一緒に行動して楽しい人は	② 私が安心して一緒にいることができる人は	③ 私が満ち足りた会話をすることができる人は	④ つらいとき、困ったとき、私が相談する人は	⑤ 私が自分の考えや意見を率直に交わし合える人は	⑥ 私のことを必要としている人は	⑦ 私が心から信じている人は	⑧ 私がその人のためならできるだけのことをしてあげたい
	5 (7.2)	0	4 (5.8)	59 (85.5)	25 (36.2)	57 (82.6)	26 (63.4)	18 (43.9)	7 (17.1)	4 (9.8)	4 (9.8)	37 (90.2)	18 (43.9)	28 (68.3)
	43 (62.3)	54 (78.3)	49 (71.0)	54 (78.3)	57 (82.6)	52 (75.4)	21 (51.2)	35 (85.4)	26 (63.4)	30 (73.2)	26 (63.4)	30 (73.2)	33 (80.5)	28 (68.3)
	6 (8.7)	11 (15.9)	2 (2.9)	8 (11.6)	14 (20.3)	23 (33.3)	2 (4.9)	4 (9.8)	4 (9.8)	5 (12.2)	2 (4.9)	4 (9.8)	5 (12.2)	11 (26.8)
	9 (13.0)	10 (14.5)	15 (21.7)	1 (1.4)	6 (8.7)	8 (11.6)	4 (9.9)	3 (7.3)	3 (7.3)	5 (12.2)	4 (9.8)	0	1 (2.4)	4 (9.8)
	21 (30.4)	14 (20.3)	24 (34.8)	1 (1.4)	6 (8.7)	8 (11.6)	18 (43.9)	3 (7.3)	12 (29.3)	10 (24.4)	11 (26.8)	0	3 (7.3)	4 (9.8)
	3 (4.3)	5 (7.2)	5 (7.2)	1 (1.4)	1 (1.4)	3 (4.3)	8 (19.5)	0	3 (7.3)	0	0	0	0	0
	2 (2.9)	0	0	1 (1.4)	2 (2.9)	0	2 (4.9)	2 (4.9)	3 (7.3)	3 (7.3)	4 (9.8)	1 (2.4)	2 (4.9)	0
	5 (7.2)	2 (2.9)	2 (2.9)	2 (2.9)	5 (7.2)	4 (5.8)	1 (2.4)	3 (7.3)	5 (12.2)	4 (9.8)	4 (9.8)	3 (7.3)	7 (17.1)	0

ではないが，それに近いものといえる（図8-1）。さらに，「③私が満ち足りた会話をすることができる人」「⑤私が自分の考えや意見を率直に交わし合える人」として子どもが選ばれる比率は，母親の年齢とともに高くなる傾向が示されている（③L群：6.2％，M群：7.2％，H群：17.1％，⑤L群：0.0％，M群：5.8％，H群：9.8％）。

次に，学生時代の友人に関しては，「①私が一緒に行動して楽しい人」「④つらいとき，困ったとき，私が相談する人」として選ばれる比率は，母親の年齢が高くなるほど大きくなる傾向がみられる（①L群：32.3％，M群：36.2％，H群：43.9％，④L群：10.8％，M群：20.3％，H群：24.4％）。

1) 対人関係の構成要因のところで述べたとおり，夫は母親の精神的な支えとして重要な機能を果たしていたが，母親の年齢群別に検討した結果，夫の存在の重要性は母親の加齢とともに増加していることが明らかである。一方，子どもは夫にくらべて，母親を精神的に支える機能は小さいが，子どもは成長とともに母親を精神的に支える機能を徐々に増加させている傾向が示されている。さらに，学生時代の友人に関しては，母親の加齢とともに選ばれる比率が上昇しているが，これは子どもの成長にともなって，母親自身の対人関係が家族以外の対象へと拡張されていく傾向を示すものと考えられる。

3) 対人関係の枠組

項目①～⑧において選択された対象が，それぞれの母親の対人関係のなかで占める位置を検討することによって，対人関係の枠組を決定する。

具体的には，8項目中4項目以上，同一対象が選ばれているとき，その対象はその母親の対人関係のなかの中心的構成要因とし，4項目未満のときは周辺的構成要因とする。

表8-4は，子ども・夫・学生時代の友人・近所の人・仕事やサークル等の仲間，について，8項目中何項目において選ばれているかを示したものである。なお，ここでは，学生時代の友人・近所の人・仕事やサークル等の仲間は，子ども・夫という「Family Agent（以下F・Aと記す）」に対するものとして，「Social Agent（以下S・Aと記す）」として一つにまとめてあつかっている。また，親・きょうだいは調査対象によっては存在しない場合がみられるため，集計から除外した。

第8章 研究Ⅳ：母親の対人関係と子どもへのかかわり方との関連性について 183

表8-4 情緒的・精神的な絆をもとめ得る相手として
各対象が選ばれた項目数——全調査対象——

各対象が選ばれた項目数	対象											
	F・A								S・A			
	子ども				夫							
	人数	%	累積比率		人数	%	累積比率		人数	%	累積比率	
			↓	↑			↓	↑			↓	↑
8	1	6	6	97.2	52	29.7	29.7	98.9	2	1.1	1.1	72.0
7	3	1.7	2.3	96.6	36	20.6	50.3	69.2	3	1.7	2.9	70.9
6	8	4.6	6.9	94.9	22	12.6	62.9	48.6	6	3.4	6.3	69.1
5	26	14.9	21.8	90.3	14	8.0	70.9	36.0	7	4.0	10.3	65.7
4	45	25.7	47.5	75.4	21	12.0	82.9	28.0	20	11.4	21.7	61.7
3	46	26.3	73.8	49.7	11	6.3	89.2	16.0	16	9.1	30.9	50.3
2	30	17.1	90.9	23.4	14	8.0	97.2	9.7	27	15.4	46.3	41.1
1	11	6.3	97.2	6.3	3	1.7	98.9	1.7	45	25.7	72.0	25.7
0	3	1.7	98.9		0		98.9		47	26.9	98.9	
N・A	2	1.1	100.0		2	1.1	100.0		2	1.1	100.0	
計	175				175				175			

注) 累積比率(↑)は周辺的構成要因の比率をもとめるためのものである。したがって選択項目数0は除き，1以上のものから累積比率を算出した。

表8-4に基づいて，子ども，夫，S・Aの位置づけをみると次のとおりである。
　まず，子どもを中心的構成要因としている人は47.5％，周辺的構成要因としている人は49.7％である。夫を中心的構成要因としている人は82.9％，周辺的構成要因としている人は16.0％である。S・Aを中心的構成要因としている人は21.7％，周辺的構成要因としている人は50.3％である。
　中心的構成要因と周辺的構成要因の両方を合わせると，調査対象のほとんど全員が子どもと夫を対人関係の構成要因としている。子どもを構成要因に含まない人は1.7％にすぎず，夫に関しては皆無である。しかしながら，その位置づけが中心か周辺かになると，上述のとおり子どもと夫とのあいだに大きな差がみられる。調査対象の大半が夫を中心的な構成要因としており，とくに8項目のすべてについて夫を選択している人が29.7％いることが注目される。8項目の内容が情緒的な絆と精神的な支えをもとめ得る他者を意味しているもので

あったが，とくにそのうちの4項目（項目③④⑤⑦）が，意見や考えを率直に交わし，満ち足りた会話をなし得る相手，そして，信頼ができ，つらいとき困ったときの相談相手というように，精神的な寄りどころとしての機能をもとめるものである。子どもを中心的構成要因とする人の比率が夫の場合の約半数であるのは，この4項目においては子どもの存在が該当しにくかったためと考えられる。この傾向は，表8-2にも示されていたことである。

一方，S・Aが母親の対人関係のなかで中心的構成要因となっている人は少なく，むしろ，周辺的構成要因として位置している人が半数近い。しかしながら，S・Aが8項目中1項目においても選択されず，対人関係の構成要因にS・Aを含まない人が26.9％いることが，子どもや夫の場合と異なるものとして注目される。

4) 対人関係の枠組と母親の属性との関連性

上記3）において述べたとおり，夫が対人関係のなかで重要な位置を占めていることは，調査対象の大半に共通した傾向であった。一方，子どもとS・Aに関しては，情緒的・精神的絆をもとめ得る対象として選択される項目数に分布がみられ，子どもとS・Aは対人関係の構成要因としてどこに位置づけられるかは，調査対象によって異なることが示されていた。したがって，ここでは子どもとS・Aが母親の対人関係に占める位置の違いが，母親の属性の別によってどのように異なるかを検討することとする。

表8-5は，子どもとS・Aが母親の対人関係のなかで占める位置について，母親の年齢・学歴・就業の有無の別にその結果を示したものである。

まず，子どもの位置づけについては，母親の学歴や就業の有無の別による顕著な違いはみられない。一方，母親の年齢群別にみると，子どもの位置づけに差があることが示されている（$x^2=12.420, p<.05$）。第1子の年齢が小学校低・高学年のL群とM群では，子どもを中心的構成要因とする人と周辺的構成要因とする人が約半数ずつに分かれているが，周辺的構成要因とする人のほうが若干多い。しかし，第1子の年齢が中学・高校生のH群では，周辺的構成要因とする人は36.6％に減少し，逆に，中心的構成要因とする人が56.1％と増加している。また，H群では子どもを構成要因にまったく含まない人が7.3％おり，L群やM群にはみられない傾向である。子どもの年齢が低いときは，対人関

表8-5 母親の属性別にみた子どもとS・Aの位置づけの違いについて

——母親の年齢群別——

年齢群	子どもの位置づけ				S・Aの位置づけ			
	中心	周辺	含まず	N・A	中心	周辺	含まず	N・A
L 群($n=65$)	29(44.6)	34(52.3)	0	2(3.1)	8(12.3)	31(47.7)	24(36.9)	2(3.1)
M 群($n=69$)	31(44.9)	38(55.1)	0		17(24.6)	37(53.6)	15(21.7)	0
H 群($n=41$)	23(56.1)	15(36.6)	3(7.3)	0	8(19.5)	24(58.5)	9(22.0)	0

——母親の学歴別——

学歴	子どもの位置づけ				S・Aの位置づけ			
	中心	周辺	含まず	N・A	中心	周辺	含まず	N・A
中学卒($n=20$)	8(40.0)	12(60.0)	0	0	3(15.0)	11(55.0)	6(30.0)	0
高校卒($n=93$)	43(46.2)	48(51.6)	1(1.1)	1(1.1)	15(16.1)	50(53.8)	27(29.0)	1(1.1)
短大卒($n=35$)	19(54.3)	14(40.0)	2(5.7)	0	10(28.6)	14(40.0)	11(31.4)	0
大学卒以上($n=25$)	11(44.0)	13(52.0)	0	1(4.0)	5(20.0)	16(64.0)	3(12.0)	1(4.0)
N・A($n=2$)	2	0	0	0	0	1	1	0

——母親の就業状況別——

就業状況	子どもの位置づけ				S・Aの位置づけ			
	中心	周辺	含まず	N・A	中心	周辺	含まず	N・A
有職($n=41$)	20(48.8)	20(48.8)	0	1(2.4)	5(12.2)	30(73.2)	5(12.2)	1(2.4)
無職($n=131$)	63(48.1)	65(49.6)	3(2.3)	0	28(21.9)	60(45.8)	43(33.6)	0
N・A($n=3$)	0	2	0	1	0	2	0	1

注）数字は人数，（ ）内はパーセンテイジ。

係の中心か周辺かの違いはあるが，ほとんど全員の母親が子どもを自身の対人関係の構成要因に含んでいることでは共通している．しかし，子どもが成長するとともに，精神的な支えとしての機能を子どもにもとめる母親が増加する反面，子どもを対人関係の枠組に含まない母親も存在することがみられる．

次に，S・Aに関しては，まず母親の年齢群別にみると，統計的に有意ではないが，第1子の年齢が低いL群にS・Aを含まない人が多く，第1子の年齢が高くなるM群，H群では，逆に，S・Aを中心か周辺かのいずれかに含む

人の比率が増加している。就業の有無の別では,無職（専業主婦）の母親の21.9％がS・Aを中心的構成要因としており,有職の母親の12.2％を上回っているが,一方,無職の母親にはS・Aをまったく含まない人も33.6％おり,有職の母親の12.2％に比べて高い比率を示している。有職の母親はS・Aを中心的構成要因とする人は少ないが,しかし,周辺的構成要因とする人が多く73.2％を占めている。就業の有無の別による上記の差は,統計的に有意である（$x^2 = 11.573, p < .01$）。学歴の違いに関しては,統計的に有意ではないが,高学歴になるにつれてS・Aを中心的構成要因に含む人が多く,逆に,S・Aを対人関係の枠組に含まない人は低学歴の母親に多い傾向が示されている。

以上のことから,母親の対人関係のなかで占める子どもとS・Aの位置づけは,母親の属性との関連のもとに変化する傾向があるといえるであろう。とくに子どもの位置づけに関しては,母親の加齢にともなう差異が示されていたが,そこには,子どもが成長とともに母親を精神的に支える機能を発達させていることが考察される。一方,S・Aに関しては,母親の年齢・就業の有無・学歴の違いによって,対人関係に占める位置が異なる傾向が示されていた。S・Aを対人関係の枠組に含むか否かは,母親自身の生活史や生活形態がより端的に反映すると考えられる。有職者や高学歴の母親においてS・Aが対人関係の枠組に含まれる比率が高いことは,そこに彼女たちの生活空間や行動範囲の広がりを推察することができる。

§3 対人関係の枠組と母親感情との関連性

1） 母親感情を測定した25項目の因子分析の結果

ここでは,第2項で検討した母親の対人関係の枠組のあり方によって,子どもに対する母親としての感情にどのような違いがみられるかについて検討を行なう。

まず,母親としての感情を測定した25項目への評定値を因子分析（主軸法により因子を抽出した後,Varimax 回転を行なった）した結果から述べる。25項目の因子分析から3因子が抽出されたが,因子分析の結果については,表8-6に示すとおりである。

抽出された3因子について,それぞれ高い負荷量（.400以上―小数点以下第

表8-6　母親感情に関する25項目の因子分析の結果

項目 \ 因子	第Ⅰ因子	第Ⅱ因子	第Ⅲ因子	h^2
1) わが子が赤ちゃんだった頃がたまらなく懐しい	.456	.140	-.353	.352
2) 子どものことにとなるとわれ知らず夢中になってしまう	.487	.203	-.306	.372
3) 自分が本当に子どもにとって望ましい母親かどうか考えることがある	.463	.262	.209	.327
4) できることならもう一度子どもを産んでみたい	.243	-.045	-.015	.061
5) 母親であるということが今の自分のすべてになっている	.615	-.163	-.127	.421
6) 成長したわが子をみていると、自分が産んだ子というよりは何か別の人間という感じがする	.001	.523	.161	.299
7) 子どもが乳飲み子の頃をみていると、母親としてではいちばん張りがある	.314	.364	-.382	.377
8) わが子をみていると、まだまだ母親の私が手がかかるが、これからが私の人生だと思う	.606	-.025	.016	.368
9) 子どもに手がかからなくなったので、これから手のかからないのでしょぼくなってきた	-.221	.458	-.118	.272
10) 最近子どもが急に大人っぽくなってきた	.138	.017	-.621	.405
11) 子どもの教育や将来のためなら、どんなことでもするつもりでいる	.637	.026	-.079	.413
12) わが子といえども自分の思い通りにいかないことも多いのだと思う	.362	.449	.146	.354
13) いざ子どもに手がかからなくなると、手もちぶたさで心の中にポッカリ穴があいたようである	.164	.167	-.695	.538
14) わが子をみていると、お腹を痛めた自分の子だという感慨がわいてくる	.413	-.107	-.403	.344
15) 最近私はどことなく体の調子が悪い	-.126	-.183	-.370	.186
16) 何といっても子どもにはいちばん良いのである	.591	-.137	-.101	.278
17) 親の期待や思惑にとらわれず、のびのびした子どもに送らせたい	-.027	.409	.086	.175
18) 最近自分は一人ぼっちがふえると思うことが多い	-.142	-.086	-.719	.545
19) わが子が小さいうちは、母親は家庭にいて子どものそばにいてやるべきである	.509	.145	-.211	.325
20) わが子の性格や能力を考えると、それぞれ自分とは違った個性があると思う	.056	.397	.338	.275
21) 何かしたいと思っても、どうしてそれをしたいものがない	.079	-.086	-.512	.276
22) 子どもに対しては、親というよりは共に生活している仲間している気持ちが強い	-.337	.416	-.034	.130
23) 親が子どものためと思ってすることが、はたして本当に子どものためになっているのか疑問である	.141	.596	-.052	.288
24) 母親が子どものことを考えるほどには、子どもは母親のことを考えないのである	.007	.505	-.280	.378
25) 子どもをもってみて女性として生まれてきて良かったと思う	.436	.045	.060	.334
固　有　値	3.343	2.215	2.701	
対　分　散				
寄　与　率	40.5	26.8	32.7	

3位四捨五入）を示した項目に基づいて解釈を行なう。

　第Ⅰ因子に高い負荷量を示した項目は，1）わが子が赤ちゃんだった頃がたまらなく懐かしい（.456），2）子どものこととなるとわれ知らず夢中になってしまう（.487），3）自分が本当に子どもにとって望ましい母親かどうか考えることがある（.463），5）母親であるということが今の自分のすべてになっている（.615），8）わが子をみていると，まだまだ母親の私がそばにいてやらねばと思う（.606），11）子どもの教育や将来のためなら，どんなことでもするつもりでいる（.637），14）わが子をみていると，お腹を痛めた自分の子だという感慨がわいてくる（.413），16）何といっても子どもには産みの母親がいちばん良いのである（.591），19）子どもが小さいうちは，母親は家庭にいて子どものそばにいてやるべきである（.509），25）子どもをもってみると女性として生まれてきて良かったと思う（.436），の10項目である。以上の10項目は，母親としての役割を肯定的に評価し，子どもに献身的にかかわると同時に，子どもに密着する傾向を示すものと解釈される。したがって，第Ⅰ因子を「子どもへの献身と密着」と命名する。

　第Ⅱ因子に高い負荷量を示した項目は，6）成長したわが子をみていると，自分が産んだ子というよりは，何か別の一人の人間という感じがする（.523），9）子どもに手がかからなくなったので，これからが私の人生だと思う（.458），12）わが子といえども自分の思いどおりにいかないことも多いものだと思う（.449），17）親の期待や思惑にとらわれず，のびのびした人生を子どもに送らせたい（.409），20）わが子の性格や能力を考えると，それぞれ自分とは違った個性があると思う（.397），22）子どもに対しては，親というよりは共に生活している仲間という気持ちが強い（.416），23）親が子どものためと思ってすることが，はたして本当に子どものためになっているのか疑問である（.596），24）母親が子どものことを考えるほどには，子どもは母親のことを考えないものである（.505），の8項目である。以上の8項目は，子どもを母親の自分とは別個の独立した人格をもった存在として認識し，わが子に客観的にかかわることを志向しているものと解釈される。したがって，第Ⅱ因子は「子どもの人格の独立性の意識」と命名する。

　第Ⅲ因子に高い負荷量を示した項目は，10）最近子どもが急に大人っぽくなって寂しい（－.621），13）いざ子どもに手がかからなくなると，手もちぶさた

で心の中にポッカリ穴があいたようである（−.695），14）わが子をみていると，お腹を痛めた自分の子だという感慨がわいてくる（−.403），18）最近自分は一人ぼっちだなあと思うことが多い（−.719），21）何かしたいと思っても，どうしてもこれをしたいというものがない（−.512），の5項目である。なお，負荷量の絶対値が.400未満であるが，それに近いものとして次の3項目がある。1)わが子が赤ちゃんだった頃がたまらなく懐かしい（−.353），7)子どもが乳飲み子の頃のほうが手はかかるが，母親としてはいちばん張りがある（−.382），15)最近私はどことなく体の調子が悪い（−.370）。以上の項目は，子どもに対して乳児期のようにかかわり密着したいという気持ちをもちながら，子どもの成長のためにその欲求が充たされず，寂しさや疎外感を味わっていることを示すものと解釈される。したがって，第Ⅲ因子は「子どもの成長に対する寂しさ」と命名する。

　第2節第1項の調査内容で述べたとおり，母親感情のタイプとして当初3つのものを仮定した。上記の因子分析の結果と照合すると，A) 子どもに献身的にかかわり，密着化する感情は第Ⅰ因子として，B) 子どもに対してその人格性，独立性を認識し，客観的にかかわろうとする感情は第Ⅱ因子として，C) 子どもの成長に寂しさを抱き，育児空白による疎外感を味わっている感情は第Ⅲ因子として，それぞれ確認された。ただし，項目3)は当初B) の構成項目と仮定したが，因子分析の結果は第Ⅰ因子の構成項目に，項目24)は当初C) の構成項目と仮定したが，因子分析の結果は第Ⅱ因子の構成項目となった点が，当初の仮定と異なるところである。

2）対人関係の枠組別にみた母親感情について

　表8-7は，対人関係の枠組のタイプ別に，母親感情の3つの因子の因子得点を示したものである。

　対人関係の枠組のタイプは，第3節第2項で分析した結果に基づき，子ども，夫，S・Aがそれぞれの母親の対人関係の構成要因として含まれているか否か，含まれている場合はその位置づけが中心か周辺か，によって分類した。その結果は表8-7に示したとおり，A〜Oの15タイプに分類された。

　A〜Oの15タイプについて，誰を中心的構成要因としているかをみると，夫が単独で中心的構成要因となっているもの（D群・E群）がもっとも多く，

表8-7 対人関係の枠組別にみた母親感情について

群	子ども	夫	S・A	人数	第Ⅰ因子得点 MEAN	SD	第Ⅱ因子得点 MEAN	SD	第Ⅲ因子得点 MEAN	SD
A	●	●	／	21	.244	.62	-.074	.48	.048	.56
B	●	●	○	35	-.067	.50	-.024	.52	-.003	.46
C	●	●	●	18	-.069	.38	-.132	.29	.046	.42
D	○	●	／	20	.098	.33	.001	.41	-.047	.41
E	○	●	○	41	.042	.53	.020	.48	-.021	.50
F	○	●	●	9	-.205	.43	-.290	.39	.406	.33
G	●	○	／	2	.090	.83	.143	1.16	-.409	.13
H	●	○	○	4	.353	.58	-.090	.17	-.429	.42
I	●	○	●	3	-.110	.34	.082	.84	-.043	.87
J	○	○	／	4	-.296	.77	.348	.39	.082	.16
K	○	○	○	7	-.284	.42	.083	.44	.052	.69
L	○	○	●	6	-.445	.39	-.132	.55	-.014	.34
M	／	○	○	1	-.172		-.247		-.170	
N	／	○	●	1	-.972		-.104		-.181	
O	／	●	●	1	-.147		.504		.123	

注）各対象の位置づけ：● 中心的構成要因　○ 周辺的構成要因　／ 含まれず

全体の34.9％（61人）である。次いで，子どもと夫の両者を中心的構成要因とするもの（A群・B群）が32.0％（56人），子どもと夫とS・Aの三者をともに中心的構成要因とするもの（C群）が10.3％（18人），夫とS・Aを中心的構成要因とするもの（F群・O群）が5.7％（10人）である。以上のA・B・C・D・E・Fの6群は全体の82.3％を占め，対人関係の枠組の15タイプのうちの主要なものと考えられる。したがって，この6群について以下，母親感情の比較を行なうこととする（O群は該当者が1人のため，分析対象から除外した）。

ところで，A・B・C・D・E・Fの6群のうち，A群，B群，C群は，子どもと夫が中心的構成要因であることで共通しており，S・Aの位置づけが異な

ることで比較し得る3群である．A群はS・Aを対人関係の枠組に含まず，B群は周辺的構成要因，C群は中心的構成要因としている．また，D・E・Fの3群をA・B・Cの3群と比較すると，D群はA群と，E群はB群と，F群はC群と，それぞれ夫とS・Aの位置づけは同じであり，子どもの位置づけが中心か周辺かで比較し得る群である．A・B・Cの3群は子どもが中心的構成要因であるのに対し，D・E・Fの3群は子どもが周辺的構成要因となっている．

図8-2は，A・B・C・D・E・Fの6群の3つの因子得点を図示したものである．表8-7および図8-2を基に，以下，母親の対人関係の枠組の6つのタイプ別に母親感情の違いをみていくこととする．

まず，第Ⅰ因子得点についてみると，対人関係の枠組にS・Aが含まれているか否かで違いがみられる．A・B・Cの3群に関しては，S・Aを対人関係の枠組に含まないA群において第Ⅰ因子得点がもっとも大きく，S・Aを周辺的構成要因または中心的構成要因に含むB群，C群と，有意差または有意に近い差を示している（A群 vs.B群：$t=2.021$, $p<.05$, A群 vs.C群：$t=1.816$, $p<.10$）．このA・B・Cの3群においてみられた傾向は，ほぼ類似したものをD・E・Fの3群にもみることができる．D・E・Fの3群は，夫を中心的構成要因とし，子どもは周辺的構成要因となっている点がA・B・Cの3群と異なるが，第Ⅰ因子得点は，S・Aを対人関係の枠組に含まないD群においてもっとも大きく，とくにS・Aを中心的構成要因としているF群とのあいだに有意に近い差を示している（D群 vs.F群：$t=2.008$, $p<.10$）．

第Ⅰ因子は，母親としての役割を肯定的に評価し，子どもに献身的にかかわると同時に，子どもに密着化しようとする感情傾向を示すものである．そして，この感情は上記の結果にみるとおり，対人関係の枠組が子どもと夫というF・Aだけで構成されている母親たちにとくに強いといえる．

次に，第Ⅱ因子得点についてみると，A・B・Cの3群のうちではB群の，D・E・Fの3群のうちではE群の因子得点がもっとも大きい．このB群とE群は，いずれもS・Aが周辺的構成要因となっているものである．一方，第Ⅱ因子得点がもっとも小さいのは，A・B・Cの3群のうちではC群，D・E・Fの3群のうちではF群であり，両群ともS・Aが中心的構成要因である．

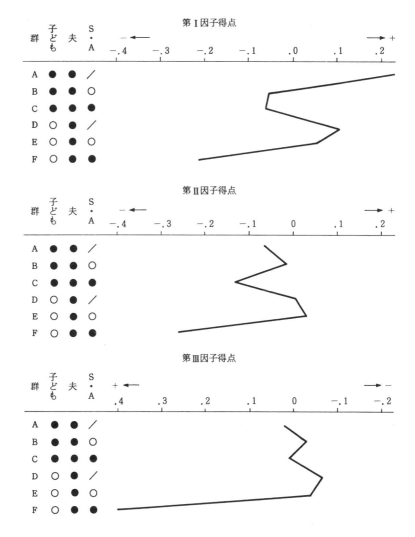

注) 対象の位置づけ：●中心的構成要因, ○周辺的構成要因, ／含まれず

図8-2　対人関係の枠組別にみた母親感情について

第Ⅱ因子得点は，S・Aの位置づけが中心か周辺かで異なる傾向がみられるが，その影響は，子どもと夫の両者を中心的構成要因とするA・B・Cの3群よりは，むしろ，夫は中心的構成要因であるが，子どもは周辺的構成要因とされているD・E・Fの3群においてとくに顕著である。S・Aを中心的構成要因とするF群の第Ⅱ因子得点は，S・Aを周辺的構成要因とするE群のそれにくらべて小さい傾向がみられ（F群 vs.E群：$t=1.745$, $p<.10$），また，S・Aを対人関係の枠組に含まないD群にくらべても有意ではないが傾向として小さいことがみられる（F群 vs.D群：$t=1.738$, $p<.10$）。

　第Ⅱ因子は，子どもを自分とは別個の独立した人格をもつ存在として認識し，わが子に客観的にかかわろうとする感情傾向を示すものである。この感情は，対人関係が子どもと夫のF・Aのみを構成要因とする狭い枠組の母親よりは，S・Aを含んでその対人関係に広がりのある母親において，より強いことが想定されるが，上記の結果においても，S・Aを周辺的構成要因としている母親に，子どもへの客観的なかかわりを志向する感情がもっとも活発なことが得られている。

　しかし，S・Aを中心的構成要因としている母親では，S・Aを対人関係の枠組にまったく含まない母親にくらべて，子どもの人格の独立性を認識する感情はさらに弱いことが注目される。このことは，子どもの位置づけが中心か周辺かを問わず共通してみられているが，とくに子どもを周辺的構成要因に位置づけているF群において顕著であった。F群は夫とS・Aを対人関係の中心的構成要因とし，子どもを周辺的構成要因としている，いわば大人中心の対人関係を有する母親たちである。そのF群において子どもの人格の独立性を認識し，客観的にかかわろうとする感情が弱いことは，どう解釈すべきであろうか。この点については，次の第Ⅲ因子得点の結果とあわせて考察することとする。

　第Ⅲ因子は負荷量が負であるため，第Ⅰ・第Ⅱ因子と異なり，因子得点の数値が小さいほど，第Ⅲ因子の感情をより強く表わすものである。その第Ⅲ因子得点についてみると，上述の第Ⅱ因子においてみられたものと類似した傾向をみることができる。とくにD・E・Fの3群に関してS・Aの位置づけによる差が顕著なことは，第Ⅱ因子の傾向と同一である。S・Aを中心的構成要因とするF群において第Ⅲ因子得点がもっとも小さく，S・Aを周辺的構成要因と

するE群およびS・Aを対人関係の枠組に含まないD群と，それぞれ有意な差を示している（F群 vs.E群：$t=2.359, p<.05$，F群 vs.D群：$t=2.824, p<.01$）。しかし，子どもを中心的な構成要因としているA・B・Cの3群では，S・Aの位置づけの違いによる差異はとくにみられていない。

第Ⅲ因子は，子どもに対して乳児期のようにかかわり，密着したいという気持ちを抱きながら，子どもの成長のためにその欲求が充たされず，寂しさや疎外感を味わっているという感情傾向を示すものである。この第Ⅲ因子が示す感情がF群においてとくに弱いことは興味深いことである。F群において子どもの成長への寂しさが弱いことは，夫とS・Aを対人関係の中心的構成要因とし，情緒的・精神的な支えとしての機能が夫とS・Aによって充足されているためと考えられる。しかし，そのことが必ずしも子どもに密着せず，子どもの人格の独立性を認めて，客観的なかかわりをもとうとする感情を強めていないことは，第Ⅱ因子得点の結果に示されていたとおりである。

F群においては，子どもは母親にとって情緒的・精神的な支えとして中心的な位置を占めておらず，その機能はむしろ他者にもとめられている。そのF群が示した結果は，子どもの成長に寂しさを感じることが弱いと同時に，子どもへの自立的・客観的なかかわりを志向する感情も弱いというものである。子どもの成長を寂しく思うあまり，乳児期的な母子関係に執着することは，当然大きな問題がある。しかし，一方では，子どもから精神的に離れることが，必ずしも子どもの人格を認め自立的関係を維持し形成するものでもないことを，F群の結果は示していると考えられる。

4. 要約と結語

本研究は，母親が子どもに向ける感情の個人差を，母親自身の対人関係のあり方との関連性のもとに分析したものである。ここでいう対人関係とは，母親が情緒的な絆と精神的な支えをもとめ得る他者との関係を意味している。

主な結果は次のとおりである。
〈母親の対人関係のあり方に関して〉
1） 母親の対人関係のなかで，夫と子どもはともに重要な対象であることが

認められた。

2) とくに，全体の82.9％が夫を対人関係の中心的構成要因として位置づけており，このことから夫が母親の精神的な支えとして重要な機能を果たしていると考えられた。

3) 子どもに関しては，ほとんど全員が対人関係の構成要因としているが，その位置づけが中心か周辺かでは半数ずつに分かれている。母親を精神的に支えることでは，子どもは夫に次ぐ存在と認められるが，成長とともにその機能を増加させていく傾向も示されていた。

4) 友人・近所の人・仕事仲間というS・A（Social Agent）を対人関係の中心的構成要因とする人は少なく，むしろ，半数近くが周辺的構成要因として位置づけている。一方では，対人関係の枠組にS・Aをまったく含まない人も26.9％おり，夫や子どもの存在と異なることが示されていた。

5) S・Aを対人関係の枠組に含むか否か，含むときはその位置づけが中心か周辺かは，母親の学歴・就業状況・年齢の別による違いがみられた。学歴の別では高学歴の母親，就業状況の別では有職の母親，年齢別では高年齢の母親において，S・Aを対人関係の枠組に含む人が多く，中心的構成要因として位置づける人の比率も増加している。

〈母親感情に対して〉

6) 母親の子どもに対する感情は，当初仮定した3つのタイプのものが，因子分析の結果，確認された。それらは「子どもへの献身と密着」「子どもの人格の独立性の意識」「子どもの成長に対する寂しさ」と命名されるものであった。

〈対人関係の枠組と母親感情との関連性に関して〉

7) 子どもに献身的にかかわると同時に密着化しようとする感情傾向は，対人関係の枠組が子どもと夫というF・A（Family Agent）のみで構成され，S・Aを構成要因に含まない母親たちにおいてより顕著であった。

8) 子どもに対してその人格の独立性を認め，客観的にかかわることを志向する感情傾向は，S・Aの位置づけによって異なることがみられた。S・Aを周辺的構成要因として対人関係の枠組に含む母親において，この感情はもっとも顕著であった。しかし，S・Aを中心的構成要因とし，子どもは周辺的構成要因としている母親（F群）においては，この感情はもっとも弱く，対人関係

が子どもと夫だけの狭い枠組の母親よりもさらに弱いことがみられた。

9) 子どもの成長に寂しさを抱く感情傾向は，子どもを対人関係の中心的構成要因としている母親たちにおいては，S・Aの位置づけによる違いはみられない。しかし，子どもが周辺的構成要因であり，それに代るものとしてS・Aを対人関係の中心的な構成要因としている母親たち（F群）において，この感情がもっとも弱いことがみられた。

10) F群は情緒的・精神的な絆をもとめる対象として，夫とS・Aを対人関係の中心とする母親たちであり，子どもは周辺的な存在として位置づけられている。そのF群においては，子どもの成長への寂しさの感情が弱いとともに，子どもの人格の独立性を認め客観的にかかわろうとする感情も弱いことがみられた。

母親自身の対人関係のあり方に焦点を当て，その視点から母親感情を分析したところ，以上の結果が得られた。

今日，母親のあり方をめぐってさまざまな論争が展開されている。子どもに密着しすぎることの弊害が指摘される一方，もっと愛情豊かに子どもに接すべきであるともいう。また，子離れや自立という言葉のもとに，母親としての成長が安易に論じられる傾向もある。いずれも実証的な資料に基づいてというよりは，各人の解釈によるものが多いことは否定できないものと思われる。子どもの成長とともに母親自身も成長してゆくことは望ましいことであり，また必要なことである。しかし，そのためにはどのような条件が必要かをまず検討すべきであり，母親の望ましいあり方をめぐる論争だけが先行することは問題であると考える。

母親としての感情は，たんに子どもの成長にともなって一様に発達するものではない。一つには母親自身の生き方や対人関係のあり方とかかわる問題として検討し，そのなかで子どもがどのように位置づけられているかを明らかにしていくことが必要であろう。

ところで，母親が子どもにかかわりすぎることは，母子双方の子離れ，親離れを困難にする原因として批判される傾向があり，事実，多くの問題点が存在しているところでもある。これに対して，研究Ⅱ・Ⅲの結果に示されたとおり，現代の若い世代の母親（そのなかでも特に高学歴の母親）には，育児をたいせ

つとしながらも，一方では育児以外の生きがいをもとめようとする意識や育児に専念していることで世の中から遅れることを焦る意識が顕著なことがみられた。子どもとは別の自分自身の生活や生き方をもつことを試みる意識は，新しい母親のあり方として今後必要なことである。

しかし，新しい母親のあり方を模索するとき，同時に忘れてはならないことは，子どもの存在への配慮と自分自身の生活の尊重との両者をいかに調和させるかという問題である。

このことは，第7章・研究Ⅲ「母親意識の発達変容について」の要約と結語で述べたこととも関連することである。

本研究の結果，対人関係の枠組にS・Aを含まない母親たちに，子どもへの密着化傾向がもっとも強く示されていた。母親自身の生活空間が狭いことは，子どもに対するかかわり方にも弊害をもたらす危険性が考えられる。しかし，子どもよりもS・Aを対人関係の中心とするF群にみられた傾向は，子どもから精神的に離れることが，必ずしも子どもとの自立的関係を育成するものでもないことを示したといえよう。子どもの成長を自覚し，母親としての成長を獲得するためには，子どもから離れるのではなく，むしろ，精神的に真正面からかかわることの必要性が認められる。母親が自分自身の生活空間をもち，対人関係を広くもつとともに，子どもを自分自身の生活の中心的位置におくことが必要であると考えられる。

第9章　研究Ⅴ：母親の子どもに対する愛着
　　　　──夫に対する愛着との関連性について──

1. 研究目的

　本研究は，母親の子どもに対する愛着を問題とするが，しかし，それをたんに母子関係の枠内の問題として把握するのではなく，母親にとって一方の重要な存在であると想定される夫に対する愛着との関連性のもとに，その発達変容過程を検討するものである。

　Bowlby, J.［1951］のホスピタリズム研究以来，母子関係が重視され，とりわけ母子間の愛着に関する数多くの研究が行なわれてきたことは，第2章第3節で既述のとおりである。しかし，従来の研究の大半は，子どもの側の愛着を研究対象としており，母親側の愛着に関しては，いまだ検討が不充分である。したがって，母親側の愛着に関しては種々の問題点が残されているが，そのうち，筆者は次の二点を指摘することとしたい。すなわち，第一は母親の愛着として検討される内容に関してであり，第二はその愛着が向けられる対象に関してである。

　まず，第一の問題点であるが，愛着とは広義には「ある人間と他の特定の人間との間に形成される愛情のきずな」［小嶋，1980］と理解されているものである。ところで，母親の愛着が問題とされるとき，従来は子どもを養護し，その成長を援助するという側面が強調されるのが一般的である。たとえば，教育心理学新辞典［金子書房，1969］の「母性愛」の項目は，次のように記述されている。すなわち，母性愛とは「母親が子どもに対して持つ愛情で，『守り―

守られ』の一体感的関係の行動として発現する。具体的には，保護・心配・世話・いたわりや接近・接触などのことばで表現される行動様式を示す」とある。ここには，子どもは母親に守られ支えられる存在であり，母親は子どもを守り支える側にあるとの考えをみることができる。こうした見解は，母親の愛着がもっぱら乳幼児期の子どもを対象とし，その枠内でのみ論じられてきたことと無関係ではない。しかし，このように子どもは母親に守られ支えられる存在とし，他方，母親は子どもを守り支える存在として固定して考えることの妥当性については，一考を要するものと思われる。たしかに，子どもは母親に守られ支えられる存在ではあるが，保護される必要性は，発達とともに変化する可能性がある。また，発達初期においてすら，子どもは必ずしも一方向的に母親に支えられる存在ではなく，母親の側が子どもの存在を支えとし，子どもからの愛情や信頼を求める側面がある。母親の愛情に関しては，従来のように子どもを守り支える方向とともに，子どもに支えられるという方向をくわえて考察する必要性が認識されるべきである。

　さらに，上記のとおり母親の愛情に「支える―支えられる」という相互的な二方向の絆を想定するとき，その愛情が向けられる対象は，必ずしも子どもに限定されるものではないという，第二の問題点を指摘することができる。むしろ，子ども以外にも重要な意味を有する他者に対して抱き得る要求として認識し，他者に対する愛着との関連性が追究されるべきである。従来のように，対子どもに限定して母親の愛着が検討されることは，母親の愛着の一部分にのみ考察の目を向けることであり，他者に対する愛着との比較を欠くがゆえに，全体像を失することとなる危険性が懸念されるところである。

　ところで，母性を検討するうえで夫の存在に注目することは，これまでの筆者の研究知見に基づいてのことである。すなわち，第5章で述べたとおり，初妊産婦を対象として，既婚女性が母親となる過程を妊娠中から追跡した研究Ⅰ「母性発達と妊娠に対する心理的な構えとの関連性について」では，夫とのあいだに愛情ある信頼関係を有する妊産婦において，母親としての心理発達がより安定している結果が得られている。また，第8章で述べたとおり，母親自身の対人関係の枠組から母親としての感情を分析した研究Ⅳ「母親の対人関係と子どもへのかかわり方との関連性について」では，夫と子どもはそれぞれ果た

す機能に違いがあるが，しかし，母親の対人関係のなかで両者はともに重要な位置を占めていること，とくに夫は母親の精神的な支えとして中心的な位置を占めていることが明らかにされた。

　従来，子どもに対する母親の愛情は，子ども以外の他者に対する愛情とは異質なものとみなされる傾向がある。とりわけ，夫に対する妻としての愛情は，もっぱら異性愛的な視点から考えられ，そのかぎりでは女性性と母性性は相反するという指摘［篠原，1981］もある。既婚女性にとって，夫と子どもは愛着の対象として二者択一的な存在として論じられるのが一般的である。たしかに，母親としての行動と妻としての行動には，本質的に異なる要素が存在していること，さらには，子どもと夫の存在が果たす機能の違いが，母親の両者に対する愛着に差異を生じさせることは，充分考えられることである。しかし，母親にとって身近な対象の一方である子どもに対する愛着が，同じく身近な対象の他方に位置する夫に対する愛着そのものと競合し，相克するものか否かは，再検討を要する問題ではなかろうか。既婚女性が母親として子どもに対する愛着と，妻として夫に対する愛着とは，二者択一的なものとして把握すべきではなく，むしろ，両者が質的にいかに分化しているかを問題とすべきであると考える。

　以上の問題意識から，筆者は従来の愛着の定義に，とくに愛情の絆の相互性を付加することとし，具体的には「特定の他者に対して相互的な愛情の絆を得たいという要求をもつ状態」と定義する。そして，母親の対人関係のなかから，とくに夫と子どもの存在をとりあげ，妻として夫に対する愛着（以下，対夫愛着と記す）と，母親として子どもに対する愛着（以下，対子ども愛着と記す）との関連性について，以下質問紙調査法を用いて検討を行なうこととする。

2．調査内容および調査方法

§1　調査内容

　母親の愛着を対子どもと対夫で比較し，両者間の相違点，類似点を明らかにするために，対子ども愛着と対夫愛着とを，1)愛着尺度と2)SCTの2つによって測定する。具体的な測定方法は次のとおりである。

1) 愛着尺度の作成
① 予備尺度の作成

愛着尺度によって測定する愛着とは，その様式と強度とを問題とする。すなわち，母親が子どもと夫に対して，どのような仕方（様式）の愛着を，どの程度の強さ（強度）で向けているかを測定する。

愛着の様式は次の方法で決定した。

まず，高橋［1968］の依存の5つの様式を参考として24項目からなる予備尺度を作成した。その5つの様式とは，すなわち，。ともにあることをもとめる，。注意をむけてもらうことをもとめる，。助力をもとめる，。保証をもとめる，。心の支えをもとめる，である。これらの様式は当初（1968）依存の様式として提起されたものであり，後に［高橋，1980］愛着の様式と言い換えられたものである。

ところで，高橋は愛着の発達を対象の多様化と機能分化という側面から捉えているが，そこで問題とされている愛着とは，上記5つの様式に示されているとおり，いずれも相手を支えとし相手から支えられることをもとめるという方向を内容としたものである。しかし，藤永［1973］は，愛着の発達について，とくに青年期以降は，人との結びつきをもとめる傾向に相互性を考える必要性を指摘している。愛着の発達的変容は，たんに愛着の対象の多様化と対象間の機能分化の側面からのみ把握されるものではなく，自我機能の分化にともなう愛着要求の相互性を含めることが必要だという。たしかに，恋人等の愛情の対象に向ける青年期以降の愛着要求は，相互性を含むものである。愛着要求が相互性をもつことは，相手から寄せられる愛情や信頼に応え得る機能の成立をその必要条件とするものと考えられるが，それは母親としての子どもに対する愛着の重要な基礎になるものでもある。愛着要求が相手に対して支えをもとめるという一方向の要求だけを問題とされるかぎり，青年期以降に抱く愛情の対象や夫に対する愛着には，子どもを対象とした場合へと発達的な展望をもとめることが不可能になるであろう。

以上の趣旨から，本研究では，愛着要求すなわち特定の他者に対して愛情の絆をもとめようとする要求に相互性を含めて考えることとし，具体的には「相手を支えたい，愛したい」という方向と，「相手に支えてもらいたい，愛され

たい」の二方向から愛着を検討することとする。以下，前者を e 方向（expressed），後者を w 方向（wanted）と記す。

したがって，予備尺度の24項目は，上記の高橋の5つの様式のそれぞれに e 方向の項目を追加したものである。24項目中，e 方向は10項目，w 方向は14項目であり，w 項目のうちの8項目は高橋の愛着項目を用いた。24項目は，対子ども愛着尺度と対夫愛着尺度の両方において同一内容で対応しているものであり，そこで仮定した愛着の様式は，。行動，。注意，。助力，。保証，。心の支えの5つに，それぞれ e 方向と w 方向の二方向をもたせた計10の様式である。

② 愛着の様式の決定と愛着尺度の作成

上記10の様式の妥当性を検討するために，以下の分析を行なった。

幼稚園児から高校生までの各年齢段階の子どもをもつ母親304名を対象として，予備尺度への評定（4段階評定）をもとめ，その結果を因子分析した。

調査は，東京およびその近郊の幼稚園（私立），小学校（公立），中学（私立），高校（私立）に協力を依頼し，それぞれ集会の場で母親たちに調査票を配布し，記入をもとめた。調査時期は1979年6月である。

因子分析は主軸法により因子を抽出した後，Varimax 法により回転を行なったが，その結果，対子ども愛着として6因子（累積寄与率64.4％），対夫愛着として5因子（累積寄与率61.7％）が抽出された。24項目の具体的内容および因子分析の結果は，表9-1に示すとおりである。高い負荷量（.400以上）を示した項目に基づいて，各因子は次のように解釈された。

◆対子ども愛着の6因子（以下 C1～C6と記す）

C1─子どもと行動を共にしたい（項目1，2，3，4，5）
C2─子どもを理解し支えてあげたい（項目14，15，16，17，18）
C3─子どもとの一体感をもとめ，かつ共にあることを子どもからもとめられたい（項目9，10，11，12，13）
C4─子どもからの関心をもとめたい（項目6，7，8，19）
C5─子どもからの理解・支持をもとめたい（項目7，19，20，21，22）
C6─子どもに関心を示したい（項目23，24）

◆対夫愛着の5因子（以下 H1～H5と記す）

H1─夫からの理解・支持をもとめたい（項目7，19，20，21，22）

表9-1　愛着予備尺度の因子分析の結果

項目	因子	対子ども愛着尺度							対夫愛着尺度					
		C1	C2	C3	C4	C5	C6	h^2	H1	H2	H3	H4	H5	h^2
1.	～と一緒にいると楽しい	.591	-.009	-.096	-.060	.093	-.096	.380	.006	.753	.010	.030	.194	.606
2.	～がそばにいると安心する	.693	-.005	.023	-.036	.083	.113	.502	.107	.723	.031	.075	.146	.562
3.	～と一緒に外出したい	.641	.101	.066	-.225	-.064	.006	.480	-.008	.632	.061	.141	.359	.552
4.	いつまでも～とくらしたい	.597	.115	.272	.035	.068	.096	.458	.229	.627	.164	.163	-.084	.506
5.	～の身の回りの世話が楽しい	.433	.284	.279	.085	-.037	.110	.366	.046	.519	.289	.209	-.056	.402
6.	～は私の身の回りのことに関心を示してほしい	.170	.056	.149	.647	.167	-.09	.500	.190	.255	.204	.050	.632	.545
7.	私が病気のとき～に看病してほしい	.039	.132	.170	.520	.496	.148	.586	.568	.116	.303	.190	.265	.534
8.	～からきれいだといわれたい	-.071	.087	.164	.669	.152	.072	.516	.309	.148	.245	.169	.682	.670
9.	私の幸せは～しだいである	-.023	.066	.648	.119	.261	.046	.509	.385	.222	.409	.109	-.046	.378
10.	～の出世は私の出世である	-.028	.126	.601	.089	.154	-.063	.414	.297	.089	.411	.086	.140	.292
11.	～を生きるはりあいとしたい	.255	.234	.555	.063	.179	.113	.476	.147	.076	.481	.298	.337	.489
12.	私がいないと困ると～に思われたい	.174	.208	.658	.230	.091	.207	.611	.246	.155	.760	.136	.095	.690
13.	私がいないとさびしいと～に思われたい	.135	.242	.652	.223	.097	.237	.617	.222	.149	.745	.144	.271	.721
14.	～の相談相手になりたい	.099	.561	.269	.139	.275	.355	.618	.399	.156	.398	.440	.206	.578
15.	いつでも～を信じていたい	.071	.620	.115	-.024	.296	.097	.624	.290	.312	.400	.487	-.097	.587
16.	～の心の支えであいたい	.069	.726	.153	-.035	.164	.086	.591	.214	.364	.284	.593	-.058	.614
17.	～と共通の話題をもっていたい	.007	.649	.178	.206	.127	.233	.565	.354	.114	.139	.737	.299	.753
18.	～と共通の目標をもっていたい	.150	.509	.171	.236	.002	.184	.400	.302	.187	.159	.736	.204	.735
19.	～は私のみかたであってほしい	.038	.120	.334	.418	.514	.149	.588	.698	.107	.273	.187	.244	.668
20.	～は私の相談相手であってほしい	.187	.227	.288	.323	.542	.092	.575	.764	.148	.146	.226	.178	.710
21.	～は私の気持ちを理解してほしい	.013	.211	.175	.190	.564	.194	.467	.785	.043	.183	.199	.100	.701
22.	何かあっても～は私を信じてほしい	.096	.338	.265	.113	.622	.174	.624	.747	.087	.300	.296	.048	.746
23.	～が考えていることを知っていたい	.027	.296	.121	.012	.215	.776	.752	.249	.035	.547	.257	.334	.540
24.	～の一日の行動を知っていたい	.097	.308	.114	.133	.191	.617	.552	.147	.076	.481	.298	.337	.461
	固有値	2.030	2.622	2.684	1.794	2.016	1.500		3.723	2.713	3.202	2.547	1.865	
	相対分散寄与率	16.1	20.7	21.2	14.2	15.9	11.9		26.5	19.3	22.8	18.1	13.3	

H2—夫と行動を共にしたい（項目1，2，3，4，5）
H3—夫との依存的一体感をもとめ，かつ共にあることを夫からもとめられたい（項目9，10，11，12，13，15，23，24）
H4—夫を理解し支えてあげたい（項目14，15，16，17，18）
H5—夫からの関心をもとめたい（項目6，8）

　上記の各因子のそれぞれに高い負荷量を示した項目を比較すると，C1とH2，C2とH4，C3とH3，C4とH5，C5とH1，C6とH3において，構成項目が同一または対応していることが認められた。この同一または対応していることが認められた因子の組み合わせについて，24項目の因子負荷量の積率相関係数を算出した結果，表9-2に示すとおり，いずれの因子の組み合わせについても有意な正相関が得られた。このことから，対子ども愛着と対夫愛着の因子構造は，質的に類似性が高いことが確認されたといえる。

表9-2　対子ども愛着予備尺度および対夫愛着予備尺度の各因子負荷量の積率相関係数

対子ども愛着尺度の因子	対夫愛着尺度の因子	有意性検定	
		CORR.	2-TAIL PROB.
C1	H2	.905	.001
C2	H4	.915	.001
C3	H3	.702	.001
C4	H5	.735	.001
C5	H1	.925	.001
C6	H3	.459	.05

　上記において因子構造間に高い類似性が認められたため，対応するC因子とH因子の組み合わせをもって，愛着の様式を決定した。具体的には次のとおりである。

○相手と行動を共にしたい―「行動e」
○相手から行動を共にすることをもとめられたい―「行動w」
○相手に関心を示したい―「関心e」
○相手に関心を示してもらいたい―「関心w」

。相手を理解し，支えたい─「理解・支持 e」
　。相手から理解され，支えてもらいたい─「理解・支持 w」
　上記の6様式は，「行動」「関心」「理解・支持」の3つにおいて，それぞれ相手に対する e 方向と w 方向の二方向の要求が確認されたものである。当初設定した10の仮様式と大きく異なる点は，。助力，。保証，。心の支え，の3つが，。理解・支持，の1つにまとまり，e 方向では「相手を理解し，支えたい」に，w 方向では「相手から理解され，支えてもらいたい」となったことである。
　以上の分析によって決定した6様式について，各様式3項目ずつから成る計18項目の愛着尺度を作成した。18項目は，各様式における e 方向と w 方向の項目数が同一になるように，かつ項目内容が e 方向と w 方向で対応するように，予備尺度から抽出し，あるいは，そのために一部表現を修正したものである。
　具体的には次のとおりである。

〔行動 e〕
　1）〜と一緒にいると楽しい
　7）〜がそばにいると安心する
　13）〜と一緒に外出したい

〔行動 w〕
　2）私と一緒にいると楽しいと〜に思われたい
　8）私がそばにいると安心すると〜に思われたい
　14）私と一緒に外出したいと〜に思われたい

〔関心 e〕
　3）〜が元気かどうか，私は気にかけていてあげたい
　9）〜の身の回りのことに関心をもっていたい
　15）〜の態度や様子に心を配っていてあげたい

〔関心 w〕
　4）私が元気かどうか，〜は気にかけていてほしい
　10）私の身の回りのことに〜は関心をもっていてほしい
　16）〜は私の態度や様子に心を配っていてほしい

〔理解・支持 e〕
　5）〜が困っているとき，〜の相談相手になりたい

11） 〜の考えや気持ちを私は理解してあげたい
17） いつでも〜を信じていてあげたい

〔理解・支持 w〕
6） 私が困っているとき，〜に相談にのってほしい
12） 私の考えや気持ちを〜は理解していてほしい
18） いつでも〜は私を信じていてほしい

　以上18項目に対する評定は，各項目の内容に対して，〈そのとおりである—4，どちらかというとそうである—3，どちらかというと違う—2，違う—1〉の4段階でもとめた。なお，対子ども愛着尺度では〜の部分を「子ども」，対夫愛着尺度では〜の部分を「夫」とした。

2） SCTによる愛着の測定

　1）の愛着尺度による測定とは独立に，母親において子どもと夫がもつ意味および機能をSCT形式で測定した。

　SCT形式で愛着を測定する理由は次のとおりである。第一は，1）の愛着尺度は評定が限定されており，そのために反応の自由度は小さいものである。調査対象の反応の自由度が大きいものとしてSCT形式の測定を用い，尺度では測定し得ない愛着の様相を把握することとする。第二は，1）の愛着尺度が，愛着要求そのものを問題とし，すべて「〜してほしい」「〜したい」という要求表現を用いているため，そこで測定された愛着要求が，実際の子どもや夫との愛着関係といかなる関連性をもっているかを確認しておく必要があるためである。

　具体的には次の(a)および(b)2つのSCT形式の測定を行なった。

ⅰ）SCT(a)

　子どもと夫に対する実際の愛着関係を把握するために，次の6項目に該当する人物を具体的に記入することをもとめた。人物の記入は複数記入を可とした。これは調査対象の対人関係の枠組の広がりを明らかにし，そのなかでの子どもと夫の位置づけをみるためである。6項目は「行動e」「行動w」「関心e」「関心w」「理解・支持e」「理解・支持w」に関して，各様式1項目ずつ1）愛着尺度の項目を用いた。

　具体的には次のとおりである。

①私が一緒によく外出する人は──
②私と一緒に外出することを好む人は──
③その人が元気かどうか気になる人は──
④私が元気かどうか気にしてくれる人は──
⑤何か困ったことがあるとき，私に相談する人は──
⑥私が困っているとき，相談にのってくれる人は──
　ⅱ）　SCT（b）
SCT（b）は，子どもと夫の意味・機能を直接的・具体的に記入させるものである。

具体的には次のとおりである。
①私にとって子どもとは──
②私にとって夫とは──

§2　調査対象

調査は，都内およびその近郊（川崎市・横浜市）に所在する，私立幼稚園・私立保育園各1ケ所，公立小学校1ケ所，公立中学校2ケ所，私立高校2ケ所に協力をもとめ，そこに通う子どもたちの母親を対象とした。

調査票の配布および記入は，次の方法によった。まず，幼稚園・保育園は調査依頼書を添付した調査票を園児の送迎時に担任より渡してもらい，自宅記入の後に封をして園側に提出してもらった。小学校・高校は集会時を利用して調査依頼をし，その場で記入をもとめた。中学校は調査依頼書を添付した調査票を子どもを通じて配布したが，回収は郵送によった。これらは，母親の回答内容が子どもの目に触れないようにするため，あるいは子どもの目に触れることを懸念して回答に歪みが生じることを防ぐために用いた方法である。

なお，幼稚園・保育園は年中・年長児の，小学校は3年生と6年生の，中学校と高校はそれぞれ2年生の母親たちである。そして，子どもに対する愛着は，とくに当該園児および学年の子どもに対する愛着について評定をもとめた。

§3　調査時期

調査時期は次のとおりである。

1980年10月～12月

3. 結果と考察

§1 調査対象

　回収された調査票のうち，夫がいるものを有効票とした。有効票数は957である。表9-3は，調査対象本人（母親）および夫の年齢・学歴・就業形態，子どもの年齢・性別を示したものである。なお，郵送による返送をもとめた中学生の母親の有効票数は208であるが，返送された調査票数は225，回収率は67.6％であった。

表9-3 調査対象に関する基礎的事項

調査対象（母親）		夫	
年　齢	平　均　　40.8歳 SD　　　　6.1 年齢範囲　26～56歳	年　齢	平　均　　44.5歳 SD　　　　6.1 年齢範囲　29～61歳
学　歴 　中学卒 　高校卒 　短大卒 　大学卒以上 　N・A	 125　(13.1) 462　(48.3) 236　(24.7) 98　(10.2) 36　(3.8)	学　歴 　中学卒 　高校卒 　短大卒 　大学卒以上 　N・A	 104　(10.9) 237　(24.8) 114　(11.9) 459　(48.0) 43　(4.5)
就業形態 　無　職 　家　業 　内　職 　パート 　常　勤 　N・A	 412　(43.1) 241　(25.2) 39　(4.1) 110　(11.5) 141　(14.7) 14　(1.5)		

年　齢	男	女	TOTAL
園児（6歳未満）	77	73	151（性別不明1）
小学校3年生（8～9歳）	65	51	116
小学校6年生（11～12歳）	55	38	93
中学2年生（13～14歳）	102	106	208
高校2年生（16～17歳）	175	214	389
TOTAL	474	482	957

　注）年齢以外の数字は人数，（　）内はパーセンテイジ。

§2 愛着尺度による測定の結果

1) 資料の分析方法

愛着尺度による測定結果の分析は，次の二つの方法によって行なう。

第一の方法は，母親の対子ども愛着と対夫愛着とを，その強度において比較する。すなわち，各様式の愛着を子どもと夫に対してどの程度の強さで向けているか，様式ごとの愛着要求の強度を算出し，有意差検定，一要因分散分析，積率相関係数によって比較を行なう。愛着要求の強度は，各様式の構成項目の評定値を加算し，合計点を項目数で除した様式得点を算出し，それをもって各様式における愛着要求の強度とする。様式得点は最大値4.00，最小値1.00であり，数値が大きいほど，その様式の愛着要求が強いことを示すものである。

第二の方法は，母親の対子ども愛着と対夫愛着について，とくに発達的変化を分析するために，3相因子分析［代，1982］によって解析するものである。具体的な解析方法は，結果と併せて本項5)において後述する。

2) 対子ども愛着と対夫愛着の強度の差

表9-4は，全調査対象957人の6つの様式得点の平均値および標準偏差を，対子ども，対夫の別に示したものであり，図9-1はそれを対子どもと対夫とで比較して図示したものである。また，表9-5は，各様式が対子ども愛着，対夫愛着のなかで，どの程度重要視されているかをみるために，様式得点の平均値の差の検定から様式間の順位をもとめて示したものである。

① 様式間の順位の比較

様式間の順位は，表9-5に示すとおり，「理解・支持e」が第1位を占めていることは，対子ども愛着，対夫愛着のいずれにおいても共通している。また，上位3位までに位置する様式が，「理解・支持e」「理解・支持w」「関心e」であり，逆に下位3位に位置する様式が，「行動e」「行動w」「関心w」であることも，対子ども愛着，対夫愛着で共通している。しかし，上位3位のうち，「関心e」と「理解・支持w」の順位をくらべると，対子ども愛着では前者が第1位，後者が第3位であるのに対して，対夫愛着では逆に，前者が第3位，後者が第1位である。また，下位に属する「行動w」と「関心w」の順位においても対子ども愛着と対夫愛着で違いがみられ，対子ども愛着では前者が第5位，後者が第6位であるが，対夫愛着では前者が第6位，後者が第5位である。

表9-4　各様式得点の平均値および標準偏差――全調査対象――

様　　式	対子ども愛着		対　夫　愛　着		有　意　差　検　定	
	MEAN	SD	MEAN	SD	T VALUE	2-TAIL PROB.
行　　　動　e	2.925	.660	3.117	.678	− 7.66	.001
行　　　動　w	2.630	.769	2.927	.772	−11.67	.001
関　　　心　e	3.588	.461	3.413	.574	9.62	.001
関　　　心　w	2.528	.737	2.991	.712	−19.52	.001
理解・支持　e	3.580	.483	3.496	.607	4.53	.001
理解・支持　w	3.069	.625	3.484	.608	−19.87	.001

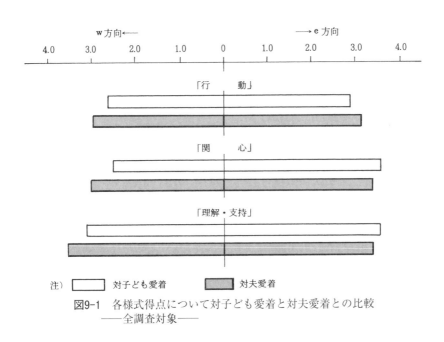

図9-1　各様式得点について対子ども愛着と対夫愛着との比較
　　　――全調査対象――

以上の結果から，様式間の順位に関して次のことが考察される。

愛着の6様式のうち，相手を理解し，支えになりたい（「理解・支持e」）と願うとともに，相手からも理解され，支えてもらいたい（「理解・支持w」）という，相互的な精神的絆をもとめる要求は，対子ども愛着においても対夫愛着

表9-5　様式間の順位について対子ども愛着と対夫愛着との比較——全調査対象——

〈対子ども愛着〉

1 位		3 位	4 位	5 位	6 位
関心 e	理解・支持 e	理解・支持 w	行動 e	行動 w	関心 w

〈対夫愛着〉

1 位		3 位	4 位	5 位	6 位
理解・支持 e	理解・支持 w	関心 e	行動 e	関心 w	行動 w

においても，中心的な位置を占めるものである。

　一方，相手から関心を示してもらいたい（「関心 w」），一緒にいたいと思われたい（「行動 w」）という依存的一体感のニュアンスをもつ様式は，対子ども愛着においても対夫愛着においても下位に位置するものである。

　しかし，同じく関心のレベルであっても，e方向の相手に関心を示してあげたい（「関心 e」）という要求は，対子ども愛着では，理解し，支えてあげたい（「理解・支持 e」）という要求とともに，もっとも重要な位置にある。

　一方，対夫愛着では，関心を示してあげたい（「関心 e」）という要求よりは，むしろ，理解し，支えてもらいたい（「理解・支持 w」）という要求のほうが上位である。対夫愛着では，「理解・支持 e」と「理解・支持 w」がともに上位1位を占めていることからして，夫は母親にとって，相互の理解と支持をより強くもとめる対象であることが考えられる。

　② 　各様式ごとの強度の比較

　6つの様式得点のそれぞれについて，対子ども愛着と対夫愛着で比較すると，次のとおりである。

　表9-4，図9-1に示すとおり，「行動」の様式ではe方向もw方向も，いずれも対夫愛着の様式得点のほうが対子ども愛着の様式得点よりも大きい。しかし，「関心」と「理解・支持」の2つでは，e方向は対子ども愛着の様式得点のほうが大きく，w方向では対夫愛着の様式得点のほうが大きい。「行動」「関心」「理解・支持」の各様式において得られた上記の差は，いずれも統計的に有意（$p < .001$）である。

母親の愛着の対象として子どもと夫とを比較するとき，子どもに対しては，関心を示してあげたい（「関心 e」），理解し，支えてあげたい（「理解・支持 e」）という e 方向の愛着要求がより強く，夫に対しては，関心を示してもらいたい（「関心 w」），理解し，支えてもらいたい（「理解・支持 w」）という w 方向の愛着要求がより強いことが，上記の結果から考察される。また，共にありたいという行動レベルでは，e 方向，w 方向いずれも夫に対する要求のほうが強く，行動を共にすることでは，より緊密な一体感を夫に対してもとめているものと考えられる。

3） 母親の愛着と各属性との関連性について

母親が子どもや夫に対して向ける愛着が，子どもの成長や性別・人数，母親の学歴・就業形態，夫との年齢差によってどのように異なるかについて検討を行なう。

① 子どもの成長との関連性

表9-6は，対子ども愛着と対夫愛着の6つの様式得点について，子どもの年齢により一要因分散分析した結果を示したものである。子どもの年齢群および各年齢群の母親の平均年齢，夫の平均年齢は次のとおりである。

群	人数	子どもの年齢	母親の平均年齢(SD)	夫の平均年齢(SD)
Ⅰ群	(151)	6歳未満	33.4歳（3.6）	36.4歳（4.1）
Ⅱ群	(116)	8～9歳	37.7歳（4.1）	41.6歳（5.0）
Ⅲ群	(93)	11～12歳	40.3歳（4.0）	44.1歳（4.9）
Ⅳ群	(208)	13～14歳	41.7歳（3.8）	45.5歳（4.1）
Ⅴ群	(389)	16～17歳	45.2歳（4.0）	48.6歳（3.9）

表9-6に示すとおり，対子ども愛着は，e 方向の様式では子どもの成長とともに様式得点が減少し，w 方向の様式では子どもの成長とともに様式得点が増加する傾向がみられる。とくに「行動 e」〔$F_{(4,952)} = 4.660, p<.001$〕，「関心 w」〔$F_{(4,952)} = 3.088, p<.015$〕，「理解・支持 w」〔$F_{(4,952)} = 5.975, p<.001$〕においてその傾向は有意であり，「関心 e」においては有意に近い傾向が示されている。

対子ども愛着では，w 方向の愛着よりも e 方向の愛着が強く，様式間の順位においても w 方向の愛着は下位に属していたことは，様式間の順位の比較，および，様式ごとの強度の比較〔2）・①②〕で述べたとおりである。しかし，

表9-6　各様式得点の一要因分散

〈対子ども愛着〉

年　齢　群	「行　動　e」 MEAN	SD	「関　心　e」 MEAN	SD	「理解・支持e」 MEAN	SD
Ⅰ　群　($n=151$)	3.068	.641	3.645	.445	3.609	.474
Ⅱ　群　($n=116$)	3.006	.595	3.621	.473	3.592	.513
Ⅲ　群　($n=93$)	2.946	.582	3.652	.387	3.552	.473
Ⅳ　群　($n=208$)	2.785	.698	3.540	.472	3.583	.435
Ⅴ　群　($n=389$)	2.916	.670	3.566	.472	3.569	.504
TOTAL　($n=957$)	2.925	.660	3.588	.461	3.580	.483
F RATIO	4.660		1.967		.287	
F PROB.	.001		.098		.886	

年　齢　群	「行　動　w」 MEAN	SD	「関　心　w」 MEAN	SD	「理解・支持w」 MEAN	SD
Ⅰ　群　($n=151$)	2.691	.743	2.406	.755	2.905	.620
Ⅱ　群　($n=116$)	2.635	.808	2.491	.741	2.963	.638
Ⅲ　群　($n=93$)	2.602	.723	2.437	.747	3.050	.612
Ⅳ　群　($n=208$)	2.546	.765	2.505	.745	3.072	.617
Ⅴ　群　($n=389$)	2.656	.779	2.621	.714	3.167	.615
TOTAL　($n=957$)	2.630	.769	2.528	.737	3.069	.625
F RATIO	.990		3.088		5.975	
F PROB.	.412		.015		.001	

子どもの年齢との関連性を検討すると，そのw方向の愛着は子どもの年齢の増加とともに強度を増していることが示されており，成長にともなって子どもがたよれる存在として変化していることが考えられる。また，「行動e」の愛着が子どもの年齢の小さい母親においてもっとも強く，年齢の増加にともなって減少していることも，子どもの成長と関連性が大きいことが考察される。幼児期ほど，子どもと共にいたいという要求が強く出されているが，行動レベルでの絆に対する要求は子どもの成長とともに減少し，それに代って精神的な絆への要求が強まると考えられる。子どもを理解し支えてあげたいというe方向の愛着（「理解・支持e」）は，子どもの年齢による差はなく，また，前記の様式間の順位では第1位に位置していたことからして，対子ども愛着の中心的なものといえる。その「理解・支持e」にくわえて，「理解・支持w」に関する愛着が子どもの成長とともに増加していることを考えるとき，子どもは成長と

分析の結果——子どもの年齢群別——

〈対夫愛着〉

年　齢　群	「行　動　e」		「関　心　e」		「理解・支持e」	
	MEAN	SD	MEAN	SD	MEAN	SD
Ⅰ 群　($n=151$)	3.183	.686	3.408	.627	3.472	.691
Ⅱ 群　($n=116$)	3.026	.709	3.330	.608	3.445	.655
Ⅲ 群　($n=93$)	2.975	.690	3.348	.600	3.344	.675
Ⅳ 群　($n=208$)	3.096	.694	3.388	.584	3.516	.566
Ⅴ 群　($n=389$)	3.164	.649	3.469	.526	3.547	.555
TOTAL ($n=957$)	3.117	.678	3.413	.574	3.496	.607
F RATIO	2.427		1.925		2.461	
F PROB.	.046		.104		.044	

年　齢　群	「行　動　w」		「関　心　w」		「理解・支持w」	
	MEAN	SD	MEAN	SD	MEAN	SD
Ⅰ 群　($n=151$)	2.951	.805	3.055	.754	3.479	.670
Ⅱ 群　($n=116$)	2.885	.785	2.943	.694	3.451	.600
Ⅲ 群　($n=93$)	2.792	.777	2.875	.715	3.362	.653
Ⅳ 群　($n=208$)	2.859	.776	2.910	.710	3.487	.600
Ⅴ 群　($n=389$)	2.999	.747	3.052	.696	3.523	.576
TOTAL ($n=957$)	2.927	.772	2.991	.712	3.484	.608
F RATIO	2.096		2.466		1.423	
F PROB.	.079		.044		.224	

ともに，母親が精神的レベルでの相互の絆をもとめる対象として重要性を増すことが考察される．

次に，表9-7は，各年齢群ごとに様式得点を対子ども愛着と対夫愛着とで比較したものである．

表9-7に示すとおり，「行動w」「関心w」「理解・支持w」のw方向の愛着においては，対子ども愛着の様式得点よりも対夫愛着の様式得点のほうが有意に大きい．「関心e」の様式得点は，それらとは反対に，対夫愛着よりも対子ども愛着のほうが有意に大きい．以上のことは，Ⅰ～Ⅴ群のすべての年齢群に共通していることである．

一方，年齢群による違いがみられるのは，「行動e」と「理解・支持e」に関してである．まず，「行動e」の様式得点は，Ⅰ・Ⅱ・Ⅲ群では対子ども愛着と対夫愛着で有意差がなく，Ⅳ・Ⅴ群において対子ども愛着よりも対夫愛着が

表9-7 各様式得点について対子ども愛着と対夫愛着との比較――子どもの年齢群別――

様式	年齢群		対子ども愛着		対夫愛着		有意差検定	
			MEAN	SD	MEAN	SD	T VALUE	2-TAIL PROB.
「行動 e」	Ⅰ	群($n=151$)	3.068	.641	3.183	.686	-1.62	.107
	Ⅱ	群($n=116$)	3.006	.595	3.026	.709	-.28	.777
	Ⅲ	群($n=93$)	2.946	.582	2.975	.690	-.37	.712
	Ⅳ	群($n=208$)	2.785	.698	3.096	.694	-5.83	.001
	Ⅴ	群($n=389$)	2.916	.670	3.164	.649	-6.68	.001
「行動 w」	Ⅰ	群($n=151$)	2.691	.743	2.951	.805	-3.46	.001
	Ⅱ	群($n=116$)	2.635	.808	2.885	.785	-3.30	.001
	Ⅲ	群($n=93$)	2.602	.723	2.792	.777	-2.37	.020
	Ⅳ	群($n=208$)	2.546	.765	2.859	.776	-6.26	.001
	Ⅴ	群($n=389$)	2.656	.779	2.999	.747	-8.90	.001
「関心 e」	Ⅰ	群($n=151$)	3.645	.445	3.408	.627	4.97	.001
	Ⅱ	群($n=116$)	3.621	.473	3.330	.608	5.51	.001
	Ⅲ	群($n=93$)	3.652	.387	3.348	.600	4.90	.001
	Ⅳ	群($n=208$)	3.540	.472	3.388	.584	3.80	.001
	Ⅴ	群($n=389$)	3.566	.472	3.469	.526	3.68	.001
「関心 w」	Ⅰ	群($n=151$)	2.406	.755	3.055	.754	-8.30	.001
	Ⅱ	群($n=116$)	2.491	.741	2.943	.694	-7.04	.001
	Ⅲ	群($n=93$)	2.437	.747	2.875	.715	-6.18	.001
	Ⅳ	群($n=208$)	2.505	.745	2.910	.710	-8.58	.001
	Ⅴ	群($n=389$)	2.621	.714	3.052	.696	-12.63	.001
「理解・支持 e」	Ⅰ	群($n=151$)	3.609	.474	3.472	.691	2.79	.006
	Ⅱ	群($n=116$)	3.592	.513	3.445	.655	2.52	.013
	Ⅲ	群($n=93$)	3.552	.473	3.344	.675	3.12	.002
	Ⅳ	群($n=208$)	3.583	.435	3.516	.566	1.78	.076
	Ⅴ	群($n=389$)	3.569	.504	3.547	.555	.84	.400
「理解・支持 w」	Ⅰ	群($n=151$)	2.905	.620	3.479	.670	-9.13	.001
	Ⅱ	群($n=116$)	2.963	.638	3.451	.600	-7.87	.001
	Ⅲ	群($n=93$)	3.050	.612	3.362	.653	-4.95	.001
	Ⅳ	群($n=208$)	3.072	.617	3.487	.600	-9.65	.001
	Ⅴ	群($n=389$)	3.167	.615	3.523	.576	-11.79	.001

有意に大きくなっている。一方,「理解・支持 e」の様式得点は反対にⅣ・Ⅴ群では対子ども愛着と対夫愛着のあいだに有意差がなく,Ⅰ・Ⅱ・Ⅲ群において,対夫愛着よりも対子ども愛着が有意に大きいことがみられる。

「理解・支持 e」は,全調査対象についてみた結果(表9-4)では,夫よりも子どもに対してより強く向けられる愛着であった。しかし,年齢的要因をくわ

えて検討したとき，その傾向は幼児や学童期の子どもをもつ若年層の母親に，より顕著なものといえる。子どもが中学生から高校生に成長しているとき，「理解・支持e」の対象として子どもと夫とのあいだには差がみられない。

一方，「行動e」で示された結果は，「理解・支持e」とは正反対である。「行動e」は，全調査対象についてみた結果（表9-4）では，子どもよりは夫に対してより強く向けられる愛着といえた。しかし，年齢的要因をくわえて検討したとき，その傾向は中学生や高校生の子どもをもつ高年層の母親において，より顕著なものといえる。幼児や学童期の子どもをもつ若年層の母親では，「行動e」の対象として子どもと夫とのあいだに差がみられない。年齢群別の一要因分散分析の結果（表9-6），子どもに対する「行動e」の愛着は，Ⅰ・Ⅱ群においてもっとも強いことが示されており，子どもの年齢が低いほど，行動を共にすることをもとめる傾向が強いものと考えられる。

② 子どもの人数との関連性

表9-8は，対子ども愛着，対夫愛着の6の様式得点について，子どもの人数別（1人・2人・3人以上）に一要因分散分析した結果である。

表9-8に示すとおり，対子ども愛着では，子どもが1人の場合がいずれの様式においても様式得点が大きい。とくに「行動e」$[F(2,950)=3.201, p<.041]$「関心e」$[F(2,950)=5.747, p<.003]$においてその傾向は有意である。一方，対夫愛着では，子どもが3人以上いる場合，様式得点が大きくなる傾向が示されている。この傾向はいずれの様式においてもみられるが，とくに「行動w」$[F(2,950)=3.748, p<.024]$「関心w」$[F(2,950)=3.393, p<.034]$「理解・支持e」$[F(2,950)=4.171, p<.016]$「理解・支持w」$[F(2,950)=3.343, p<.036]$において有意である。

子どもの人数が母親の愛着のあり方に与える影響については，対子どもと対夫とで様相が異なることが上記の結果から考えられる。すなわち，子どもに対しては一人っ子ほど母親の愛着が強くなり，それはとくにe方向の愛着に示されている。しかし，夫に対しては，子どもの人数が多いとき，精神的な支え合いやw方向の愛着をもとめることにおいて，より要求が強まるものといえよう。

③ 子どもの性別との関連性

表9-9aは，対子ども愛着について，子どもの性別に一要因分散分析した結

表9-8 各様式得点の一要因分散分析の結果——子どもの人数別——

〈対子ども愛着〉

子どもの人数	「行動 e」 MEAN	SD	「関心 e」 MEAN	SD	「理解・支持e」 MEAN	SD
1人　　　($n=120$)	3.064	.598	3.711	.359	3.569	.495
2人　　　($n=555$)	2.896	.660	3.557	.474	3.557	.495
3人以上　($n=278$)	2.922	.683	3.602	.457	3.630	.449
TOTAL　($n=953$)	2.925	.661	3.590	.459	3.580	.483
F RATIO	3.201		5.747		2.109	
F PROB.	.041		.003		.122	

子どもの人数	「行動 w」 MEAN	SD	「関心 w」 MEAN	SD	「理解・支持w」 MEAN	SD
1人　　　($n=120$)	2.656	.756	2.589	.763	3.106	.664
2人　　　($n=555$)	2.610	.773	2.497	.733	3.058	.616
3人以上　($n=278$)	2.653	.772	2.562	.738	3.079	.629
TOTAL　($n=953$)	2.629	.770	2.528	.738	3.070	.629
F RATIO	.377		1.190		.324	
F PROB.	.686		.305		.724	

〈対夫愛着〉

子どもの人数	「行動 e」 MEAN	SD	「関心 e」 MEAN	SD	「理解・支持e」 MEAN	SD
1人　　　($n=120$)	3.089	.612	3.431	.535	3.431	.662
2人　　　($n=555$)	3.091	.685	3.385	.576	3.473	.600
3人以上　($n=278$)	3.192	.667	3.474	.551	3.584	.553
TOTAL　($n=953$)	3.120	.672	3.417	.564	3.500	.597
F RATIO	2.252		2.333		4.171	
F PROB.	.106		.098		.016	

子どもの人数	「行動 w」 MEAN	SD	「関心 w」 MEAN	SD	「理解・支持w」 MEAN	SD
1人　　　($n=120$)	2.875	.737	3.022	.629	3.433	.635
2人　　　($n=555$)	2.888	.777	2.945	.719	3.460	.606
3人以上　($n=278$)	3.035	.751	3.078	.708	3.564	.558
TOTAL　($n=953$)	2.929	.767	2.994	.706	3.487	.598
F RATIO	3.748		3.393		3.343	
F PROB.	.024		.034		.036	

表9-9 各様式得点の一要因分散分析の結果

a 〈対子ども愛着〉——子どもの性別——

性 別		「行動 e」		「関 心 e」		「理解・支持e」	
		MEAN	SD	MEAN	SD	MEAN	SD
男	($n=474$)	2.824	.680	3.555	.489	3.531	.498
女	($n=482$)	3.026	.625	3.623	.424	3.629	.462
TOTAL	($n=956$)	2.926	.660	3.589	.458	3.580	.482
F RATIO		22.735		5.328		9.896	
F PROB.		.001		.021		.002	

性 別		「行 動 w」		「関 心 w」		「理解・支持w」	
		MEAN	SD	MEAN	SD	MEAN	SD
男	($n=474$)	2.526	.763	2.450	.731	3.005	.637
女	($n=482$)	2.732	.762	2.604	.737	3.133	.607
TOTAL	($n=956$)	2.630	.769	2.528	.737	3.070	.625
F RATIO		17.380		10.580		10.211	
F PROB.		.001		.001		.011	

b 〈対子ども愛着〉——子どもの性別・年齢群別——

様式 / 年齢群		Ⅰ 群 男 ($n=77$) 女 ($n=73$)		Ⅱ 群 男 ($n=65$) 女 ($n=51$)		Ⅲ 群 男 ($n=55$) 女 ($n=38$)		Ⅳ 群 男 ($n=102$) 女 ($n=106$)		Ⅴ 群 男 ($n=175$) 女 ($n=214$)	
		MEAN	SD	MEAN	SD	MEAN	SD	MEAN	SD	MEAN	SD
「行動 e」	男	3.056	.665	2.969	.612	2.970	.616	2.748	.707	2.667	.672
	女	3.087	.621	3.052	.575	2.912	.535	2.821	.690	3.120	.596
	F RATIO	.084		.555		.217		.557		49.588	
	F PROB.	.772		.458		.643		.456		.001	
「行動 w」	男	2.628	.763	2.580	.821	2.594	.702	2.520	.759	2.444	.762
	女	2.758	.725	2.706	.793	2.614	.761	2.572	.774	2.829	.752
	F RATIO	1.147		.697		.017		.246		24.929	
	F PROB.	.286		.406		.895		.621		.001	
「関心 e」	男	3.623	.466	3.574	.505	3.667	.390	3.536	.510	3.493	.504
	女	3.690	.378	3.680	.427	3.632	.386	3.544	.435	3.625	.436
	F RATIO	.903		1.423		.183		.015		7.594	
	F PROB.	.344		.235		.670		.904		.006	
「関心 w」	男	2.368	.807	2.462	.747	2.442	.754	2.458	.786	2.480	.650
	女	2.438	.703	2.529	.740	2.430	.747	2.550	.704	2.737	.744
	F RATIO	.324		.238		.006		.806		12.832	
	F PROB.	.570		.627		.937		.370		.001	

「理解・支持e」	男	3.537	.519	3.574	.532	3.576	.451	3.578	.425	3.470	.528
	女	3.694	.407	3.614	.492	3.518	.506	3.588	.447	3.650	.469
	F RATIO	4.030		.172		.339		.025		12.519	
	F PROB.	.062		.679		.562		.874		.001	
「理解・支持w」	男	2.853	.603	2.908	.689	3.018	.680	3.059	.632	3.072	.608
	女	2.968	.636	3.033	.567	3.097	.502	3.089	.602	3.245	.610
	F RATIO	1.297		1.097		.366		.092		7.682	
	F PROB.	.257		.297		.547		.762		.006	

果である。表9-9aに示すとおり，6つの様式のいずれにおいても，女児に対する様式得点が有意に大きい。しかし，子どもの年齢群別にみると，表9-9bに示すとおり，その傾向はとくに高校生の第V群において顕著であり，幼児や学童期の子どもに対する愛着では性差はみられない。

④ 母親の学歴との関連性

表9-10は対子ども愛着，対夫愛着の6つの様式得点について，母親の学歴（中学卒・高校卒・短大卒・大学卒以上）の別に一要因分散分析した結果である。

まず，対子ども愛着についてみると，「行動e」「行動w」「関心w」「理解・支持w」の4様式においては，低学歴の母親ほど，様式得点が大きく，高学歴では様式得点が小さい傾向がみられる。「理解・支持e」はその逆に，高学歴の母親において様式得点が大きく，低学歴では様式得点が小さくなる傾向が示されている。以上のうち，「行動e」〔$F(3,917)=3.497, p<.015$〕「理解・支持w」〔$F(3,917)=2.880, p<.035$〕において示された傾向は，統計的に有意である。

子どもに対して行動レベルでの一体感をもとめたり，子どもからの関心や理解・支持というw方向の愛着をもとめることは低学歴の母親において強く，高学歴の母親は，理解し支えるという精神的レベルでのe方向の愛着を子どもに対して向ける傾向があるといえる。

一方，対夫愛着では，6様式いずれにおいても学歴の違いによる差は示されていない。

表9-10 各様式得点の一要因分散分析の結果——母親の学歴別——

〈対子ども愛着〉

学　歴	「行　動　e」		「関　心　e」		「理解・支持e」	
	MEAN	SD	MEAN	SD	MEAN	SD
中学卒　　　($n=125$)	3.064	.650	3.621	.424	3.533	.506
高校卒　　　($n=462$)	2.882	.678	3.563	.473	3.567	.481
短大卒　　　($n=236$)	2.973	.629	3.624	.436	3.645	.446
大学卒以上 ($n=98$)	2.840	.617	3.571	.483	3.575	.526
TOTAL　　 ($n=921$)	2.926	.658	3.588	.459	3.583	.482
F RATIO	3.497		1.198		1.950	
F PROB.	.015		.309		.120	

学　歴	「行　動　w」		「関　心　w」		「理解・支持w」	
	MEAN	SD	MEAN	SD	MEAN	SD
中学卒　　　($n=125$)	2.723	.777	2.523	.713	3.160	.591
高校卒　　　($n=462$)	2.618	.776	2.548	.732	3.017	.627
短大卒　　　($n=236$)	2.657	.747	2.555	.733	3.131	.600
大学卒以上 ($n=98$)	2.507	.768	2.384	.772	3.034	.683
TOTAL　　 ($n=921$)	2.630	.769	2.529	.735	3.067	.624
F RATIO	1.583		1.476		2.880	
F PROB.	.192		.220		.035	

〈対夫愛着〉

学　歴	「行　動　e」		「関　心　e」		「理解・支持e」	
	MEAN	SD	MEAN	SD	MEAN	SD
中学卒　　　($n=125$)	3.195	.696	3.411	.585	3.483	.647
高校卒　　　($n=462$)	3.138	.652	3.440	.551	3.512	.586
短大卒　　　($n=236$)	3.090	.689	3.404	.545	3.510	.572
大学卒以上 ($n=98$)	3.058	.663	3.409	.597	3.497	.553
TOTAL　　 ($n=921$)	3.125	.669	3.423	.558	3.506	.587
F RATIO	1.048		.280		.093	
F PROB.	.370		.840		.964	

学　歴	「行　動　w」		「関　心　w」		「理解・支持w」	
	MEAN	SD	MEAN	SD	MEAN	SD
中学卒　　　($n=125$)	2.992	.832	3.029	.679	3.475	.634
高校卒　　　($n=462$)	2.939	.756	2.990	.713	3.493	.603
短大卒　　　($n=236$)	2.910	.723	2.977	.703	3.484	.566
大学卒以上 ($n=98$)	2.932	.769	3.020	.703	3.537	.530
TOTAL　　 ($n=921$)	2.938	.759	2.995	.704	3.493	.590
F RATIO	.324		.198		.242	
F PROB.	.808		.898		.867	

表9-11 各様式得点の一要因分散

〈対子ども愛着〉

就業形態	「行動 e」 MEAN	SD	「関 心 e」 MEAN	SD	「理解・支持 e」 MEAN	SD
無 職　($n=412$)	2.863	.651	3.603	.457	3.592	.480
家 業　($n=241$)	2.992	.648	3.591	.456	3.586	.470
内 職　($n= 39$)	2.897	.663	3.530	.451	3.590	.415
パート　($n=110$)	3.079	.592	3.594	.464	3.518	.549
常 勤　($n=141$)	2.863	.728	3.541	.474	3.570	.476
TOTAL　($n=943$)	2.923	.660	3.586	.459	3.579	.482
F RATIO	3.375		.629		.544	
F PROB.	.009		.642		.704	

就業形態	「行動 w」 MEAN	SD	「関 心 w」 MEAN	SD	「理解・支持 w」 MEAN	SD
無 職　($n=412$)	2.554	.767	2.455	.764	3.034	.620
家 業　($n=241$)	2.708	.769	2.598	.720	3.097	.627
内 職　($n= 39$)	2.658	.723	2.573	.644	3.000	.688
パート　($n=110$)	2.752	.767	2.624	.704	3.112	.601
常 勤　($n=141$)	2.565	.770	2.518	.728	3.092	.636
TOTAL　($n=943$)	2.622	.769	2.526	.738	3.066	.625
F RATIO	2.571		2.048		.737	
F PROB.	.037		.086		.567	

⑤　母親の就業形態との関連性

　表9-11は，対子ども愛着，対夫愛着の6つの様式の様式得点について，母親の就業形態——無職（専業主婦），家業，内職，パート，常勤——の別に一要因分散分析した結果を示したものである。なお，就業形態の分類は，第4章第2節第3項の規定に基づくものである。

　まず，対子ども愛着についてみると，パートにおいて様式得点がもっとも大きく，無職（専業主婦）や常勤とのあいだに差がみられる。この傾向はとくに「行動e」〔$F_{(4,938)}=3.375, p<.009$〕「行動w」〔$F_{(4,938)}=2.571, p<.037$〕において有意であり，「関心w」では有意に近い傾向が認められる。

　一方，対夫愛着についてみると，いずれの様式においても常勤の様式得点がもっとも小さく，無職（専業主婦），家業，内職とのあいだに差がみられる。この傾向はとくに「行動e」〔$F_{(4,938)}=2.349, p<.035$〕「関心e」〔$F_{(4,938)}$

分析の結果――母親の就業形態別――

〈対夫愛着〉

就業形態	「行動 e」 MEAN	SD	「関心 e」 MEAN	SD	「理解・支持e」 MEAN	SD
無職 ($n=412$)	3.098	.659	3.462	.514	3.519	.577
家業 ($n=241$)	3.178	.664	3.411	.560	3.510	.570
内職 ($n=39$)	3.274	.551	3.419	.470	3.624	.391
パート ($n=110$)	3.161	.684	3.394	.604	3.470	.600
常勤 ($n=141$)	2.998	.734	3.284	.684	3.400	.728
TOTAL ($n=943$)	3.118	.673	3.413	.565	3.498	.598
F RATIO	2.349		2.671		1.613	
F PROB.	.035		.031		.169	

就業形態	「行動 w」 MEAN	SD	「関心 w」 MEAN	SD	「理解・支持w」 MEAN	SD
無職 ($n=412$)	2.907	.778	2.960	.717	3.519	.561
家業 ($n=241$)	2.994	.752	3.057	.692	3.473	.603
内職 ($n=39$)	3.128	.575	3.137	.571	3.650	.397
パート ($n=110$)	2.903	.779	3.030	.687	3.461	.626
常勤 ($n=141$)	2.827	.780	2.884	.735	3.369	.703
TOTAL ($n=943$)	2.926	.766	2.989	.706	3.484	.599
F RATIO	1.841		2.042		2.485	
F PROB.	.119		.087		.042	

$=2.671, p<.031$〕「理解・支持 w」〔$F(4,938)=2.485, p<.042$〕において有意である。

⑥ 夫婦の年齢差との関連性

表9-12は，対夫愛着の6つの様式得点について，夫との年齢差（夫の年齢マイナス妻の年齢：-1未満・0・2～4・5～6・7以上）により一要因分散分析した結果である。

表9-12に示すとおり，夫との年齢差が小さい場合，とりわけ夫が年下の場合に，様式得点が大きい傾向がみられる．とくに「関心 e」〔$F(5,951)=3.108, p<.015$〕「行動 w」〔$F(4,952)=2.887, p<.022$〕「関心 w」〔$F(4,952)=3.920, p<.004$〕において，その傾向は有意である．

4) 子どもに対する愛着と夫に対する愛着の強度の相関

表9-13は，各様式ごとに，対子ども愛着の様式得点と対夫愛着の様式得点の

表9-12 各様式得点の一要因分散分析の結果——夫との年齢差別——

〈対夫愛着〉

年齢差	「行動 e」 MEAN	SD	「関心 e」 MEAN	SD	「理解・支持e」 MEAN	SD
〜−1　($n=74$)	3.261	.639	3.541	.505	3.586	.619
0　($n=208$)	3.079	.658	3.399	.574	3.439	.641
2〜4　($n=330$)	3.160	.647	3.466	.511	3.544	.543
5〜6　($n=183$)	3.111	.718	3.370	.634	3.435	.678
7以上　($n=162$)	3.021	.726	3.315	.637	3.500	.591
TOTAL　($n=957$)	3.117	.678	3.413	.574	3.496	.607
F RATIO	2.162		3.108		1.848	
F PROB.	.071		.015		.118	

年齢差	「行動 w」 MEAN	SD	「関心 w」 MEAN	SD	「理解・支持w」 MEAN	SD
〜−1　($n=74$)	3.144	.761	3.180	.627	3.536	.634
0　($n=208$)	2.905	.773	2.929	.757	3.458	.638
2〜4　($n=330$)	2.979	.768	3.069	.675	3.520	.563
5〜6　($n=183$)	2.847	.820	2.945	.752	3.434	.663
7以上　($n=162$)	2.842	.705	2.879	.690	3.475	.579
TOTAL　($n=957$)	2.927	.772	2.991	.712	3.484	.608
F RATIO	2.887		3.920		.845	
F PROB.	.022		.004		.497	

積率相関係数を全調査対象および各年齢群別に算出した結果である。

　表9-13に示すとおり，6様式のすべてにおいて，様式得点は対子ども愛着と対夫愛着とのあいだで有意な正相関が得られている。

　本項1)の愛着要求の強度の比較においては，様式の内容に応じて，愛着の強度は対子どもと対夫とで違いがあることがみられた。すなわち，子どもに対してはe方向の愛着が強く，夫に対してはw方向の愛着が強いという結果が得られた。このことは，子どもはe方向の愛着の対象として，夫はw方向の愛着の対象として，母親の中で機能分化して捉えられていることを示すものであった。しかしながら，表9-13の積率相関係数の結果をあわせて考えると，その機能分化は子どもと夫のあいだで拮抗するものではないことも，同時に示されているといえる。対子ども愛着と対夫愛着の強度の差は両者を比較した場合の相対的な差であり，愛着の強度そのものは対子どもと対夫で高い関連性をも

表9-13 対子ども愛着の様式得点と対夫愛着の様式得点の積率相関係数

様式			対子ども愛着		対夫愛着		有意性検定	
			MEAN	SD	MEAN	SD	CORR.	2-TAIL PROB.
「行動e」	全調査対象年齢群	($n=957$)	2.925	.660	3.117	.678	.332	.001
	Ⅰ群	($n=151$)	3.068	.641	3.183	.686	.148	.050
	Ⅱ群	($n=116$)	3.006	.595	3.026	.709	.325	.001
	Ⅲ群	($n=93$)	2.946	.582	2.975	.690	.318	.002
	Ⅳ群	($n=208$)	2.785	.698	3.096	.694	.389	.001
	Ⅴ群	($n=389$)	2.916	.670	3.164	.649	.387	.001
「行動w」	全調査対象年齢群	($n=957$)	2.630	.769	2.927	.772	.467	.001
	Ⅰ群	($n=151$)	2.691	.743	2.951	.805	.287	.001
	Ⅱ群	($n=116$)	2.635	.808	2.885	.785	.475	.001
	Ⅲ群	($n=93$)	2.602	.723	2.792	.777	.473	.001
	Ⅳ群	($n=208$)	2.546	.765	2.859	.776	.563	.001
	Ⅴ群	($n=389$)	2.656	.779	2.999	.747	.502	.001
「関心e」	全調査対象年齢群	($n=957$)	3.588	.461	3.413	.574	.430	.001
	Ⅰ群	($n=151$)	3.645	.445	3.408	.627	.447	.001
	Ⅱ群	($n=116$)	3.621	.473	3.330	.608	.473	.001
	Ⅲ群	($n=93$)	3.652	.387	3.348	.600	.324	.002
	Ⅳ群	($n=208$)	3.540	.472	3.388	.584	.417	.001
	Ⅴ群	($n=389$)	3.566	.471	3.469	.526	.465	.001
「関心w」	全調査対象年齢群	($n=957$)	2.528	.737	2.991	.712	.488	.001
	Ⅰ群	($n=151$)	2.406	.755	3.055	.754	.188	.021
	Ⅱ群	($n=116$)	2.491	.741	2.943	.694	.540	.001
	Ⅲ群	($n=93$)	2.437	.747	2.875	.715	.565	.001
	Ⅳ群	($n=208$)	2.505	.745	2.910	.710	.562	.001
	Ⅴ群	($n=389$)	2.621	.714	3.052	.696	.544	.001
「理解・支持e」	全調査対象年齢群	($n=957$)	3.580	.483	3.496	.607	.476	.001
	Ⅰ群	($n=151$)	3.609	.474	3.472	.691	.517	.001
	Ⅱ群	($n=116$)	3.592	.513	3.445	.655	.448	.001
	Ⅲ群	($n=93$)	3.552	.473	3.344	.675	.417	.001
	Ⅳ群	($n=208$)	3.583	.435	3.516	.566	.432	.001
	Ⅴ群	($n=389$)	3.569	.504	3.547	.555	.519	.001
「理解・支持w」	全調査対象年齢群	($n=957$)	3.069	.625	3.484	.608	.451	.001
	Ⅰ群	($n=151$)	2.905	.620	3.479	.670	.283	.001
	Ⅱ群	($n=116$)	2.963	.638	3.451	.600	.413	.001
	Ⅲ群	($n=93$)	3.050	.612	3.362	.653	.540	.001
	Ⅳ群	($n=208$)	3.072	.617	3.487	.600	.481	.001
	Ⅴ群	($n=389$)	3.167	.615	3.523	.576	.502	.001

つことが，この積率相関係数の結果に示されているといえよう。すなわち，様式の内容に応じて，子どもと夫のいずれにより強い愛着要求を向けるかについての差異はあるが，しかし，子どもに対して愛着の強い人は夫に対しても愛着が強く，逆に，子どもに対して愛着の弱い人は夫に対しても愛着が弱いことを示すものである。

対子ども愛着と対夫愛着の強度を比較したとき，子どもと夫は機能分化しながらも，個々の母親のなかで高い関連性をもつ対象として存在していると考えられる。

5) 3相因子分析の結果

母親が子どもと夫に対して抱く愛着について，とくに発達的変化を分析するために，愛着尺度の平均値を3相因子分析によって解析した。すなわち，愛着尺度の項目（18変数）と愛着の対象（子どもと夫の2対象），子どもの年齢（Ⅰ～Ⅴ群）の3相から構成された4段階評定値の平均値を，各相から因子分析にかけ，各相で得られた因子相互の関係から第2次因子を導いてゆく方法である。しかしながら，本研究のデータは愛着の対象が2水準のみであるため，1相因子分析と2相因子分析の結果を述べることとする。なお，解析は代［1982］の3相因子分析プログラムを用いた。

まず，愛着尺度の1相因子分析を行なった結果，第Ⅰ因子の固有値が359.73，第Ⅱ因子の固有値が1.05，第Ⅲ因子の固有値が.18であった。固有値が1.0以上の2因子（累積寄与率99.94%）を回転し，因子負荷量を正規化した。正規化された負荷量の一覧は表9-14に示すとおりである。また，図9-2は，表9-14の結果を図示したものである。

図9-2に明らかなとおり，18項目の大半はⅠ軸とⅡ軸の対角線によって二分され，とくに次の項目が対角線の左上または右下に離れている。

まず，左上に位置する項目は次のとおりである。すなわち，「4) 私が元気かどうか，～は気にかけていてほしい」「16)～は私の態度や様子に心を配っていてほしい」（以上「関心w」），「6) 私が困っているとき，～に相談にのってほしい」「12) 私の考えや気持ちを～は理解していてほしい」（以上「理解・支持w」），「7)～がそばにいると安心する」（「行動e」）。以上は主としてw方向の項目である。

表9-14 愛着尺度の3相因子分析の結果—18変数の1相因子分析の結果—

項目	因子 I	II
1) 〜と一緒にいると楽しい	.203	.204
2) 私と一緒にいると楽しいと〜に思われたい	.181	.205
3) 〜が元気かどうか,私は気にかけていてあげたい	.288	.271
4) 私が元気がどうか,〜に気にかけていてほしい	.208	.242
5) 〜が困っているとき,〜の相談相手になりたい	.269	.250
6) 私が困っているとき,〜に相談にのってほしい	.195	.265
7) 〜がそばにいると安心する	.251	.256
8) 私がそばにいると安心すると〜に思われたい	.231	.228
9) 〜の身の回りのことに関心をもっていたい	.259	.226
10) 私の身の回りのことに〜は関心をもっていてほしい	.203	.197
11) 〜の考えや気持ちを私は理解してあげたい	.272	.249
12) 私の考えや気持ちを〜は理解していてほしい	.237	.246
13) 〜と一緒に外出したい	.221	.216
14) 私と一緒に外出したいと〜に思われたい	.191	.203
15) 〜の態度や様子に心を配っていてあげたい	.271	.241
16) 〜は私の態度や様子に心を配っていてほしい	.179	.213
17) いつでも〜を信じていてあげたい	.273	.258
18) いつでも〜は私を信じていてほしい	.263	.253
固　有　値	359.73	1.05
相対分散寄与率	53.5	46.5

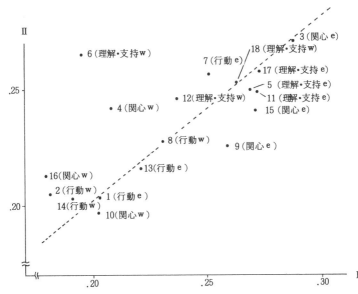

図9-2 愛着尺度の3相因子分析の結果——18変数の1相因子分析の結果——

また，右下に位置する項目は，次のとおりである。すなわち，「9)～の身の回りのことに関心をもっていたい」「15)～の態度や様子に心を配っていてあげたい」(以上「関心e」)，「10)私の身の回りのことに～は関心をもっていてほしい」(「関心w」)，「11)～の考えや気持ちを私は理解してあげたい」(「理解・支持e」)。以上は主としてe方向の項目である。

　さらに，18項目を2分する右上りの斜線を引くと，項目7)と項目10)の2項目を除いて，左上にw方向の項目が，右下にe方向の項目の分布が認められる。

　以上の結果から，愛着尺度の18項目は，第Ⅰ因子がe方向を，第Ⅱ因子がw方向の愛着を表わしていると解釈できる。

　次に，子どもの年齢の1相因子分析を行なった結果，第Ⅰ因子の固有値が360.70，寄与率99.91％となり，1因子構造をなすが，どの年齢群においても負荷量が.44～.46であり，これは一般因子と考えられた。したがって，対象と学年の因子化を行なわず，変数の1相因子分析の結果から，各対象，各年齢群の変数因子空間中の位置をもとめた。その結果は，表9-15および9-16に示すとおりであり，これを図示したものが図9-3である。

　図9-3に明らかなとおり，子どもは右下に，夫は左上に集中している。このことは，次の2相因子分析の結果にも同様のことが得られている。

　図9-4は，対象の2変数×年齢群の2相因子分析の結果を図示したものである。これは年齢群の第Ⅰ因子において，変数の因子空間中に子どもの一般像と夫の一般像を布置した結果と解釈されるものであるが，この図9-4においても，子どもは第Ⅰ因子軸上に，夫は第Ⅱ因子軸上に布置されていることがみられる。

表9-15 愛着尺度の3相因子分析の結果——18変数の1相因子分析から得た子ども・夫と子どもの年齢群の変数因子空間中の位置——

年齢群＼対象	子ども	夫
Ⅰ群	7.531	.441
Ⅱ群	6.650	.283
Ⅲ群	6.318	.469
Ⅳ群	5.510	.629
Ⅴ群	4.570	.388

表9-16 愛着尺度の3相因子分析の結果——18変数の1相因子分析から得た子ども・夫と子どもの年齢群の変数因子空間中の位置

年齢群＼対象	子ども	夫
Ⅰ群	-1.574	5.834
Ⅱ群	-.776	5.785
Ⅲ群	-.467	5.483
Ⅳ群	.270	5.501
Ⅴ群	1.342	5.887

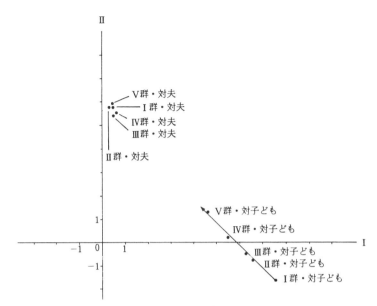

図9-3 愛着尺度の3相因子分析の結果
——18変数の1相因子分析から得た子ども・夫と子どもの年齢群の変数因子空間中の位置——

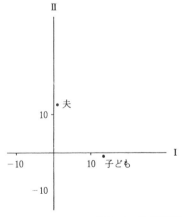

対象\因子	I	II
子ども	13.675	.538
夫	.974	12.744

図9-4 愛着尺度の2相因子分析の結果

また，原点からの距離は，評定値の大きさ，すなわち愛着の強度を表わしているが，この距離が子どもと夫では，ほぼ同程度であることが示されている。

以上の結果から，次のことが考察される。すなわち，調査対象全員についての結果を総合すると，母親の愛着の強度は，対子どもと対夫で同程度である。しかしながら，愛着の様式は，対子ども愛着はe方向が，対夫愛着はw方向のものが主である。以上のことは，様式得点により，愛着の強度を対子どもと対夫で比較した本項2)の結果を確認するものである。

次に，再び図9-3に基づき，子どもの年齢群をくわえて検討を行なうと，対子ども愛着と対夫愛着とでは顕著な差が認められる。すなわち，子どもの位置は年齢群がⅠ群からⅤ群へと高くなるにつれて，右下から左下へ移動していることがみられる。しかし，対夫愛着は，Ⅲ群とⅣ群において原点からの距離が小さく，Ⅰ群とⅤ群にくらべて愛着の強度がやや弱いことがみられるが，しかし，対子ども愛着にくらべると，子どもの年齢群の推移によるような大きな変動は示されていない。以上より，対子ども愛着は子どもの年齢的成長にともなって，e方向からw方向へと変化するが，一方，対夫愛着は，子どもの年齢的成長による変化は少なく，比較的一定であるといえる。以上の結果は，様式得点により愛着と子どもの成長との関連性を対子どもと対夫で比較した本項3)①の結果を確認するものである。

§3　SCTによる愛着の測定

1)　資料の分析方法

以上，第2項で述べた結果は，愛着尺度によって測定した愛着要求の様相である。それは4段階評定による，いわゆる強制評定法でもとめた結果である。したがって，子どもと夫に対する母親の愛着として得られた前項の結果が，子どもや夫との実際の愛着関係とどのような関連のもとに成立しているかを，次に検討することとする。

そのための方法として，子どもに対する愛着，夫に対する愛着がとくに強い群と弱い群を選び，その群についてSCTの結果を検討する。

各群の抽出方法は次のとおりである。

まず，対子ども愛着，対夫愛着のそれぞれについて，6つの様式得点を合計

した愛着得点を算出し，その愛着得点の分布から上位1/4，下位1/4のものを抽出した。愛着得点の分布は，子どもがどの年齢段階にいるかで異なることがみられたため，第2項3) ①で分類した年齢群（Ⅰ～Ⅴ群）ごとに四分位点を決定した。各年齢群ごとの四分位点は，表9-17に示すとおりである。

次に，対子ども愛着得点の上位群・下位群と対夫愛着得点の上位群・下位群の対応から次の4群を抽出した。なお，この4群に関する年齢群，母親の学歴・就業形態の内訳は，表9-18に示すとおりである。

High ─ High 群（$n=142$）
　対子ども愛着得点も対夫愛着得点も，いずれも上位群のもの。以下，H ─ H 群と記す。

Low ─ Low 群（$n=126$）
　対子ども愛着得点も対夫愛着得点も，いずれも下位群のもの。以下，L ─ L 群と記す。

High ─ Low 群（$n=21$）
　対子ども愛着得点が上位群，対夫愛着得点が下位群のもの。以下，H ─ L 群と記す。

Low ─ High 群（$n=19$）
　対子ども愛着得点が下位群，対夫愛着得点が上位群のもの。以下，L ─ H 群と記す。

SCT(a)の分析は，第8章・研究Ⅳの対人関係の測定と同一の方法によるものである。

2) 結果

以下，SCT(a), (b)の結果について，H ─ H 群，L ─ L 群，H ─ L 群，L ─ H 群の順に述べる。なお，SCT(a)の結果は表9-19，図9-5に示すとおりである。

ⅰ) H ─ H 群

H ─ H 群は，子どもと夫のいずれに対しても愛着要求が強い群である。

SCT(a)において，子どもと夫が選ばれる比率は次のとおりである。すなわち，一緒によく外出する人（項目①）では子どもが49.3%，夫が66.9%，私と一緒に外出することを好む人（項目②）では子どもが50.0%，夫が47.9%，その人が元気かどうか気になる人（項目③）では，子どもが45.1%，夫が57.0%，私

表9-17 対子ども愛着得点・対夫愛着得点の
四分位点―子どもの年齢群別―

愛着得点 年齢群	対子ども愛着得点		対夫愛着得点	
	上位群	下位群	上位群	下位群
Ⅰ 群 ($n=151$)	20.33以上 ($n=34$)	16.33以下 ($n=34$)	22.67以上 ($n=36$)	17.33以下 ($n=37$)
Ⅱ 群 ($n=116$)	20.33以上 ($n=31$)	16.67以下 ($n=33$)	21.67以上 ($n=31$)	16.67以下 ($n=29$)
Ⅲ 群 ($n=93$)	20.33以上 ($n=24$)	16.67以下 ($n=25$)	22.00以上 ($n=24$)	16.67以下 ($n=21$)
Ⅳ 群 ($n=208$)	20.00以上 ($n=51$)	16.00以下 ($n=53$)	21.67以上 ($n=59$)	17.33以下 ($n=57$)
Ⅴ 群 ($n=389$)	20.67以上 ($n=106$)	16.33以下 ($n=93$)	22.33以上 ($n=96$)	17.67以下 ($n=101$)

表9-18 愛着得点の高低で抽出した4群に関する基礎的事項

		H―H群 ($n=142$)	L―L群 ($n=126$)	H―L群 ($n=21$)	L―H群 ($n=19$)
年齢群	Ⅰ 群	15	16	4	3
	Ⅱ 群	18	20	3	2
	Ⅲ 群	16	9	3	0
	Ⅳ 群	33	36	4	6
	Ⅴ 群	60	45	7	8
学歴	中学卒	24	15	1	4
	高校卒	70	69	11	9
	短大卒	33	26	6	2
	大学卒以上	12	13	3	4
	N・A	3	3	0	0
就業形態	無職	52	63	7	12
	家業	38	25	5	2
	内職	6	3	1	1
	パート	23	14	0	1
	常勤	17	20	8	3
	N・A	6	1	0	0

注) 数字は人数。

第9章　研究Ⅴ：母親の子どもに対する愛着　233

表9-19　SCT(a)の結果

		H—H群($n=142$)			L—L群($n=126$)			H—L群($n=21$)			L—H群($n=19$)		
		子ども	夫	S·A	子ども	夫	S·A	子ども	夫	S·A	子ども	夫	S·A
①	私が一緒によく外出する人	49.3	66.9	26.8	20.0	22.7	32.7	61.9	14.3	38.1	15.8	89.5	26.3
②	私と一緒に外出することを好む人	50.0	47.9	24.7	27.3	26.4	27.3	52.4	9.5	28.6	36.8	78.9	21.1
③	その人が元気かどうか気になる人	45.1	57.0	14.8	34.5	44.5	18.2	47.6	28.6	19.0	63.2	84.2	15.8
④	私が元気かどうか気にしてくれる人	47.2	69.7	15.5	25.5	40.9	17.3	33.3	19.0	28.6	36.8	100.0	26.3
⑤	何か困ったことがあるとき，私に相談する人	45.8	60.6	23.9	36.4	36.4	40.0	33.3	0.0	47.6	21.1	47.4	31.6
⑥	私が困っているとき，相談にのってくれる人	19.0	82.4	27.5	5.5	57.3	40.0	19.0	23.8	28.6	0.0	73.7	31.6

注）数字はパーセンテイジ。

が元気かどうか気にしてくれる人（項目④）では子どもが47.2％，夫が69.7％である。

以上，「行動」と「関心」のレベルのe方向，w方向の4項目については，子どもと夫それぞれが選ばれている比率は50％前後であり，両者間に顕著な差はない。また，その比率は，子どもに関してはH—L群に次いで，夫に関してはL—H群に次いで，4群中第2位である。

一方，何か困ったことがあるとき，私に相談する人（項目⑤）では，子どもが45.8％，夫が60.6％，私が困っているとき相談にのってくれる人（項目⑥）では，子どもが19.0％，夫が82.4％である。

「理解・支持」レベルのこの2項目の選択率は，子ども，夫ともに4群中第1位であるが，とくに困ったとき相談にのってくれる人として夫を回答している人がH—H群では大半であり，その比率に関しては子どもの選択率と大きな差がみられている。

次にSCT(b)の結果は以下のとおりである。H—H群142人中，無回答の35人を除いて回答が得られたのは107人である。その107人の回答の大半は子どもについても，夫についても肯定的情緒的な記述をしている。肯定的情緒的記述

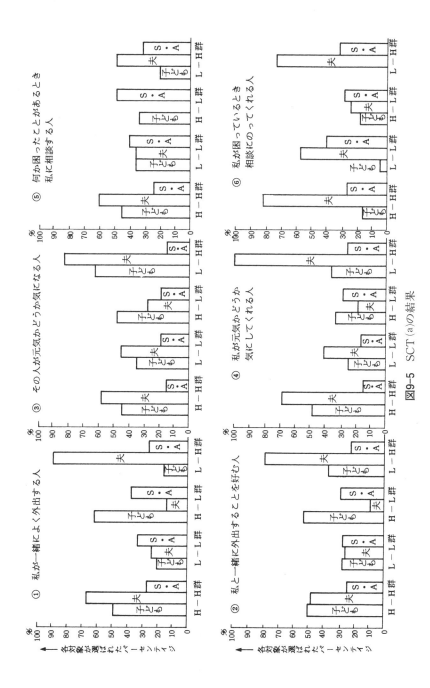

図9-5 SCT(a)の結果

をしている人は，子どもに関しては96人（89.7％），夫に関しては102人（95.3％）である。

しかしながら，記述内容を比較すると，同じく肯定的情緒的な記述であるが，子どもと夫のあいだで次のような違いがみられる。子どもに対する記述では，「生きがいである」「毎日の生活を心豊かにしてくれる」「かけがえのない宝物である」「無条件に可愛い」などが大半である。一方，夫に対する記述では，「良き相談相手」「もっとも信頼できる人」「同じ目的をもち，喜びや悲しみを分かち合える人」「私の人生でなくてはならない人」「最愛の人で心の安らぎを感じる」「共に人生を築いていく上で最高の人」などがその主な内容である。

子どもに対しても夫に対しても，同じく肯定的な感情が記述されているが，夫に対しては精神的に支え合い，確固とした相互信頼を獲得している様子がより顕著である。このことは前述のSCT(a)の結果とも一致するものである。

以上のことから，H─H群に関しては次のことが考察される。すなわち，H─H群は子どもに対しても夫に対しても，同程度の強い愛着要求を抱いているが，とくに夫とのあいだに精神的レベルでの愛着関係を成立させている。子どもに対しては可愛いという，主に情愛的関係が示されていることとくらべると，H─H群では夫と子どもとのあいだに精神的レベルでの機能分化が明確である。さらに，夫とのあいだに精神的レベルでの愛着関係を獲得していることが，H─H群では子どもに対する愛着の背景要因となり得ていることが考察される。

ⅱ）L─L群

L─L群は，子どもと夫のいずれに対しても愛着要求が弱い群である。

SCT(a)において，子どもと夫が選ばれている比率は次のとおりである。すなわち，一緒によく外出する人（項目①）では，子どもが20.0％，夫が22.7％，私と一緒に外出することを好む人（項目②）では，子どもが27.3％，夫が26.4％，その人が元気かどうか気になる人（項目③）では，子どもが34.5％，夫が44.5％，私が元気かどうか気にしてくれる人（項目④）では，子どもが25.5％，夫が40.9％である。

また，何か困ったことがあるとき，私に相談する人（項目⑤）では，子どもが36.4％，夫が36.4％，私が困っているとき，相談にのってくれる人（項目⑥）

では，子どもが5.5％，夫が57.3％である。

「行動」「関心」のレベルの4項目で，子どもと夫が回答されている比率にほとんど差がないことは，H—H群と同様の傾向である。ただし，その比率は子ども，夫のいずれに関してもH—H群にくらべて20〜30％弱程度低い。

「理解・支持」レベルの2項目のうち，項目⑤では子どもと夫が回答されている比率に差がなく，項目⑥では夫が子どもの比率をはるかに上回っていることも，H—H群が示した傾向と同様である。ただし，項目⑤⑥のいずれにおいても，とくに夫の比率はH—H群にくらべて25％前後低くなっている。

次に，SCT(b)の結果は以下のとおりである。L—L群126人中，無回答の25人を除いて回答が得られたのは101人である。その101人の記述内容をみると，子どもに関して「生きがい」「心のよりどころ」「生きていくうえで力を与えてくれる存在」という記述をしている人が25人（24.8％）である。ただし，そのうちの約1/4の6人は，「生きがいの一つ」「子どもが成長するまでは私の生きがいである」として，子どもを生きがいとはしているが，そこに限定をつけた記述をしている。

子どもに関してもっとも多い記述は，子どもが成長し自立していくことを前提としたものであり，それに該当した記述をしている人は43人（42.6％）である。そのうち，子どもの成長・自立を肯定的に捉え，そこに親としての喜びや責任を感じている人が33人（32.7％），寂しさや葛藤を記述している人が7人（6.9％），たんに中性的な記述のみをしている人が3人（3.0％）である。第一の肯定的な記述の具体例は，「成長が楽しみであると同時に，一人前の社会人になるまで親として非常に重い責任を感じる」「血のつながりはあっても，一つの別の個性が成長していくのを見るのは，人生の先輩として同性としてたいへん興味深い対象である」「成長とともに未知の世界を教えてくれた。私どもの育った戦後の生活では味わえなかった種々の視野を広めてくれる」などである。第二の寂しさや葛藤を記述している具体例は，「一人の人間としてのびのびと育ってほしいと思うが，世代が違うせいか考え方にずれがあって，びっくりさせられる」「私自身，子どもによって成長させてもらったと思うが，中学生頃から親元を離れはじめ，寂しく思っている」「とてもむずかしい存在。自立した立派な人間になってほしいと思うが，そのための自分の配慮が本当に的を射てい

るかどうか迷うことが多い」「子どもの成長の早さに自分がついていけるかどうか不安である」などである。第三の中性的な記述とは，「子どもは自分とは別の一人の人間である」というものである。

このほか，子どもの存在に対して拒否的・否定的な記述をしている人が7人（6.9％）である。具体的には「たいへんな重荷である」「誕生とともに職業をやめたので，今までいつも親の犠牲が大きすぎると思って育ててきた」などである。また，たんに「次男である」「家族の一員である」という事実関係のみを記述している人が6人（5.9％）である。

一方，夫に関しては，「良き理解者であり協力者である」「かけがえのない人である」「生涯，苦楽を共にできる信頼できる人」「どんなことでも相談ができ，話すことで心が安らぐ人」などの肯定的情緒的記述をしている人が70人（69.3％）で大半を占めている。このほかには，「いなければ困るが，いるとやっかいな存在」が5人，「空気のような存在」が10人，「今のところ唯一の経済源」「子どもを育てていくための協力者」「いついかなるときも，ギブアンドテイクである」などの道具的記述が8人，「他人である」「別の人間である」が5人である。

以上，L―L群において示された対子ども，対夫の愛着関係について，次のことが考察される。L―L群は子どもに対しても夫に対しても愛着要求の強度が弱い群であるが，このことはSCT(a)で子どもと夫が回答されている比率が，いずれもH―H群にくらべて低いことにも示されていた。

しかしながら，SCT(b)の結果とあわせて考えると，L―L群の愛着要求の強度の弱さは，子ども・夫のいずれについても，必ずしも否定的な関係を背景としたものではない。拒否的または中性的記述は，子どもに対しては12.8％，夫に対しては27.7％である。L―L群においても大半は肯定的記述をしており，子どもに対しては57.4％，夫に対しては69.3％がこれに該当する。しかしながら，とくに子どもに対して情緒的記述は24.8％にすぎず，残りの32.7％は，子どもの成長・自立を認識した客観的・理性的な記述である点が，H―H群と異なるところである。このほか，H―H群にくらべて異なる点は，S・Aに関する回答傾向である。何か困ったことがあるとき，私に相談する人（項目⑤）としてS・Aを回答している人は，H―H群の23.9％に対し，L―L群では40.0％

である。また，私が困っているとき，相談にのってくれる人（項目⑥）として S・A を回答している人は，H－H 群では27.5％，L－L 群では40.0％である。2項目いずれにおいても，L－L 群の比率のほうが有意（$p<.01$）に大きい。また，私が一緒によく外出する人（項目①），私と一緒に外出することを好む人（項目②）において，S・A を回答している比率そのものは，H－H 群と L－L 群で差はないが，しかし，H－H 群では，子どもや夫を回答している比率にくらべて，S・A を回答している比率ははるかに少ないのに対し，L－L 群では，子どもや夫の比率と同等，あるいはそれ以上の比率で S・A が回答されている点が，H－H 群とは異なるところである。L－L 群では，S・A が子どもや夫とならぶ存在として位置づけられており，それが子どもや夫に対して客観的なかかわり方を志向させている一つの要因であることが考察される。

iii) H－L 群

H－L 群は，子どもに対しては愛着要求が強く，逆に夫に対しては愛着要求が弱い群である。

SCT(a)において，子どもと夫が選ばれている比率は次のとおりである。6項目中1項目，私が困っているとき，相談にのってくれる人（項目⑥）を除いて，残りの5項目のすべてにおいて，子どもを回答している比率が夫を回答している比率を上回っている。私が一緒によく外出する人（項目①）では，子どもが61.9％，夫が14.3％，私と一緒に外出することを好む人（項目②）では，子どもが52.4％，夫が9.5％，その人が元気かどうか気になる人（項目③）では，子どもが47.6％，夫が28.6％，私が元気かどうか気にしてくれる人（項目④）では，子どもが33.3％，夫が19.0％，何か困ったことがあるとき，私に相談する人（項目⑤）では，子どもが33.0％，夫が0.0％である。

夫が選ばれている比率は，6項目のすべてにおいて4群中もっとも低い。H－L 群では，S・A を回答している比率が高いことが他の群にくらべた特徴であるが，とくに，何か困ったことがあるとき，私に相談する人（項目⑤），私が困ったとき相談にのってくれる人（項目⑥）では，夫がそれぞれ0.0％，23.8％であるのに対し，S・A は47.6％，28.6％である。「理解・支持」の2項目では，S・A が夫と同等以上の位置を占めていることが示されている。

次に SCT(b)の結果は以下のとおりである。H－L 群21人中，無回答の2人

を除いて，回答が得られたのは19人である。その19人の記述内容をみると，子どもに関しては19人中全員（100％）が肯定的情緒的記述をしている。「将来を夢見る宝である」「いかなるものにもかえがたい存在である」「私自身の生きる活力である」「出来が良い悪いに関係なく可愛い。わが子を育ててから死にたい」などがその具体例である。

　一方，夫に関しては19人中14人（73.7％）が拒否的・否定的記述をしている。その具体例は，「信頼関係が失われた夫は無意味な存在である」「時には他人よりも冷たい間柄ではないかと思う日がある」「邪魔ではないが，気が合わなくなった人」などである。残りの5人は「なくてはならない人」「必要な人」という表現の記述をしているが，そのうちの3人は「家庭経済のため」「子どもの教育のため」に必要だと回答している。

　以上の結果から明らかなとおり，H—L群では，「行動」「関心」「理解・支持」のいずれのレベルにおいても，夫との愛着関係が弱いことが示されている。とくに「理解・支持」という精神的レベルでの絆が失われていることはSCT(b)の結果にも顕著である。そして，このことが子どもに対して，より濃密な愛着関係を成立させているものと考えられる。また，夫に代わる存在としてS・Aが重要な位置を占めていることも，H—L群に独自な傾向といえるものである。

　　ⅳ）L—H群

　L—H群は，子どもに対する愛着要求が弱く，逆に，夫に対する愛着要求が強い群である。

　SCT(a)の結果，夫が選ばれている比率が，「理解・支持」の2項目（項目⑤⑥）を除いて，4群中もっとも高い。

　夫と子どもが選ばれている比率をくらべると，6項目のすべてにおいて，夫の比率が子どもの比率を上回っている。私が一緒によく外出する人（項目①）では，夫が89.5％，子どもが15.8％，私と一緒に外出することを好む人（項目②）では，夫が78.9％，子どもが36.8％，その人が元気かどうか気になる人（項目③）では，夫が84.2％，子どもが63.2％，私が元気かどうか気にしてくれる人（項目④）では，夫が100.0％，子どもが36.8％，何か困ったことがあるとき，私に相談する人（項目⑤）では，夫が47.4％，子どもが21.1％，私が困っているとき，相談にのってくれる人（項目⑥）では，夫が73.7％，子どもが0.0％である。

次にSCT(b)の結果は以下のとおりである。L—H群19人中，無回答の4人を除いて，回答が得られたのは15人である。その15人の記述内容をみると，夫に関しては15人全員（100％）が肯定的情緒的記述をしている。「同じ目的をもち，喜びや悲しみを分かち合える人」「私のことをいちばん理解してくれている人」「すべての道しるべである」「生涯にわたりかけがえのない人」「生きがいであり，すべてである」などがその具体例である。精神的な信頼関係を獲得しているとともに，全面的・情緒的に肯定する記述がなされている。

一方，子どもに関して，拒否的・否定的な記述をしている人は，「うっとうしいだけである」とした1人（6.7％）のみである。しかし，「生きがいである」「宝である」という肯定的情緒的な記述をしている人も3人（20.0％）にすぎない。もっとも多い記述は「私の与えたものが少しでも子どもの役に立てばよいと思う」「いろいろと人生経験をさせてくれる人物である」「一対一の人間として，人生のことを話し合える」「私の産んだ一人の独立した人間とみたい」という，客観的・理性的な記述であり，これに該当する人が10人（66.7％）である。

以上の結果から明らかなとおり，L—H群では夫との愛着関係が強く，「行動」「関心」のレベルの4項目では4群中第1位，「理解・支持」の2項目ではH—H群に次いで，4群中第2位の比率で，それぞれ夫が回答されている。SCT(b)の結果でも，夫との愛着関係が強いことが反映されており，15人全員が肯定的情緒的に夫を記述している。一方，子どもに関しては，肯定的情緒的記述は少なく，むしろ，大半が客観的・理性的記述をしていることが，夫に対する場合と異なる点である。もっとも，子どもについて拒否的・否定的記述をしている人は1人だけであり，L—H群において子どもに対する愛着要求が弱いことは，必ずしも子どもに対する拒否的関係を意味するものではないといえる。しかしながら，SCT(a)の結果に示されていたとおり，とくに「理解・支持」の2項目で，子どもが選ばれている比率がもっとも低く（項目⑤），あるいはまったく選ばれていない（項目⑥）。子どもに対して客観的・理性的記述がなされていながら，実際の愛着関係では，とくに精神的レベルで子どもが機能していないことが注目される。この2項目に関しては，図9-5に示すとおり，子どもに代る対象としてS・Aが存在していることが明らかである。

4. 要約と結語

　子どもと夫のいる母親957名について，その身近な存在である子どもと夫に対して向ける愛着を比較した結果，次のことが明らかにされた。
　A．愛着尺度の分析から考察されたことは，次のとおりである。
　1）　母親が子どもと夫に対して抱く愛着の様式は，「行動」「関心」「理解・支持」の3つのレベルにおいて，いずれも「相手を支えたい・愛したい」というe方向（expressed）と「相手に支えてもらいたい・愛されたい」というw方向（wanted）の二方向をもつ6様式が確認された。これは対子ども愛着，対夫愛着のいずれに対しても共通である。
　2）　各様式の強度を表わす様式得点を対子ども愛着と対夫愛着とで比較した結果，次のことが明らかである。
　　①　6つの様式のうち，相手を理解し支えてあげたいという愛着（「理解・支持e」）が，その強度からして第1位であることは，対子ども愛着，対夫愛着のいずれにおいても共通である。「理解・支持e」は，身近な対象である子どもと夫に対する愛着としては中心的なものと考えられる。
　　②　夫に対しては，「理解・支持e」とともに，相手から理解され，支えてもらいたいという愛着（「理解・支持w」）が強く，夫は母親にとって相互的な精神的絆をもとめる対象であると考えられる。一方，子どもに対しては，「理解・支持e」とともに，相手に関心を示してあげたいという愛着（「関心e」）が強く，子どもは母親にとって理解や関心を示す対象であると考えられる。
　　③　愛着要求の強度を比較した結果から，e方向の様式の愛着要求は子どもに対して強く，逆に，w方向の様式での愛着要求は夫に対して強い。子どもはe方向の愛着の対象として，夫はw方向の愛着の対象として，それぞれ機能分化しているものと考えられる。
　3）　調査対象の属性との関連性を検討した結果，次のことが明らかである。
　　①　対子ども愛着は，母親や子どもの属性との関連で，以下の違いがみられた。すなわち，子どもの成長とともに子どもに対するw方向の愛着要求

の増加がみられ，このことから，子どもの存在は，成長にしたがってw方向の愛着の対象としての機能を増すことが考えられる。子どもの人数に関しては，一人っ子の場合，母親の愛着が強くなり，それはとくに「行動」「関心」のレベルのe方向の愛着に示されている。母親の学歴との関連では，「関心」「理解・支持」のレベルでのw方向の愛着をもとめる傾向は，低学歴の母親において強く，高学歴の母親では，むしろ「理解・支持」のレベルのe方向の愛着を子どもに対して向ける傾向がみられる。母親の就業形態との関連では，パートにおいて，とくに「行動」レベルでの愛着が強い。

② 対夫愛着は，母親や子どもの属性との関連で以下の違いがみられた。まず，子どもの成長との関連では，子どもの年齢が小さい若年層の母親と，高校生に成長した子どもをもつ高年層の母親において，対夫愛着が強く，学童期の子どもをもつ中間年齢層においては対夫愛着が弱い傾向にある。しかしながら，子どもの成長と対夫愛着との関連性は，対子ども愛着に示されたほど，明確ではない。子どもの人数との関連では，人数が多いほど，対夫愛着が強く，それはとくにw方向の愛着において顕著である。

4) 愛着要求の強度の比較からは，2) に記したとおり，子どもと夫が母親のなかで機能分化していることがみられる。しかし，強度の積率相関係数を算出した結果，対子ども愛着と対夫愛着とは有意な正相関を示しており，子どもと夫は機能分化しながらも，高い関連性をもつ対象として母親のなかで把握されていると考えられる。

5) 母親の愛着と子どもの成長との関連性を，対子ども愛着と対夫愛着で比較した3相因子分析の結果，上記2) と3) (子どもの成長との関連性) の結果が確認された。

B．愛着要求がとくに強い群と弱い群を抽出して，子どもや夫に対する愛着要求と実際の愛着関係との関連性をSCT(a), (b)で検討した結果，次のことが明らかにされた。

6) 対子ども愛着と対夫愛着のいずれにおいてもともに愛着要求が強いH—H群では，実際の対子ども関係，対夫関係においても，強い愛着関係を成立させている。とくに夫に対しては，精神的レベルでの愛着関係を確立していることが顕著である。一方，子どもに対しては主に情緒的レベルでの愛着関係

を成立させており，子どもと夫の存在が機能分化していることがみられる。

　7) 子どもに対しても夫に対しても，ともに愛着要求が弱いL―L群では，実際の対子ども関係，対夫関係が，必ずしも否定的なものではない。むしろ，子どもや夫の存在を客観的・理性的に捉えていることが顕著である。そうした傾向の背景には，友人や仕事仲間等のS・Aの存在が影響していることが考えられる。L―L群では，子どもや夫とならぶ存在としてS・Aが位置づけられている。

　8) 子どもに対しては愛着要求が強いが，しかし，夫に対しては愛着要求が弱いH―L群では，実際の愛着関係においても対子どもと対夫で不一致がみられる。夫に対しては愛着関係が弱く，とくに精神的レベルでの絆を喪失していることが顕著に示されている。そのぶん，子どもに対して，自分のすべてを投影するような濃密な愛着関係を成立させていることがみられる。

　9) 子どもに対しては愛着要求が弱いが，しかし，夫に対しては愛着要求が強いL―H群では，夫を精神的にも情緒的にも全面的に肯定し，夫に対して強い愛着関係を成立させている。一方，子どもに対しては，必ずしも否定的な記述がなされてはいない。むしろ，客観的な記述が多いが，しかしながら，実際の愛着関係では，とくに精神的レベルで子どもがほとんど機能していないことがみられる。

　本研究では，母親の愛着を検討するにあたって，「相手を支えたい・愛したい」と「相手に支えてもらいたい・愛されたい」の二方向を問題とした。従来，母親の子どもに対する愛着としては，もっぱら前者の「相手を支えたい・愛したい」という方向があつかわれてきた。しかし，以上述べてきた結果に示されているとおり，子どもに対する愛着にも，「相手を支えたい・愛したい」とともに，「相手に支えてもらいたい・愛されたい」という方向の要求がみられ，両者の関係は子どもの成長や母親自身の属性によって変化し，発達していくことが示されていた。それは同時に夫に対する愛着とも高い関連性を有することが明らかにされたわけである。子どもと夫は機能分化しながらも，母親の愛着の対象として高い関連性をもつ存在であると考えられる。

　母子関係は，母親の側に関していえば，対子どもという枠に限定されるのではなく，夫婦関係を視点に含めた検討がなされていくべきである。子どもに対

する関係が夫に対する関係に影響し，同時に，夫との関係が子どもとの関係に影響をおよぼすという相互循環関係的な視点を導入する必要性が大きいと思われる。子どもに対する愛着と夫に対する愛着とのあいだに不一致がみられたH―L群とL―H群では，とくに子どもに対する愛着のあり方に問題があると思われる。H―L群では子どもに過度に密着していく傾向が示されており，一方，L―H群では子どもに対する精神的レベルの絆が稀薄である。子どもの成長とともに母親の子どもに対する愛着も発達していくことが必要であるが，そのためには調和のある夫婦関係を成立させる必要性が，本研究により明らかにされたといえる。

第10章　結び（第Ⅰ部・第Ⅱ部）

　本書は，従来の母性概念に内在する問題点を指摘し，かつ，子どもをもつ既婚女性を対象に，母親としての意識・感情を実証的に分析することによって，今後の育児機能を維持発展させるための方向を模索したものである。

　育児は，われわれ人間にとって世代の継承と文化の発展が託された重要な課題であり，生得的要因に保証されるとともに，他の多くの要因の関与のもとに成立変容する機能である。しかしながら，従来，育児とは女性の本来的特性であるとする通念が一般的であり，とくに女性の生理的・生得的特性が育児能力の大半を占めるものと認識されてきた。こうした傾向は，母性が良き育児の代名詞とされ，あえて解明するまでもない自明の概念とみなされてきたところにも端的に示されている。そのために，育児本来のあり方の根本的究明が閑却されてきたといえる。

　母性に関する現状について指摘される問題点は，一つには概念そのものが不明確かつ多義的なことである。母性とは「女性が母としてもっている性質」という漠然とした規定のなかに，各人各様の解釈の余地が残されている。しかし，より大きな問題点は，こうした概念規定の曖昧さを残しながら，一方では母性を絶対的なものとみなす風潮が根強く存在していることである。母性は女性の生得的特性であり自明なものとみなしてきたために，女性の育児機能に対する実証的な検討を充分にくわえることなく，その絶対性・普遍性が強調されてきた。こうした傾向は，社会一般の風潮であるばかりでなく，医学・心理学・社会学等の研究領域においても同様に認められるところであった。母性に対する実証的な解明の遅れは，第3章において各研究領域および文化論の領域での母性論を概観した結果，明らかであるように思われた。山村［1971］が指摘して

いるとおり，わが国において母親は価値的シンボルとして機能しており，母親の愛情に対して絶対的な信頼をおく風潮は，いわばわが国の文化的風土ともいうべきものである。そのなかで子どもが守られ育まれてきたこと，また，女性自身も母親として生きることで自らの生のよりどころをもとめてきたという事実がある。

しかしながら，母親の愛情を絶対視する従来の風潮は，母性に対する実証的解明を遅らせた一方で，母親が養育能力に適切さを欠いている場合や，養育能力を充分に発揮し得ないような状況下にある場合にも，育児を母親に絶対的に依託する傾向を招いてきた。そうした傾向は，母親の愛情を尊重し，その重要性を認識しているようにみえて，その実，母と子双方の成長発達に必要な条件を整える点に関して充分な配慮をはらわず，かえって母性を軽視する結果をもたらす側面を有していたと考えられる。

本書は，母親の愛情の絶対視という従来の動向に対する懐疑の念から出発し，いくつかの問題を提起してきたが，母親の愛情を危惧し，その必要性を否定しようとするものではない。子どものたいせつな発達環境の一つとして，母親の重要性は幾度強調してもしすぎることはなく，また，女性自身の心理的発達のうえで，母性機能が担う意義が大きいことも充分理解される必要がある。むしろそうであればこそ，母性を女性の生得的特性とし，その絶対性のみを主張して実証的解明を疎かにすることは問題ではないかと考えるのである。とりわけ，社会的・経済的情勢の変動のもと，女性の生き方が多様化していることを考慮するとき，母性は形成され発達変容するという視点から，その形成発達を支える条件を実証的に究明することが何よりも必要であろう。

ところで，母性は形成され発達変容するものと把握することは，母性の普遍性を問い直し，母親の子どもに対する関係そのものに多様性・個別性をみいだすことであり，その過程で今後の母子関係の方向を検討することであろう。従来，育児機能のすべてを包括する概念として不動の普遍的な価値までも付与されてきた母性に対し，本書は，母性とは子どもをもつ女性（母親）が子どもとの関係で発揮し得る育児能力という新しい規定を提起した。そのうえで，とくに母親としての意識・感情に焦点を当て，その多様性・個別性を明らかにすべく行なった五つの研究を報告した。具体的には，母性を成立させている三つの

次元，すなわち，「生理的・生物的次元」「社会的・文化的次元」「個の次元」のそれぞれについて，多様性・個別性を検討したが，そのための五つの研究はいずれも母親の生活状況との関連のもとに分析することにおいて，視点を共通とするものである。

　研究Ⅰ「母性発達と妊娠に対する心理的な構えとの関連性について」では，妊娠中からの追跡調査により，母親としての意識・感情の発達と妊娠・分娩過程の諸要因との関連性を検討した。その結果，母性発達を規定する要因として，以下の二点を指摘した。まず第一点は，母性発達は当初の妊娠を受容する姿勢と深い関連性があること，とりわけ母親になることを自らの問題として対処する姿勢の重要性が認められた。第二点は，母性発達と夫婦関係との関連性であり，夫婦間の信頼関係は母親になろうとする女性の妊娠に対する積極性を支えるとともに，出産後は母親としての機能や心理の安定を左右する要因として少なからぬ影響力が認められた。従来，妊娠・分娩過程は，生理的・生物的諸要因の影響力が強調されてきたが，研究Ⅰは，むしろ妊娠・分娩過程においても，女性の生き方や夫婦関係のあり方という個々の生活状況との関連性のもとに母性発達を検討すべきであるということを示したといえる。この点については，以下の研究Ⅱ〜Ⅴにおいてさらに確認し得たことである。

　研究Ⅱ「母親意識の世代差について」は，高学歴女性を対象として，生きる時代を異にする母親の意識を比較したものである。その結果，昭和初期に育児を担当した母親（A世代）と現代の母親（C世代）とのあいだに，とくに顕著な差異が認められた。育児を高く評価し，母親であることを肯定的に受容していたA世代の母親にくらべて，C世代の母親は，必ずしも育児の意義を否定はしないが，しかし，母親であることと自分自身の生活をもとめる欲求とのあいだに葛藤の大きいことがみられた。女性の生き方を家事・育児に結びつけ，その意義を重視した昭和初期の風潮と，世界的規模で女性の生き方が再検討され，女性の高学歴化とともに女性自らのなかにも社会人としての自我意識や社会参加への意欲が向上している現代とのあいだには，社会状況そのものに隔絶した差が認められる。そしてそれを両世代の母親の意識と関連させて考察したとき，母親としての意識は社会状況の変動とともに変容することが明らかであった。

　しかしながら，世代差を検討することによって社会的・文化的要因の規定力

を問題とするとき，その表面的な変化にのみ注目することは正しい検討のあり方とはいえないことも，研究Ⅱの知見は同時に示している。A世代とC世代の意識の差は，たんなる社会情勢や時代状況の相違を反映したものとみるべきではなく，それぞれの時代のなかで生きる個々の母親の姿勢や生活状況，とりわけ育児期間中の就業状況に起因することが考察された。A世代の大半は育児期間中も仕事をつづけ，社会的に活躍する場を得ている一方で，家庭では母親として充足しており，それがA世代の母親の育児に対する熱意と心理的安定をもたらしていたと考えられる。一方，C世代の母親が示した母親役割受容の葛藤は，社会参加を希求しながら，現実生活ではそれが叶えられないという生活状況に生じた精神的余裕の喪失による点が大きいことが注目されるべきであろう。両世代の母親としての意識・行動は，形のうえでこそ違いはあるが，高学歴女性が母親として生きるうえでもとめたものとしては，共通の要素を認めることができる。母親として以外の生活をともにもとめながら，A世代はそれを実現し，C世代はそれが充足されない点に，両世代の相違の原点がもとめられる。母性の変容を社会的・文化的次元で検討する場合には，そのなかで生きる個人の姿勢との関連性を追究してこそ，今後の社会状況の変動に対応した母性のあり方を模索する視点をもち得ると考えられる。

　研究Ⅲ「母親意識の発達変容について」は，研究Ⅱの知見に基づき，母親としての意識の変容を母親の生活状況と関連させ，調査対象をさらに広く一般にもとめて検討したものである。具体的には，母親の生活状況に関与すると考えられる三要因，すなわち，母親自身の学歴・就業形態，子どもの成長にともなう母親の加齢について，母親意識の発達変容を検討した。その結果，全般的傾向として母親役割受容に対する意識は，積極的・肯定的なことが認められた。しかし，母親であることが自分のすべてだとする意識は弱い。また，高学歴の母親や，学童期から中学生の段階の子どもをもつ30代の母親に，母親役割に対して消極的な意識がみられた。しかし，ここで示された母親役割受容への消極性は，必ずしも育児そのものへの嫌悪や否定ではなく，育児以外の自分自身の生活をもとめるがゆえの相対的な消極性であることが考察された。これは，研究Ⅱで明らかにしたC世代の意識と共通の傾向である。また，就業形態別の分析の結果，パートの母親に，母親役割受容に対する意識の矛盾が存在するこ

とが明らかにされた。パート就業の理由は，経済的理由に次いで社会参加への欲求が指摘されているが，仕事の選択が家事・育児の制約を受けるという事情から［高橋，1983］，結局は選んだ仕事にも満足し得ない状況が認められる。そこには母親として生きることへの個人的欲求ならびに社会的期待と，社会参加への欲求とその現実化の困難さ，この両者の葛藤のなかで母性そのものが不安定にならざるを得ない状況が考察される。

　研究Ⅳ・Ⅴは，母性の「個の次元」について，母親の対人関係との関連性のもとに母親としての感情の変容を検討した。研究Ⅳ「母親の対人関係と子どもへのかかわり方との関連性について」では，夫と子どもは母親の対人関係のなかでともに重要な対象であること，とりわけ夫は母親の精神的な支えとして重要な機能を果たしていることがみられた。また，母親の対人関係に関して問題とすべきことは，一つには子どもの位置づけであり，いま一つは友人や仕事仲間等のS・A（Social Agent）の存在である。対人関係の枠組にS・Aを含まない母親に，子どもへの密着化傾向が顕著に示されており，母親自身の生活空間の狭いことが，子どもに対するかかわり方にも弊害を生じさせることが考察された。しかし，一方では子どもよりもS・Aを対人関係の中心としている母親では，子どもの成長への寂しさの感情が弱いとともに子どもの人格の独立性を認識し，客観的にかかわることを志向する感情も弱いことが示された。子どもに対する自立的関係を育成するためには，母親が自らの生活空間を確保し，広い対人関係を形成するとともに，子どもに対しては充分な精神的交流が必要であることが考察された。

　研究Ⅴは，母親の対人関係のなかで，とくに夫の存在をとりあげ，母親の愛着を対子どもと対夫で比較した。夫の存在が母性発達上の重要な要因の一つであることは，研究Ⅰおよび研究Ⅳの知見に基づくものである。研究Ⅴの分析の結果，子どもと夫は機能分化しながらも，いずれも母親の愛情の対象として高い関連性をもつ存在であることが明らかにされた。子どもに対しては支えてあげたいというe方向（expressed）の要求が，夫に対しては支えてもらいたいというw方向（wanted）の要求が顕著であったが，しかし，子どもに対してもw方向の要求は存在し，同様に夫に対してもe方向の要求は存在していた。さらに各要求の強度を比較したとき，子どもに対して愛着が強い母親は夫に対

しても愛着が強いことが認められた。子どもおよび夫に対する愛着に不一致のある母親では，子どもに対するかかわり方に問題が存在することが認められた。子どもよりも夫に対して愛着の強い母親では，子どもに対する精神的な関与が稀薄であり，一方，夫とのあいだに愛着関係を喪失している母親では，子どもに対して過度に密着する傾向が顕著であった。従来，母性は対子どもに限定されて検討がなされてきており，夫に対する愛着とは質的に相容れないものと認識されてきた。しかしながら研究Vの結果は，母親の愛着は全人格的な問題として把握すべきであり，対子どもの枠内に視野がかぎられてきた従来の傾向の問題点を指摘したことで，母性に対する新たな視点を提起したと考えている。

　従来，母性が女性の生得的特性とされ，それゆえに普遍的次元で理念化されてきた傾向に対し，本書は母親の生活状況との関連性のもとに母性の実態を再検討する必要性を提唱し，そのための実証的研究を報告してきた。以上の五つの研究知見に基づき，今後の母性に関する課題を述べて第Ⅰ部・第Ⅱ部を結ぶこととする。

　本書の研究知見から，母性に関して次の諸点が指摘される。すなわち，母性を論ずることは女性の妊娠・出産機能に局限されるべきではなく，また，対子どもの枠内でのみ論じられるべきものでもない。むしろ，女性のライフ・サイクルの中に位置づけられた広い視野のもとで，今後の母性のあり方を検討する必要性が指摘される。これに関連する事項として，さらに以下の三点を指摘する。

　第一は，母親となる，あるいは母親である女性が，自らの生き方を明確にし，その生き方との関連で母親役割を受容する意義を認識するという心的営みが不可欠である。母親になることを受容する姿勢，とりわけ自分自身の問題として対処する姿勢が母親としての心理的発達を左右することが，研究Ⅰにより明らかにされた。

　第二は，社会参加を含めて育児以外の自らの生活を有することの意義を指摘する。女性の意識，地位の向上が急速に進展しつつある現代の状況を考慮するとき，自らの生き方，生活をもつことは母親の心理的充足の主要な要因であり，その充足感が育児にも肯定的結果を招くことが考えられる。このことは，研究Ⅱおよび研究Ⅲにより明らかにされた。

第三に，母親自身が対人関係に広がりを有することの意義とともに，夫婦関係の重要性を指摘したい。このことは研究Ⅳおよび研究Ⅴにより明らかであった。夫婦関係に関しては，わが国ではその未熟性，貧困さが指摘されている。夫に対しても妻に対しても，親としての側面を強調しすぎるために，男性として女性として構築すべき夫婦の絆が未発達である。とりわけ母性を重視し女性性を否定してきた風潮が，こうした傾向に拍車をかけてきたと考えられる。その結果，夫婦間に充足され得ない要求を子どもにもとめ，ときに病的なまでの母子密着の現象を展開していることもある。夫婦間に愛情ある信頼関係を築き，そのなかで妻として充足した生活をもつことは，母親としての心理の安定と発達のたいせつな条件と考えられる。

　今後の母性の発展を支える条件として，上記三点を指摘したが，それは同時に以下の二つの事項を付帯することに留意しなければならない。

　第一は，社会参加を含めた自分自身の生活と育児との接点のもとめ方に関するものである。母親が広い生活空間と対人関係を有することは，その視野を拡大させるとともに子どもに対して自立的関係を育成するための必要条件であると考える。しかし，母親が自らの生活を志向するとき，そこで獲得された視野の広がりを子どもとの関係にいかに還元するかが，つねに検討される必要がある。研究Ⅳが示したとおり，対人関係が家族以外のＳ・Ａを含みながら，そのぶん，子どもが母親の精神的生活の中心から乖離している場合，子どもに対して自立的な関与が示し得ないことが認められた。子どもの人格を認め，対象愛を発達させるためには，自分と子どもとの関係を客観的に把握し得る視野の広がりを有するとともに，子どもに対して精神的に正面から関与することが必要であると考える。

　同様のことが母親の就業に関しても考慮されねばならない。母親が職業を有することの是非は，主婦論争として体系を成すまでに多様な論争が展開されており［上野，1982］，たとえば，古くは与謝野晶子［1918］と平塚らいてう［1918a,b］の論争，新しくは田中澄江と樋口恵子の論争［朝日新聞，1979・11・6］がある。婦人問題の主要なテーマであり，画一的に単純な結論を出すことは困難である。しかし，母親も一人の人間として自らの生を支え，幼い生命の存続を保証するために，就業し，かつそのなかで自己実現への欲求を充足しようと

する姿勢を有することの意義と必要性を筆者は積極的に評価したいと考える。しかし，就業がすなわち母性の成長にも寄与するという主張には，この問題の一面を強調しすぎる危険性があるように思われる。労働の場の原理と子どもと共有する場の原理は，本来異質のはずである。異質なものを単純に同質化して捉えることは，労働の質も母親としての質もともに低下させることが懸念される。また，母親の就業は，いうまでもなく子どもとの物理的な接触量を減少させることである。この問題は，子どもが幼少期であるほど，とくに慎重な配慮を要する。物理的な接触量の減少を代償するだけの質的な関与が留意されなければならない。母親の社会参加の機会は，たんに女性の意識上の問題からだけではなく，経済的要請も含めて，今後さらに増大することが予想されるが，それが育児機能の質的向上に寄与するためには，子どもに対する充分な配慮をともなった社会参加のあり方が追求される必要が大きいと考える。

第二に，母性機能の維持発展は女性のみの課題ではなく，男性および社会の育児機能の発揮を前提条件とすることについて認識が高められる必要がある。母親が自らの生を志向し，生活空間を拡大する意義は，それが母親の心理的安定と充足に帰着することにある。しかしながら，現代の既婚女性の就業形態の特徴といわれるパートに内在する矛盾は，育児の大半が女性に委ねられている現状で，母親が社会参加を志向することに発するものである。社会参加による母性の充実をもとめるためにも，育児が男性および社会の分担に支持される可能性が，さらに積極的に検討されるべきではないかと考える。

現代および今後の社会において，母親が心理的に安定して育児に携わり，その育児機能が発展的方向を辿るための条件および留意点は以上のとおりである。しかしながら，上記の指摘は子どもと夫を有する既婚女性を対象とした研究結果に基づくものである。未婚の母親や夫のいない母親における母性発達は，本書ではあつかい得なかった。近年の家族問題の続出に象徴されるとおり，現代社会が内包している問題は，子どもや家族の問題に集約された形で出現している。こうした状況下で女性や母親が担い得る機能を模索するという観点からも，今後母性研究に託される課題が広くかつ深いことが思われる。本書（第Ⅱ部）の五つの研究は，母性が個別性と多様性の余地を大いに残すものであることを明らかにし，その形成および発達変容を検討したものにすぎない。しかしなが

ら，母性は歴史的に自明の概念としてあつかわれ，実証的な分析を経た知見の蓄積に乏しい領域であった。それゆえに一見初歩的とも思われる段階からの解明が要請されるテーマであり，従来の価値的付与の大きい概念そのものを検討するために，まず，子どもと夫を有する既婚女性を対象として，その実態を把握することから着手しなければならなかった。そのための第一歩として，本書が母性の形成および発達変容の過程を，その背景要因とともに分析・解明しようと努めたことは，今後の育児機能を維持発展させるために必要とされる条件を探究するうえでの一つの理論的根拠を示すことができたものと考える。

　なお，今後の育児機能の変容とそれにともなう母性の変容に対する展望は，社会的，経済的動向に対する視野をもち，かつ，母親の具体的生活状況に対する丹念な分析の努力をつづけつつ検討されてゆくことが必要と考える。母性が世代継承の一端を担う重要な機能であり，女性自身の心理発達にも寄与するところが大きいことを考えるとき，母性への解明はさらに多方面から行なわれるべき重要な課題といえよう。

第Ⅲ部
父性をめぐる現状とその問題点
―― 母性研究との関連性について ――

第11章　父親研究の意義と必要性

1. 母子関係重視の動向に対する反省

　人間の発達において親子関係がもつ意義は，他の哺乳動物にくらべてきわめて大きいものがある。近年の乳児研究および小児医学の領域における諸研究は，乳児が出生直後から種々の能力を備えた能動的な存在であることを明らかにしている。しかし，Portmann, A.［1951］が指摘しているとおり，人間の出生状態が離巣性に属する他の哺乳動物と際立った対比をなすほどに未成熟であることは否定し得ない事実であり，乳児の生命は成体の養育能力に依存することで初めて存続が可能とされている。さらに，一人前に成熟するまでに長期の養育期間を要することもくわわって，生育環境のうちでもとりわけ親子関係は，人間発達のなかで主要な役割を果たしているといえる。子どもの発達を親子関係との関連性のもとにあつかった心理学的研究が膨大な量に達していることも，こうした親子関係の重要性が広く認識されていることを示すものである。
　しかしながら，生育環境としての家庭や親の重要性が指摘されながら，その実，従来の研究の大半は，もっぱら母親を対象としたものであった。父親に焦点を当てた心理学的研究は，質量ともに乏しいのが現状である。
　親子関係の研究が母子関係に偏ってきた理由として，一つには父親を調査対象として資料を直接入手することが困難であるという方法論上の理由をあげられよう。しかし一方では，子どもの発達にとっては母親がもっとも重要だとする認識が一般に根強く存在し，これが潜在的に父親研究を低調なものとしてきたことも争えない。母親を絶対視する傾向が子どもの発達環境を検討するさいにその視野を狭め，同時に母親となった女性に対する認識を一面的・画一的な

ものとしてきたこと，そのために育児本来の機能に誤解を生じさせていることは，第1章「母性研究の意義と必要性」，第2章「母性概念をめぐる現状とその問題点」に記したとおりである。

　家庭や親が，子どもの発達にとって重要な役割を果たすものであることを認識させる一因ともなったホスピタリズムについての諸研究は，後のMaternal Deprivationという語が示すとおり，施設児の発達遅滞や発達障害の原因を生みの母親の不在にもとめることに帰着していった。しかし，この結論は，結果的に母親の愛情や行動の質的内容を検討する視点を失わせ，生みの母親の愛情の絶対性のみを強調する傾向を蔓延させることになった。Maternal Deprivationに関しては，仮に生みの母親が存在していても養育能力の適切さを欠いている場合には，施設児と同様の発達上の阻害が認められるという事実（Masked Deprivation）からみても欠陥の多い見解であることが指摘され，後にはSensory Deprivation, Social Deprivationという観点から考察がなされるようになった。このように子どもの発達を捉える視点は，母親の在，不在あるいは家庭保育対施設保育という外的な形態上の差異に基準をもとめるのではなく，より質的な内容に踏みこんで検討がなされることが必要である。施設児における欠損は，母親の不在，感覚的・社会的刺激の剥奪にくわえて，近年では新たに家庭的な人間関係のダイナミズムを欠如していることが指摘されている。親子・夫婦・きょうだいが織り成す複雑な人間関係を経験する機会をもたないこと，なかでも父親の機能の欠如は，Paternal Deprivationとして新たに注目を要する課題とされている。施設児の問題は，施設が家庭的な要素や母親を欠如しているという観点から，逆に家庭や母親の機能を把握するうえで有効であったが，同様の観点からも父親の存在が子どもの発達上の主要な要因であることを示していると考えられよう。

　一方，父親の存在は，子どもに対して直接的に機能するだけではなく，母親を媒介とした間接的な機能を有するものでもあり，夫婦関係に視点をおいて子どもの発達を検討する意義も忘れてはならないものがある。

　第Ⅰ部，第Ⅱ部は，従来の母性概念が女性の生得性を過度に強調していること，それゆえに母親の機能が画一的に解釈される傾向にあることを批判し，むしろ，女性の生活実態に即して，妻として，女性として，人間としての総合的

な観点から母親としての側面を分析する必要性を提起したものであった。具体的には，母親としての意識や行動の多様性と個別性を明らかにし，同時にその背景要因についての分析をとおして，母性の形成発達のための支持条件を模索したものである（この点に関して，文献研究および五つの実証的研究をとおして得た結論は，第10章「結び」に要約した）が，その結果，母性の形成発達上の支持条件の一つとして，夫婦関係の機能の重要性を指摘した。夫婦間に協力と信頼関係が存在するか否かが，母親の心理的安定度を左右し，子どもに対する自立的な愛情の発達に影響を与えることがみいだされた。この結果は，夫であり父親である存在との関係を検討せずに，子どもとの関係の枠内のみで母性を論ずるのは，妥当ではないことを示すものと考えられた。母子関係は，今後，夫婦関係や父子関係を導入して改めて把握されねばならないというのが，第Ⅰ部，第Ⅱ部における結論の一つである。母子関係に新たな展望を拓くうえでも，父親（夫）の存在に対する分析検討を行なう意義と必要性は大きいと考える。

　また，親子関係を考察する視点が，従来のごとく母子関係の枠内にかぎられてきたことは，母子双方の発達環境を阻害するだけではなく，父親である男性の生き方にも多くの弊害を生じさせていると考えられる。そもそも育児は，未来の社会を託す幼い生命を慈しみ育む営みであり，本来は社会的承認と援助とを背景として男女両性の成体が負うことが適切と考えられる。この営みが，従来は母親である女性に主として委ねられ，男性や社会の関与が最小限にとどめられてきたことに対して，そこに内在する問題点を認識し，従来の傾向を是正することが必要と思われる。そのためには，育児を女性の天性とみなす認識そのものが再検討され，男女それぞれの育児能力の可能性と限界について分析がなされていくことが必要であろう。今日，父親の意義と役割について研究することは，従来の母子関係偏重のなかで山積されてきた問題を打開し，育児本来の機能を回復するためにも必須の課題であると考える。同時にこの観点から父親研究を行なうことにより，同一の問題意識のもとに展開した第Ⅰ部，第Ⅱ部の母性研究を補完することを意図するものである。

2. 父親研究に対する今日的要請

さて，今日の社会状況に目を転じたとき，人びとの生活基盤として家族の存在および機能が注目されるとともに，そのなかで男性が果たすべき機能の重要性について認識が高められている。この観点からも，父親研究の意義と必要性が指摘される。父親が注目されるに至った経過ないし背景は，具体的には次のようなものである。

そもそも父親に対する注目は，その背景に家族への注目が存在している。顧みれば第2次大戦後のわが国においては，一貫して家族が注目されてきたといえる。この点について布施［1982］の記述を基にすると，まず1950年代半ばから1960年代にかけての経済の高度成長段階においては，「物質的拡大の砦として」あるいは「労働の現場における疎外から逃避する場として」のマイホームの存在が注目された。次に1960年代後半から1970年代にかけては，公害の発生等，高度経済成長の歪みが表面化した結果，生活を防衛する運動のなかで「生活の基礎的基盤として」の家族の存在が注目された。さらに1973年以降の低成長下では，「自民党による『家庭基盤充実』政策とそれを土台とする『日本型福祉社会』構想の提示，その基本方針にもとづく予算措置」にあらわされているように，「福祉の受け皿として」の家族への再認識が促されている。この福祉政策上からの家族に対する注目は，老人扶養や子どもの養育を家族の自助機能の発揮に待つものであり，とりわけ家庭内の女性や母親，妻に老人扶養や子どもの養育が期待されているという［布施，1984］。

一方，今日の家族に対する注目は，福祉的要請だけではなく，いわゆる家族問題の続出がその背景にある。再び布施［1982］の記述を引用すると，現代の家族問題は「具体的には，家庭内暴力や非行の続発，過疎地域におけるおき去り老人や都会の谷間における独居老人世帯の増加，離婚の増大にともなう母子，父子世帯の増加等」に象徴され，これらは「子どもと老人の問題に特化されつつも，けっしてそれにとどまらぬ国民全体の社会問題」として注目され，家族とは何かが改めて問われている。これら今日の家族問題への対処としては，たんに家庭内の女性の機能に委ねられるのではなく，家族の形態そのものの再検

討とともに，男性の存在が注目されている。たとえば，父権回復論にみられるように，戦前の家族の形態のなかでの父親の権威や権力が，今日の家族問題の打開策の一つとして提出されている。

また，国際婦人年を契機として男女の性別役割分担に対する再検討が行なわれたことも，別の観点から父親の存在に注目を集めた一つの要因といえよう。なかでも昨今の女性解放運動が，従来のたんに女性解放を主張することから，男性を含めた人間解放へと主張を転ずる傾向を示しているが［Friedan, B., 1981, 1984］，これは労働に奔走することを余儀なくされてきた男性に対して，親として，家庭人として，人間としての側面の回復をもとめているものである。事実，近年の既婚婦人労働の増加は，男性の家事・育児への参加に関して，その現実化はともかくも，少なくともその必要性を無視してすますことは不可能な状況をつくりだしている。男女の性別役割分担にも徐々に変容の萌しがみえつつあるなかで，男性の家事能力や育児能力が問われはじめている。

以上のとおり，今日の社会状況は父親の存在に目を向けさせる傾向にあり，それゆえに各方面で父親論議が活発化している。しかしながら，現段階での父親論議は個人的体験ないしは価値観の範囲で語られている傾向にある。Mead, M.［1949］が指摘しているとおり，父親は社会的発明であり，その存在や機能は外的諸条件に左右されると考えられる。したがって，父親像の模索は，父親存在を規定している諸要因を考察し，その理論的根拠を提示するという試みをともなってなされることが必要であろう。そうしてこそ初めて，父親に寄せられる今日の社会的要請に応えるための知見の蓄積が築かれ得るものと考えられる。

3. 第Ⅲ部の展開について

人間存在の検討は，社会的・文化的背景との関連のもとで行なわれる必要があろう。主論文における母性研究もこの観点から行なったものであるが，一方，父親の存在および機能が外的諸条件により多く規定を受けることを考えるとき，父親研究にさいしては上記の観点を強調する必要性がいっそう大きいといえる。

父親の機能として一般に考えられているものは，1.子どもを作る，2.子ども

を養う，3.子どもを保護する，4.子どもを教育する，5.子どもの自己確立の対象となる，6.子どもの遊び仲間となる，等である［von Canitz, H. L., 1980］。これらの機能は，総じて権威と養育性の二つの要素に集約して把握されるが，父親像をめぐる論争において，この両者は相互に対立的に論じられる傾向にある。

　第Ⅲ部では以下，父親の権威と養育性に焦点を当て，今日の社会的・文化的・経済的状況下でもとめられる父親の権威および養育性とは何かについて，検討したいと思う。

　まず，権威に関しては，第12章で今日の父権回復論の妥当性，適切性を検討することをとおして，父親の権威や権力のあり方を考察する。そのためには，回復が主張されているかつての父権とは何か，その実体について歴史的に検討するとともに，かつての父権を回復することで今日の子どもの養育上の問題をどこまで解決し得るかをあわせて検討することとする。

　一方，養育性に関しては，主として父親が子どもと日常的な接触のなかでどのような影響をおよぼしているかについて言及されるのが常であるが，ここでは，子どもに対する直接的影響過程と間接的影響過程とを区別して父親の機能を考察することとする。これは今日の産業社会における父親の存在形態からして，また母子関係をドミナントとするわが国の親子関係の特殊性からして，父子関係は直接的な接触の側面だけでは把握し得ない余地を多く残すと考えるためである。第13章はこの観点から，父子関係に関する従来の心理学的研究を概観し，同時に間接的影響過程を明らかにする目的から行なった筆者の研究について報告を行なう。

　終章である第14章は，第11章から第13章までの考察をもとに，父親に関する検討課題を整理し，今後の父親像について考察を行なうこととする。

第12章　わが国における父権の特質および問題点

1. 今日の父権回復論の背景

　今日，父親が問題とされるとき，そのほとんどが父親の不在や存在感の稀薄を指摘していることで共通している。現代が「父親なき社会」であることは，ドイツの精神分析学者 Mitscherlich, A. によって1963年に指摘されたが，以来，父親のイメージが不鮮明だとする見方はいっそう定着し，「見えざる父親」「影の薄い父親」「弱い父親」等の表現が，父親を語るときの常套語と化している。

　高度に組織化された現代の産業社会においては，いわゆるサラリーマン家庭の多くにみられるように，労働の場が家庭外の組織に集約されているが，この職住分離が今日の父親の状況のかなりの部分を規定していると考えられる。第一に，家庭における父親の物理的不在を生じさせていることが指摘される。近年の住宅事情は通勤距離を延長することで，この傾向にさらに拍車をかけている。第二に，職住分離は父親が自らの職業技能や勤労態度をとおして，生活の実践や厳しさ，さらには自己の存在理由を子どもに教示することを不可能としている。

　家庭から労働の要素が排除された結果，父親の家庭滞在時間が減少し，同時に父親が自らの権威や存在価値を示す機会を失わせたといえる。それにくわえて，組織の一員として労働に奔走させられている父親にとって，家庭は消費とエネルギー再生産の場と化し，疲れ果てた姿を子どもの前に露呈せざるを得ないことも，父親の権威や存在価値を弱体化させている。また，わが国の企業は疑似家族的一体感をもって職場に帰依することを男性にもとめる傾向が強く，

勢い，男性自身の意識も家庭から遠のく結果を招いている。猛烈社員やワークホリックと呼ばれる現象に象徴される父親不在も，今日的な特徴の一つである。

一方，父親不在の現象とはうらはらに，父親が積極的に家事・育児に参加する傾向も，以前にはみられなかった今日的現象として注目される。第Ⅱ部第6章・研究Ⅱ「母親意識の世代差について」に報告したとおり，父親が子どもに高い関心を示し，日常的な細々とした育児に協力している傾向は，現代においてとくに顕著であることが示されていた。核家族化が進展し，家族形態・夫婦関係も多様化傾向にあるが，それにくわえて近年の既婚婦人労働の増加は，家庭内の男女の役割を変化させつつあることも事実である。たんなる協力ではなく，母親（妻）と同等の立場で家事・育児に参加することを意図する男性の姿が，徐々に広まりをみせつつある（例：男の子育てを考える会，1978）。

しかしながら，この父親の家事・育児参加に対して，それを父親の母親化現象とみなし，父母間の役割分担が不明確になることが子どもの発達上望ましくないとして懸念する声も根強い（例：毎日新聞，1979・11・29）。

以上のとおり，父親をめぐる状況は，一方では家庭からの不在現象と，他方では積極的な家事・育児参加の現象とが両極端に分かれて存在しているが，いずれの現象においても父親の存在意義が稀薄であるとする点では変わりがない。この点に注目したとき，父親に関する問題の根源は，実は父親の在，不在にあるのではなく，いずれにおいても父親の存在意義を稀薄とみなす観点にこそもとめられるべきではないだろうか。父親が物理的にも精神的にも不在とする認識は，かつての「強い父」「権威ある父」を基準とするものであり，その基準からみて今日の父親が不在であり，あるいは存在感が薄いという認識を導いている。したがって，労働の姿を子どもに示せないことが父親の権威を失墜させていると考えるだけではなく，母親と同等に子どもに関与することも，同じく父親の権威喪失につながると懸念されるのである。このことは「見えざる父親」「弱い父親」という表現のもとで父親不在が問題視されるとき，その対応策が父権回復にもとめられることにも端的に示されていると考えられる。

しかしながら，このように権威の体現者とする視点から父親の存在意義を論ずることは，はたして適切であろうか。社会状況の変動とそれにともなう家庭機能の変容を顧みるなら，父権回復の主張の適切性，妥当性に対する検討こそ，

まず必要ではないかと考えられる。過去において父権はどのように存在していたのか，その実体を明らかにすること，そして，今日の社会的・経済的・政治的条件下にかつての父権を回復することは，はたして可能なのか，また，かつての父権を今日再現したとして，それで今日の家族問題とりわけ子どもの養育上の問題がはたして解決され得るのか，等々の検討課題が未解決のまま残されていると思われる。父権回復の是非はこうした検討を経て初めて問われるべきであり，そうあってこそ今後の父親にもとめられる権威や権力の質を議論できるものと考える。

2. 父権回復論への懐疑

現代を父権喪失の時代とし，父権回復を主張することは，その前提としてかつての社会に父権の存在を認めるものである。これに対して父権の存在それ自体を疑問視し，今日の父権喪失を嘆く風潮を無意味とする指摘がある。

たとえば，中根［1974］は，わが国のかつての権威ある父親とは，家長としての父親であり，父親なるがゆえの権威ではなかったという。中根によれば，父権確立は次の二点を基礎条件とする。第一は，父親の仕事を息子が継承することである。父親は息子に仕事を指導し継承させることで優位に立つことが可能であり，この過程で父権は自然に確立されるという。第二は，家族の構成人数が多いことである。権威を示すためには，他の家族員とのあいだに一定の距離を保つことが必要であるが，小家族では距離感をもちにくく，したがって権威が保たれにくいという。さらに大家族を統率するときには，たとえば，30～50人からなるインドの大家族では，父親は成人した息子たちの意思を尊重しつつ全体的な統率をはかるため，自ずと包容力ある威厳を備えているという。以上二つの基礎条件と照合したときわが国の今日の社会的・経済的条件のなかで父権確立をもとめることは適切さを欠くばかりでなく，かつてのわが国にも第二の条件を充足する父権は存在していないというのが，中根の主張である。わが国には，インドのように既婚の兄弟がその妻子とともに生家にとどまり大家族を形成する慣習は伝統的になく，家族内の既婚男子は，唯一，後継者としての息子のみであったため，どうしても父親の専断が行なわれやすかったという。

家長としての権力の行使はなし得ても，父親としての威厳は必ずしも充分備えてはいなかったことが指摘されている。とくにわが国では，伝統的に家族間の親愛関係において母親が占める位置が大きいこともあり，父親は家長としての権力は有するものの家族に対する親愛の情の表現は貧しく，家族のなかの情緒的な人間関係において影の薄い存在であったという。

　佐々木（孝次）［1982］も基本的には中根と同様の立場に立っている。佐々木は，父親を制度的側面と情緒的側面とに分けて把握しているが，かつての強い父親とは，伝統的な親族体系に由来する家長の権力が制度的に保証されていたにすぎないとみており，情緒的には母子社会のなかで自立を経験せずに大人になった未熟な暴君であったという。したがって，かつての強い父親も今日の弱い父親も，一人の人間としての成熟を基準としてみたとき，実体それ自体には変わりがなく，制度的な保証を得てカムフラージュされていたのが前者であり，制度的な保証を喪失して実体を露呈したのが後者だという。

　上述のとおり，父権喪失を嘆くことに意味はないとする中根，佐々木の主張は，わが国には元来父権はなく，存在していたものは家長権にすぎないこと，また，かつての父権は今日の社会的・経済的条件に適さないことを指摘している。

　筆者も同様に，今日父権喪失を嘆くことは意味が少ないだけではなく，かつての父権を回復することは，今後の諸問題とりわけ育児機能に寄与することは少ないと考えるが，それは主に次の二つの理由からである。

　第一は，子どもの養育という観点から，親がもつべき権威・権力とは何かを考えるとき，かつての家父長権の内実そのものに問題が所在すると考えるためである。

　そもそも，父親の権威や権力を家長権とみるか父権（親権）とみるかは，「単に言葉の差にとどまるものではない。両者の区別は家に共同体的性格を認めるか否かによって生ずる。すなわち，家共同体からやがて家族員の主体的地位が高まり，家の一体性のきずなが緩むにつれて，必然的に，家長対家族という支配の型ではなく親対子，夫対妻等，個々的関係に分解された支配関係に移行する」［鎌田，1970］ことにかかわる差と考えられる。

　ところで，父権とは種々の意味に用いられるが，ここでは「父のもつ親権」

〔『新版新法律学辞典』：有斐閣〕として考える。この親権は「沿革的には家父の絶対的支配権力の制度から発達したもの」〔『新版新法律学辞典』：有斐閣〕であるが，これに対して，Chazal, J.著『子どもの権利』[1960]には，「親権というものは，両親がその子に対する義務を遂行する道具にすぎない権利や権力の全体をさすもの」と記述されている。この親権の規定は，家父長権の絶対的支配下での子どもの阻害を批判し，むしろ子どもを権利の主体とみなし，その発達を保証しようという意図に立っている。そして，筆者も今日において父権とは，このChazal, J.の観点を維持発展させ，子どもの権利を守り，その発達を保証するという方向で展開されるべきものと考える。同時に親もまた，子どもの権利を守る存在として個の自立を確保することがもとめられていると考えたい。

一方，家長権とは「家族団体の首長がその団体統制のためにもつ権力」〔『新版新法律学辞典』：有斐閣〕であり，家族員に対する絶対的支配と服従を内容とするものである。したがって，ここには個対個の関係のなかで，相互の尊厳を認めることを許容する余地は残されていないと考えられる。中根，佐々木の指摘するとおり，わが国のかつての父親が有していた権力が家長権であるならば，個の尊厳を認める余地のない家長権を回復することで，今日の子どもの養育上の諸問題が真に解決され得るだろうか。ここに，単純な父権回復論への疑問が感じられるのである。

また，今日および今後の育児のあり方を模索検討した第Ⅰ部，第Ⅱ部において，母性の形成発達上の支持条件の一つとして，夫婦関係の確立の意義を指摘したことは，前述のとおりである。しかし，従来からわが国の家族関係は，親子関係が夫婦関係に優先して一次的重要性を有している点が特徴的である。しかも，その親子関係とは情緒的な絆に結ばれた母子関係が中核をなし，父親は情緒的には疎外されてきたことは，前記の中根，佐々木に，また江藤[1967]にも指摘されている。そうであるならば，何ゆえにわが国には夫婦関係が確立され得なかったのか，また，何ゆえに父親が妻や子どもに対して個対個の関係を確立し得なかったかも，問うべき課題ではあるまいか。この点についても，上記のわが国の家父長権の歴史的検討をとおして，第3節で考察したいと考える。

父権回復論への疑問点の第二は，かつてのわが国では，たしかに父親も子ど

もの養育上の役割を担っていたとしても，それが父権回復論が主張するように，子どもの発達過程の主要部分に多大な影響力を有していたかという疑問である。かつて，強力な家父長権が存在していたという事実から，父親が子どもの発達においても絶大な影響力を有していたと解釈し得るのかは疑わしい。まず，子どもの養育は何が目的とされ，そのためにどのような養育体制が組まれていたのか，そのなかで父親が果たしていた役割は何か，を明らかにすることが必要である。そして，以上の点を今日と比較したとき，かつての父権を今日の社会的・経済的条件下に再現することが可能か否か，およびその是非が議論されるであろう。また，今後の父親の機能に関して展望を拓くうえでも，上記の点についての検討は不可欠と思われる。この第二の疑問点に関しては，第4節で検討を行なうこととする。

3. 家父長権に関する歴史的検討および問題点の所在について

本節では，伝統的にわが国の父権に内在している問題点を考察することを目的とし，そのために，父親としてのあり方を規定していたと考えられる家長権について歴史的に検討を行なうことにより，その特質および問題点を明らかにしたいと思う。

そもそも家長権は，国家権力との関係によって，ローマ型とアジア的社会型の二つの類型に分類される。

青山［1974］は，ローマの家長権を次のとおり説明している。すなわち「ローマにおいて家族は，市民法上の単位として経済的・政治的意義をになうとともに宗教上の単位を構成し，そのすべてにわたって家長（Pater Familias）が君臨していた」。子孫に対しては家長権，妻に対しては夫権，奴隷に対しては主人権，半自由人に対しては準奴隷権，物に対しては所有権を有し，その家長権は専制的かつ峻厳なものであったと考えられている。家長は，家長権に服する家子に対して，生殺・遺棄・売却の権利をも有していたという。もっとも，この点に関しては「両親の子どもに対する義務は，ローマ市民によって完全かつ深刻に感得されて」いたために，たとえ父親といえども子どもを殺害し，あるいは遺棄，売却することは一つの罪悪とされていたことも事実である。した

がって，現実のローマの家族生活のなかで家長権が上記のとおり作用したか否かについては，青山も疑問視している。しかし，法的規制として家長権が上記のごとく規定されていたことは，それ自体がローマの家長権の強大さを示すものと考えられる。

　一方，アジア的社会の基本的形態は，玉城［1971］によると，「専制的支配者（デスポット）（種族的家族の一人の首長によって代表されることもあれば，あるいは諸家族の首長相互の紐帯であることもある）として実現される結合的統一体 die zusammenfassende Einheit が，小さい現実的諸集団（共同体）のうえにそびえ立っており，この結合的統一体が財産の最高，唯一の所有者であって，小さい諸集団は財産の世襲的占有者にすぎない場合が多い」という特徴を有している。

　わが国の古代社会は，アジア的社会の基本的形態に近く，したがって，家長権も前記のローマ型家長権とは質を異にすると考えられている。

　アジア的社会とローマ社会の家長権の相違について，玉城は次のとおり説明している。アジア的社会においては，土地の所有が専制的支配者にのみ属しており，したがって，各家長はより上級の集団の統一者に対して服従し，上級の集団の統一者は，さらに上級の集団の統一者に服従するという層構造のもとに支配されている。このため，個々の家族集団とその成員は，所属する共同体集団から独立することが不可能とされている。くわえて，個別的な耕作とその生産物の私有化が認められていないため，独立の確保はさらに困難である。他方，ローマ社会の各家族集団は私有地に基づいて自立経営を行ない，公有地を存立の基礎とする共同体に対して相対的に独立を確保している。各家族集団の独立性は，余剰生産物の私有化を可能とする社会構造のなかで，さらに増強されている。この共同体に対する各家族集団の独立性の有無が，その後の家長権の存続を左右するものとして注目される。具体的には次のとおりである。

　その後，ローマ社会はゲルマン民族の侵入とともに崩壊し，中世ヨーロッパの封建制社会へと移行する。中世ヨーロッパの封建制社会は，「ローマ社会においてはぐくまれていた潜在的な生産力とそれを基礎とする文化，ならびにローマ社会のうちにすでに芽生えていた封建制の諸要素が継承され，他方においてはゲルマン的形態のもとに発展せしめられていた農業生産力とそれにもとづく文化を移して，それを合成・再編した」［玉城，1971］社会である。ゲルマ

ン社会にも共同体は構成され，戦争・宗教的儀式の挙行・訴訟の解決等の共同の目的のために団結していた。共同体の土地としての民有地も存在していたが，しかし，それは飽くまでも個々の私有財産としての農耕地のたんなる補足物にすぎず，諸家族は独立自営の土地所有者であった点に，ゲルマン社会の基本的特徴が指摘される。このような社会形態を基礎として形成された中世ヨーロッパの農民家族の家父長権は，玉城［1971］によると次のような特徴をもつものであった。まず，(イ)「中世初期におけるヨーロッパの家父長のひきいる家族集団には成員のすくない，しかも夫婦型（直系親による幾組かの夫婦および傍系親をふくまぬもの）が多かったし，そのような形態がさらに発展する傾向をもっていた」こと，(ロ)「家父長のひきいる家族集団が，各々独立の生産および消費単位として存在し，より大きな共同体的集団の規制から自立しており，その自立がますます発展しつつあった」こと，さらにこれら二つの特徴から必然的に生ずる特徴として，(ハ)「中世ヨーロッパの家父長は，子の血縁の父，妻の夫以外のものではなかった」こと，同時に(ニ)「より上級の集団の統一者に従属するいわば『下級』の家父長ではなくて，相対的に独立した自立的な家族集団の家父長」であり，(ホ)「かりに幾個かの家族集団が共同保有をなしつつ生産を営む場合にも，それが各々独立の夫婦家族の集合したものにすぎず，しかもそれが急速に分化する傾向をたどっていたらしい」ことが指摘されている。さらに，(ヘ)「女世帯主および一人家族が比較的多いということは，そのような形態でも，経営および生活を維持しえたことを示すもの」であり，また(ト)「身分の差異のある男女（ことに妻の身分が高く，夫の身分が低い場合）の婚姻が比較的多かった」ことも，家父長の地位を相対的に低下せしめるものであったと推測されている。以上から明らかなとおり，中世ヨーロッパの農民家族における家父長の家族成員に対する専断的支配力は相対的に弱化するに至り，それに代って父親対子ども，夫対妻という個対個の関係が家族内に発展していったと考えられる。

一方，わが国の社会構造は，古代から封建近代をとおして，一貫してアジア的社会の基本形態が残存しており，各家長はアジア的な共同体組織の鎖の一つに組み込まれた形で存続してきた。ここにわが国の家長の存在形態および機能の特性をもとめることができる。

川島［1950］は，わが国の封建制がアジア的性格を有することが，われわれ

にとってきわめて重要な意味をもつという．川島［1957］によれば，家長制とは「家長が家族構成員に対して支配命令し，後者が前者に服従する関係」と定義される．ただし，ここでの支配命令と服従との関係は，たんなる力の優越や恐怖に基づくものではなく，権威と恭順の関係を意味するものである．したがって，この点をとくに明確にすべく，鎌田［1970］は，「家長制とは，家共同体における家長と家構成員との間の権威と恭順の観念を基調とする支配服従関係である」として，川島の定義の補足的な定義づけを行なっている．

権威と恭順を支配服従関係の内容とするわが国の封建制下では，封建制と家長制は相対立せず，むしろ「前者が後者をたくみに組み込むことによって支配―被支配の対立意識をそらし，それを親子の慈愛関係で置換した」［鎌田，1970］と考えられる．また，川島［1950］は「日本人の圧倒的に多数の者が，権力や権威の前に何ら独立主体者たるの意識をもたず，恭順の意識をもって無条件的に自己を投げだす，という一般的傾向乃至一般的意向をもっている事実」を指摘し，これは諸々の経済的強制が家族的恭順関係に擬制されている社会体制下で，「人々をして，支配＝収取関係の特定の歴史的形態が，あたかも家族的心情に基礎づけられた永遠の自然法的存在であるかのごとき錯覚におちいらしめ」た結果であると指摘している．また，徳川封建制下において儒教が公認のイデオロギーとされ，政治的権力と直結して何ら矛盾なく受容された社会的基礎も，ここにもとめられるという．こうした支配と服従を主張する封建時代の家父長的家族制度が，近代資本主義段階に入って再編され，明治以降の富国強兵策および富国強兵策をおしすすめる国家体制の保持に大きな役割を担った［布施，1982］と考えられている．

上述のとおり，わが国の封建的家族制度下の服従とは，権威や権力に対する恭順である．自発的な服従の形態をとるが，しかし，それは形態上，家族的恭順関係に擬制されているにすぎず，実体は外形的制裁をともなうゆえに生じる，絶対的な権威ないし権力に対する外形的行為のレベルにおける服従であり，真の内面的な服従とは考え得ないものである．こうした社会体制下では，親子関係も夫婦関係も自発的内面的問題として認識する機会をもち得ず，したがって，子どもに対する父親，妻に対する夫という個々の関係のなかで父親として，夫としての存在が機能する余地はみいだせないものと考える．わが国の家族関係

が親子関係を第一義的なものとし，夫婦関係の確立が充分なされてこなかった歴史的経緯は，以上の点にもとめることができよう。しかも親子関係それ自体も家督相続と共同体存続を前提に成立したものであり，個々的関係が展開される余地の少なかったものと考えられる。

　一方，民衆の家族生活においては，武士や地主，貴族等の儒教的家族にみられた家長権は存在していない。その典型が農村家族であるが，そこでは労働能力のない者を除いてすべての家族が労働に従事し，生産的労働の分担を行なう。家長の財産・地位に全面的に寄生する儒教的家族とは異なり，家族共働によって成立している民衆の家族生活は，各成員が生産的労働の分担に応じて固有の地位を有するため，家長権の相対的な弱体化が指摘される。したがって，民衆の家族生活には儒教的な上下関係はみられず，むしろ横の協同関係が存在しているが，しかし，川島［1950］によれば，民衆の家族生活もやはり次の点で近代的＝民主的とはいえぬものである。すなわち，民衆の家族生活には，外的な力によって統制維持されるところの形式的な秩序が権威として存在することはないが，その代りとして「あたたかな人情の情緒的雰囲気」が「協同体的意識」をともなって，個人に犯しがたい抗しがたい権威をもつという。そこでは人は「協同体的な秩序」に支配される客体であり，何人も個人としての行動は許されず，「独立な個人としての自分」を意識することも不可能である。個人としての意識や行動の余地が認められない以上，近代的な人格の相互尊重も存在し得ないわけである。

　以上のとおり，儒教的家族と民衆的家族とでは，権威ないし権力がいかなる形で現われるか，その顕在化のあり方に違いは認められる。しかし，いずれにおいても成員一人ひとりに個人として存在する余地が残されていない点では，問題を同じくするところである。個人としての行動を欠如し，それゆえに個人としての責任をもたぬまま，権威や権力に盲目的に追従してきたところに，わが国の家族制度下の人びとの生活と権威・権力との関係がもとめられる。この関係は，封建的家族制度下において共同体の一員として生きるものの必然であったと考えられる。政治的・経済的体制を異にする今日の視点で，かつての家長権の是非を一概に論ずることは妥当ではない。しかし，政治的・経済的体制が異なるからこそ，封建的家族制度下の権威や権力の内実を検討せずに，その

復古のみを今日主張することは危険性が大きく，また，現在の家族問題や子どもの養育上の問題の解決に寄与するところは少ないと思われる。今日われわれがもとめている家族内の人間関係とは,「自発的な人格の相互尊重という民主々義倫理の基礎の上においてはじめて，真に深い人間愛に結びつけられた家族生活，社会生活の精神的結合が可能になる」［川島，1950］ような関係であり，そのなかでの父親の機能を検討することが課題とされているのではないだろうか。そうであるならば，今日父親をめぐって直面している課題は，かつての父権の回復によって解決されることとは，ほど遠いものであると考えられる。

4. 戦前の農村家族における育児およびその中での父親の役割

わが国の戦前の家族制度下の家父長権の歴史的経緯およびその実態は，前節で述べたとおりである。明治民法は，「徳川幕藩体制下の家督相続制度＝長子単独相続制度を再編強化したもの」であり,「戦前の家族の人間関係においては，家父長の支配と家族員の服従という，非民主的，不平等な人間関係が公に認められ」，家父長には「広範にして強大な，民法上さらには実生活上の権限を保障されていた」［布施，1982］といえる。

しかしながら，民法上の規定と人びとの現実の生活とのあいだには，当然大きな隔たりがあったろうことも考慮せねばならない。前節の川島の分析からも明らかなとおり，武士家族をモデルとした民法上の家父長権は，農民や町人の現実の生活にはなじまなかったものと考えられる。そして，戦前のわが国の家族とは，たとえば1872年のデータによると「日本の有業者の84％にあたる1449万人が農民」［大橋，1970］であったことからも，農村家族の実態が注目される必要がある。本節では，戦前の封建的家族制度下における農村家族のなかで，子どもの養育がどのように行われていたか，そのなかで父親が果たしていた機能は何であったかについて考察することにより，戦前の父権の実態を検討することとする。

まず，江戸時代の農民の育児をみてみよう。西川如見の『百姓嚢』には,「山家の土民，子を繁く産する者，初め一，二人育しぬれば，末はみな省くといひて殺す事多し，殊に女子は，大かた殺すならわしの村里もありし」と記されて

いる。間引く一方で，女子は売春で金になるといって，女児の誕生を喜ぶ地方もあったようである。当時の農民の生活は生産性が低いことにくわえて，重税や冷害・旱害等による飢饉，天災，悪疫流行と，常に一家離散や飢餓と隣り合わせのぎりぎりの日常であったと考えられる。当時の農民の間引きの習俗について鈴木［1977 b］は，「子どもの生命を軽視し，冷遇・虐待をこととした時代ではなかった。…（略）…余剰の少ない社会では，飢饉や災害に襲われれば猶のこと，老人・子どものような弱者の救済に力及ばなかったと理解すべきである。…（略）…そして，貧しい社会がより豊かな社会を志向してこそ，その期待が子どもに寄せられて子宝となる」と述べている。

　間引の習俗と子宝観は，一見矛盾するようにみえる。しかし，一般庶民にとって子どもは，労働力の再生産と先祖や自分自身の霊を祭ってくれるものとして，必要とした側面が強かったであろう。しかし，必要な子どもでも，苦しい生活のなかでは多すぎれば邪魔になることは考えられないことではない。このように生活に密着した児童観を，後世に伝えられるような美辞麗句の子宝思想に強調し宣伝したのは，人口の減少を恐れる政治家や生命尊重をモットーとするヒューマニストであった，と原［1974］は述べている。

　明治期に入って後も，農民の生活の困窮には変わりがない。明治政府の富国強兵策のもとで，「地租をうみだす母体となる農業と，それを支える地主＝小作制度は，日本の資本主義の発達にとって不可欠の支柱をなす」ものであり，「困窮した自作農や自小作農，小作農の家族員は，副業，県外出稼ぎや娘たちの賃労働者化」（製糸・織物・紡績など）や身売り等によって生活を防衛せざるをえなかった」［布施，1982］というのが実態といえる。

　生活苦に追われる農民が子どもに残せる唯一の財産は，種々の困難や逆境にあっても敢然と立ち向かえるだけの旺盛な生活力である。それを養うために，当時の人々は特有の育児観および養育システムを有していた。子どもに生活力をつけさせるために，子どもを試練にさらし，鍛練して前方へ押し出すという「児やらい」の思想［柳田，1970］は，その典型例といえる。

　また，子どもは親だけではなく，子どもをとりまく社会の多くの人々の手で育てあげようとされている。

　庄司［1972］は，妊娠・出産からはじまり，人の一生のあいだに行なわれる

通過儀礼を蒐集し，そこに当時の人びとの児童観や育児観をみている。通過儀礼とは，人の各成長段階を区切りとし，祝いや式を行なうもので，今日でも初宮参り，お食い初め，七・五・三の祝いなどは残っている。庄司によると，七歳までの通過儀礼には，まだ神霊界にいる子どもを一段階ずつ人間界に近づけようという願いが込められているという。また，日常生活のなかでも，「七つまでは神のうち」なのだから，子どもの悪戯や間違いは人間の力ではどうにもならない。厳しく矯めるよりは子どものために祈り励まし，後押ししようという育児観が一般的であったという。

　七歳までは祖父母のもとで育てられるのが通常のようである。宮本の『家郷の訓え』[1967]には，当時の農村での育児が誰に担われていたか，子どもの成長と育児分担とのかかわりとが生き生きと描かれている。それによると，農作業に追われて暇のない両親に代って，祖父母がまず発達初期の育児を担当する。子どもは祖父母から昔話を聞かされ，先祖拝みの習慣をしつけられ，親類縁者の関係について知識を授けられていく。次いで六～七歳以降，「子どもの管理が祖父母から父母に移され」るが，まず母親がしつけ手として中心的な役割を果たす。母親のしつけの第一は，子どもを嫌がらずによく働かせることである。「朝晩の雨戸のあけたて，夜具の始末のようなことから，にわとりの世話，女の子であれば台所の手伝いなど」の「仕事振り」について母親が指図する。このほか，神仏を敬うこと，自分の家の歴史，親類近所の交際の義理も母親から教育される。村落内の共同生活に必須な事項は，主に母親からしつけられるが，それらは他人に笑われないこと，人並みに暮らすことを主義として一貫している。

　一方，父親は主に「百姓仕事」の基本と厳しさを教えこむ。また，出稼ぎの経験をもとに世間の広さを教え，「人間として生きる態度の正しさ」を教えることも父親の役割であった。

　十五歳になると，男は若連中に，女は娘仲間に入る。この頃から親の元を離れ，生活の場とともにしつけも地域社会の共同体に移される。若者宿，娘宿の生活のなかで，若者たちは道路や橋の普請，祭事等の村の仕事や行事の中核的役割を果たし，男女交際の術を学び，一人前の村人としての実力や態度を習得していった。

村落での子どもの養育の分担は，おおむね以上のとおりであるが，宮本によると父親の位置はそれほど重要ではなかったという。父親が出稼ぎしている家で父と子の関係が薄くなるのは当然としても，父親が在宅している家でも，「父は多くの場合母のようになつかしがられなかった」という。これは父親が子どもを可愛がらないからではなく，しつけの範囲が母親と異なっていたためだという。父親の主な役割は農作業の基本を教え，一人前になるための厳しさを示すことであったことは前述のとおりである。重労働が要求される農作業のなかでの一人前の基準が，相当に厳しいものであったことは容易に想像される。そして，農作業の「所作」を伝達することで父親の権威・厳しさが維持されていたものと考えられる。しかし，母親のしつけの領域が主として子どもの日常生活の諸事であり，身近な接触をとおして母親の思いやりや労苦を子どもが察することができたこととは対照的に，仕事や人生観の規範をしつける父親の心は，父親の没後にして初めて推察できたと宮本自身も回想している。日常的な養育と離れたところに父親の存在を感じることは，子どもにとって父親が情緒的な絆をもとめる対象とはなりにくいものであったと考えられる。

　また，父親が子どもに示す一人前の基準とは，村落共同体の生活への適応という明確な目標をもつものであった。農作業のなかでの一人前の基準は，「ゆひ」などの共同作業を分担し得る作業能力という観点で明確にきめられていた［野口, 1974］。人格的側面の細部にわたっても，一定の基準がもとめられている点は注目される。たとえば人に笑われぬこと，人から後ろ指をさされないこと，目立ったり出過ぎたりせず人並でいることなど，いずれも共同生活への適応を目的としたものである［原・我妻, 1974］。そこには父親の独自の判断や価値観が介入する余地は少なく，むしろ共同体の一員として，共同生活への適応のための処世法を授けるという役割を担っていたと考えられる。しかも，こうした役割は父親一人に委ねられていたのではなく，共同体全体で相互に分担し合っていた。たとえば，産婆・乳親・名付け親・拾い親などの仮親や，若者宿・娘宿の主人などと擬制的親子関係を結んで，子どもの教育と将来を託している。また「他人の飯を食わせた」り，「子どもの喧嘩に親が出ることを批判する」のは，しつけが肉親のあいだでは徹底しにくいこともあり，集団の場で鍛練してもらうために子どもを押し出したのであり，同時に，そこには地域社会の人

びとへの信頼と協力体制が存在していたと考えられる。このように，かつての村落共同体での育児とは，共同生活の維持という明確な目的をもって有機的に組織された体制のもとで行なわれていたといえよう。父親はその組織の一端を担う存在であり，独立した個人として機能する余地は少なかったと考えられる。また，その父親が有した権威や権力も共同体的な秩序を背景としたものといえる。

かつての父親の機能を今日の父親像に導入して論じようとするならば，少なくとも，子どもの養育が，1）どのような社会体制のなかで，2）何を目的として，3）何を手段として，なされてきたかを把握し，それを今日と比較することが必要であろう。上述の事項は戦前の村落共同体での育児の概略ではあるが，この三点いずれにおいても今日との相違は大きいものと考えられる。そもそも，富国強兵策の推進のために，また天皇制国家体制のイデオロギー的な支持基盤として，封建制度下の家族制度を再編強化した村落共同体に対して，今日の社会的・経済的体制には根本的な差異が認められる。かつての育児は，村落共同体の秩序を維持発展させるために有機的に組織された体制のなかで行なわれていた。それにくらべて，今日の都市社会は共同体的基盤そのものを喪失したところに成立している。育児は社会的組織から遊離し，孤立した個々の家族の自助機能に委ねられるに至った。

また，育児の目標をどこに設定するかについても，かつてと今日とでは大きな差がある。封建的家族制度下では，共同体の維持発展が至上価値とされ，したがって育児の目標は共同体への適応という，単一にして明確な基準を有していた。また，共同体への適応は親自身の日常の課題でもあったため，自らの生活をとおして育児の目標を徹底させることは容易でもあったといえよう。それにくらべて今日は，親の生活手段が多様化し，育児の目標も親の生活と必ずしも一致せず，あるいはその方向を違えていることもみられる。さらに育児の目標も単純明快さを欠き，親自身の選択に委ねられている。藤永［1966］によると，戦後の育児観の特徴として，1）知育優先主義・技能教育主義，2）知識依存的育児観，3）完全主義，の三点が指摘されている。また，育児の内容分析の結果［波多野ほか，1969］は，現代の育児書の傾向として，1）著者の大半が医者である，2）対象年齢が0歳から3歳である，3）内容が技術的なこと（指

しゃぶり・離乳・排泄のしつけ・添い寝の是非等）に偏向している，ことを指摘している。育児に対する地域的支持体制を喪失し，また，年寄りの知恵といった育児の知識を伝達される経路ももち得ていないところで，現代の親は育児書に育児の拠りどころをもとめざるを得ない。このことは，第6章・研究Ⅱ「母親意識の世代差について」のC世代の育児傾向にもみられたことであった。しかも，その育児書の内容が上述のとおり，現代の育児観を反映して，幼少期における育児上の技術的知識の伝達にとどまっている。何を目ざして子どもを育てたらよいかという，子どもの発達に対する長期的展望はそれぞれの親個人の判断に任せられている。かつてにくらべて親の育児責任はきわめて重く大きいものとなっている。

　さらに，今日の産業構造は伝統的性別役割分担を建前として成立しており，育児は家庭内の女性の仕事とみなされている。しかし，現実には，今日の経済的状況下での必然の結果として，また女性の社会参加への欲求の高まり等がくわわり，既婚婦人労働が急増している。こうした状況からみても，今後，育児は女性にだけ委ねられるものではなく，男女両性の協力のもとに支えられる必要性が増大していると考えられる。

　以上の諸点を考えるとき，育児における親の位置および機能が，かつてと今日とでは基本的に異なるといえよう。かつての父親の権威や権力は，父親一人の心構えや生き方の問題ではなく，共同体的秩序のなかに組み込まれた形で作用したものであり，そこには個人としての父親の存在は認識されにくいばかりではなく，子どもに対しても個の発達を保証する役割は果たし得なかったといえよう。それにくらべて，親個人の育児責任が増大している今日の状況下における父親像の模索は，むしろ，父親の個としてのあり方への検討を第一とし，そのなかでの子どもとのかかわりをもとめる試みがなされていくべきであろうと思われる。

第13章　父親に関する心理学的研究

1. 父親研究の動向

　現代の父親に関する諸問題は，父親を一に権威的存在と断定することによって対処し得るものではない。むしろ，父親が果たす機能や役割を多方面から分析検討し，そこに所在する問題点を明らかにする過程で解決がもとめられるものと思われる。本章は，父親に関する従来の心理学的研究を概観し，子どもにおよぼす父親の影響力について考察を行なうことにより，今後の父親像を模索するための一つの資料とすることを目的とする。

　心理学の領域で，父親に関する研究としておそらく体系的な形をとった最初のものは，Lamb, M. E. (ed.) [1976] による "*The Role of the Father in Child Development*" である。従来の母子関係偏重の研究動向を批判し，父親研究の必要性を指摘するとともに，それまでに散発的に行なわれてきた父親研究を整理し，子どもの社会化および社会的諸能力の発達に果たす父親の機能や役割を展望したものである。

　もっとも，親子関係の研究視点に父親が欠落していることを問題だとする指摘は，Lamb, M. E. に先立って，すでに1965年に Nash, J. によって行なわれている。父親研究の必要性に対する認識が研究者間にまったく存在しなかったとはいえないのであるが，Nash, J. の指摘以後も父親研究は依然として低調であり，散発的・断片的に行なわれたにすぎない状態がつづいている。Nash, J. の指摘以来，十年余の歳月を経てようやく前記の Lamb, M. E. (ed.) [1976] が著わされたわけである。しかし，これ以降，父親研究は漸増する傾向が認められるようになる。とりわけ，Lamb, M. E. らによる研究は精力的に行なわれており，

5年後の1981年には同名タイトルで第2版が出版され，その後も父親に関する著書の刊行が続けられている [Lamb, M. E. (ed.), 1982；Lamb, M. E., & Sagi, A. (eds.), 1983]。

わが国においても，Lamb, M. E. (ed.) [1976] は，その要約が1978年に紹介され [宮本，1978]，また，邦訳（久米稔ほか訳）も1981年に出版されて，父親に対する関心の高まりを招く契機をなしたといえる。内外の研究の文献総覧も既にいくつか出されている。柏木 [1978] は，父親の機能に関して，とくに子どもの性役割形成・自我形成・知的発達におよぼす父親の影響について，従来の心理学的研究を概観し，同時に問題点を指摘して，総括的な展望を行なっている。古市 [1978] の文献総覧は，父親の不在が子どもの人格発達に与える影響について，諸研究を詳細に整理している。藤崎 [1982] には，主として近年の母子相互交渉研究から展開されてきた父子研究の動向がまとめられている。

近年，父親研究の必要性に対する認識が高まるにつれて，研究量も増加傾向にあることは，上記の文献総覧にもみることができる。しかし，父親研究が断片的・散発的にしか行なわれない傾向は依然として継続しており，現段階では父親の機能に関する体系だった結論を得るには至っていないといえる。むしろ，父親に関する問題の所在を明確化し，今後の研究方向をみいだすところに，文献総覧の意義がもとめられるのであろう。

2. 父親に関する従来の心理学的研究

本節では，父親の機能に関する従来の心理学的研究を概観するが，主として子どもに対する直接的影響過程と間接的影響過程とに分けて整理を行なう。これは現代の社会状況下における父親の存在形態からみて，父子関係は直接的な関与の側面だけでは把握し得ず，間接的なかかわり方とその影響過程を含めて検討する必要性が大きいと考えるためである。

§1 父子関係における直接的影響過程について

子どもの発達について父親がおよぼす直接的影響過程について最初に言及したものは，精神分析学の Freud, S. による同一視理論である。リビドーに基づ

く異性の親への愛着と，そこから生じる葛藤を克服するために行なわれる同性の親に対する同一視は，男児においてはエディプス・コンプレックス，女児においてはエレクトラ・コンプレックスとして有名である。この同性の親との同一視をとおして，子どもは性役割や道徳性を取得すると考えられている。

　Freud, S.の同一視理論では，父親の存在はとくに男児に重要な影響力をもつことになるが，この点については Sears, R. R.らを中心とする社会的学習理論のなかで実証的な検証が行なわれている。攻撃性はアメリカ社会では男性にもっとも特徴的な特性と考えられているが，Levin, H., & Sears, R. R.[1956] は，父親に対する同一視が強い男児は，同一視が弱い男児にくらべて攻撃性が強いことを報告している。また，父親不在家庭の男児は，父親在家庭の男児にくらべて，攻撃性の表出が少なく性役割行動の分化度も低いことを示す知見が提出されており，Sears, R. R. et al.[1946] は3〜5歳児について，Santrock, J. W.[1970] は4〜5歳児について，それぞれドルプレイ面接法によってこの点を明らかにしている。一方，女児に関しては，父親の在，不在による有意差はみいだされていない。

　父親の不在は子どもの性役割の発達を阻害すると考える点では，知見を同じくする研究が多いが，しかし，父親不在の影響は子どもの発達に応じて変化し，必ずしも一様ではない。とくに父親不在が生じたときの子どもの年齢によって，その影響力は異なることが示されている。Hetherington, E. M.［1966］は，9〜12歳の男子を対象に，Biller, H. B., & Bahm, R. M.［1971］は平均年齢14歳の男子を対象とした研究において，前者は6歳以降の，後者は5歳以降の父親不在は，それ以前の年齢での父親不在にくらべて，男子の男性度におよぼす影響力が少ないことを明らかにしている。これらの知見は，男児が父親との同一視を達成する年齢が3〜5歳だとする精神分析理論の有効性を立証するものと考えられている。

　父親の在，不在が子どもの発達におよぼす影響は，性役割の発達にかぎらず，知的発達や社会的適応の問題におよんで研究がなされている。

　まず，知的発達に関しては，父親の在，不在が子どもの数学的能力と言語的能力に関連することを明らかにした研究がある。Carlsmith, L.［1964, 1973］は男子大学生を対象として，Bernstein, B. E.［1976］は11歳男女児を対象とし

て，いずれも父親不在家庭の青年・児童において数学的能力の低下がみられること，他方，言語的能力は上昇していることを明らかにしている。この結果については，それを性同一視から解釈する立場 [Carlsmith, L.] と，父親不在にともなう家庭内のストレスや緊張に原因を求める立場 [Nelson, E. A., & Maccoby, E. E., 1966] がある。前者は，父親不在家庭の男子は男性モデルを欠如しており，母親との同一視が促進されると考える。その結果，知的機能の発達においても女性化が行なわれ，数学的能力が阻害され，言語的能力が促進されるとする。後者は，父親不在やそれにともなう経済的・社会的変化が家庭内にストレスや緊張を高めると考える。ストレスや緊張は数学的能力を阻害するが，言語的能力におよぼす影響は少ないという。しかしながら，父親の不在と数学的能力および言語的能力の発達との関連性については，他の諸研究では必ずしも明確な結論は得られていない。したがって，上記の性同一視説，緊張妨害説のいずれにも，二者択一的な説明可能性を認めることは困難である。

　一方，知能や学業成績という全体的な知的能力に関して父親の影響力を検討した研究として，Pedersen, F. A. et al. [1980] は，乳児期を対象とした研究から，父子間の相互交渉量が多いとき，とくに男児において知能検査成績が良いことを明らかにしている。Blanchard, R. W., & Biller, H. B. [1971] は，父親の在，不在にくわえて父子間の接触時間の長短と学業成績との関連性を検討している。平均年齢9歳の男子が研究対象であるが，結果は，父親との接触時間が長い（1日2時間以上）男子の学業成績がもっとも優れ，他方，5歳以前に父親不在を経験している男子の学業成績がもっとも悪いという。父親不在が生じた年齢が5歳以降の男子と，父親との接触時間が短い（週6時間以下）男子の学業成績は，上記2群の中間であるが，この両群間には有意差が認められていない。以上の知見は，子どもの知的発達は，たんなる父親の在，不在に必ずしも左右される問題ではなく，むしろ，子どもに対する父親の関与の程度および質を検討すべきことを示していると考えられる。

　また，学習成立の主要因の一つである強化の効果について，Mischel, W.[1961] は，父親不在家庭の児童は，父親在家庭の児童にくらべて，直後報酬に偏好する事実をみいだしている。学習は本来，目前の報酬に左右されず，目標を将来に設定して自発的・自制的にとりくむ姿勢が望まれる。Mischel, W. の研究は，

父親が強化の遅延を可能にする役割を担っている可能性を示唆するものと考えられる。しかし，目前の報酬にとらわれず将来に期待や希望を持つことは，それだけ生活環境が安定していることを意味するものでもある。父親が子どもに強化の遅延耐性を育成し，将来志向型の社会化をもたらすのは，父親存在が経済的・社会的環境の安定に寄与していることと関連すると考えられる。

子どもの道徳性の発達や社会的適応においても，父親の影響が検討されている。

Hoffman, M. L.［1970，1971］は，男子においては，父親への同一視と道徳性の発達とのあいだに関連性が高いことを文献研究から確認し，また，13歳の男子を対象とした研究によって上記の関連性を明らかにしている。父親不在群の男子は父親在群の男子にくらべて，道徳性の発達に遅れがみられ，また，父親在群の男子でも父親との同一視の弱い男子は，同一視の強い男子にくらべて道徳性の発達が遅れているという。

非行や反社会的行動に関して，父親不在家庭の男子に非行の発生率が高い［Anderson, R. E., 1968］こと，凶悪犯罪者には父親不在の経験者が多い［Newman, G., & Denman, S. B., 1970］ことが指摘されている。ただし，非行および反社会的行為と父親不在との関連性については，一概に結論づけることはできない。父親不在それ自体よりも，父親不在にともなう家庭内の不安定さ［McCord, J. et al., 1962］や，経済的貧困［Herzog, E., & Suida, C., 1973］が非行の重要な要因とする説もある。また，非行少年の家庭の欠損状況には経年的に変化が認められており，近年では両親の揃った家庭の子どもにおける非行の増加が注目されている。この点については，非行少年の父親が必ずしも不在ではなく，むしろ，子どもとのあいだに愛情と支持に満ちた関係を保有していないことが明らかにされている［Smith, R. M., & Walters, J., 1978］。

以上の知見から明らかなとおり，父親の存在は，子どもの性役割の発達，知的能力の発達，社会的適応等に多大な影響をおよぼすものである。しかしながら，父子関係において真に問われるべきことは，たんなる父親の在，不在ではなく，子どもに対して父親がいかにかかわるかという関与の質である。子どもに対する父親の関与が大きいほど，子どもの発達は望ましい方向へ促進されるが，その過程における父親存在の重要性は，父親が子ども（とくに男子）の身

近な環境に男性モデルとして機能し，愛情豊かで支持的な父子関係を育成する点にある。もし，それを充足し得ないときは，仮に父親が存在していても，不在ケースと同様の発達阻害をもたらすことが，従来の知見から明らかである。

§2　父子関係における間接的影響過程について

前項でみたとおり，父親は同一視の対象や性役割のモデルとして，また，社会化のエージェントとして，とくに男子の発達に重要な機能を果たす存在と考えられる。したがって，父親不在は，直接的にはこれらの機能の喪失として，その影響が把握される。しかし，そもそも父親不在は，父親機能の直接的な喪失にとどまらず，父親不在によって生ずる社会的・経済的環境の変化や，母親の心理・行動におよぼす変化を含めて，その間接的な影響を考慮する必要がある。

また，父親存在の意義および機能は，父親の在，不在にかかわらず，母親を媒介とした間接的な父子関係を含めて検討することも必要である。父親不在家庭では，父親不在が生じた理由のいかんによって母親の抱く父親像が異なることが予想され，それが究極的には子どもの抱く父親像および母子関係の形態を左右することが考えられる。一方，母子関係をドミナントとするわが国の社会的・文化的背景から，父親在家庭においても，母親を媒介とした間接的な父子関係について検討をくわえる意義は大きい。この父親在家庭における間接的な父子関係については，次節の研究報告に譲り，本項では父親不在がもたらす間接的影響に関して，とくに母親に与える影響をとおして考察を行なうこととする。

父親不在家庭の子どもは，父親が不在であることにくわえて，夫のいない母親と接するという，直接的・間接的な意味で二重の欠損環境にいると考えられる。父親不在家庭の母親の心理や行動に関しては，否定的な側面が指摘される傾向にある。

東・柏木・R. D. ヘス［1981］によると，母子課題場面で観察された就学前の幼児に対する母親の教授スタイルは，父親不在家庭の母親に不適切な傾向が顕著である。考えたり試行錯誤を重ねたりする余地を子どもに与えず，権威的に支持・命令を与える，良い行動をみつけて子どもを励ますというよりは，誤

りや失敗に対して感情的で拒否的な態度を示す，などが父親不在家庭の母親の特徴として指摘されている。これらは，いずれも子どもの知的発達を阻害するはたらきかけとされるものである。

　Tiller, P. O. [1958] は，船員の夫をもち，したがって，夫の自宅滞在がきわめて短い家庭の母親の特徴として，①子どもに対して過保護的になりやすい，②幸福や自己実現よりも礼儀正しさや従順さを強調する，③社会的活動への参加に消極的である，ことを指摘している。このほかにも，父親不在の母親は，子どもに対して過保護的であり，母子関係の親密度が強い（とくに男子の場合），などが指摘されている [Langabaugh, R., 1973]。また，Lynn, D. B. [1974] は，父親不在家庭の母親には，①愛情や性的満足の喪失，②経済的支持の喪失，③家庭内の責任と義務の分担者の喪失，④孤独からくる自信の喪失，が指摘できるとし，これらの諸要因の喪失が父親不在家庭の母子関係を特徴づけているという。

　一方，父親不在は，不在を招いた理由によって，母親に与える影響さらには子どもにおよぼす影響に違いが認められている。

　Santrock, J. W. [1975] によると，子どもに対する権威的・圧力的な関与は，離婚群の母親に顕著であるが，死別群の母親にはその傾向が認められていない。また，柏木 [1978] は，離婚家庭の母親は，子どもに否定的な父親像を示し，そのために男子は男性としての性役割の受容に困難を生じ，女子は将来の異性観や結婚観を歪曲させるという点で，子どもの発達に阻害的影響をおよぼすことを指摘している。

　以上のように，父親不在が母親の心理や行動に変化を生じさせることが明らかにされたことは，父子関係を媒介とした間接的側面から検討する必要性を認識させるものであるが，同時に，母親が父親の機能を代替することで，父親不在による阻害的影響を阻止し得る可能性を示すものである。

　Biller, H. B., & Bahm, R. M. [1971] は，父親不在は男子の自己概念としての男性度を阻害するが，母親が男性的行動に奨励的である場合には，父親不在による阻害的影響がないことを明らかに示している。同様に，Biller, H. B. [1969] は，男性的行動に対する母親の奨励度と男子の性役割発達について，父親不在家庭では両者間に有意な関連性をみいだしている。一方，父親在家庭では，両

者間に有意な関連性は得られていない。

　McCord, J. et al.［1962］は，父親不在家庭では，母親が情緒的に不安定で子どもに対して拒否的な場合，性的葛藤や反社会的行動に陥る男子が多いが，他方，母親が情緒的に安定し適応的な場合には，それらの傾向は少ないことを明らかにしている。

　父親不在家庭は父親在家庭にくらべて，母親がきわめて重要な機能を果たしていることが明らかであり，したがって，父親不在による欠損機能を母親が代替することにより，子どもの発達環境を保証することも可能と考えられる。

§3　従来の研究知見から示唆される点について

　以上，第1項・第2項で述べてきた従来の父子研究の知見は，父親が子どもの性役割や知的能力，道徳性などの発達に重要な機能を果たすことを明らかにしている。同時に，父親に関してはたんに在，不在が問題ではなく，父親が男性的特徴の体現者として子どもの身近に存在することの意義をも強調しているとみられよう。これらはおもにアメリカの父子研究を概観したものである。

　一方，Parsons, T.［1954，1964］は，父親を一つのシンボルとして理解する立場をとっているが，佐々木（孝次）［1982］は，Parsons, T. がいうところのシンボルとしての父親の機能を，次のとおり要約している。①母親に対する初期の愛着を断念させて，この愛着にともなう性愛的欲求と依存の欲求とを放棄させる，②母子関係という下位システムから，いっそう上位のシステムに子どもを引き上げる，③社会のなかの一定の役割構造を自分にあてはめて，性別による一定の役割を担当するよう促す。

　ところで，前述の心理学的知見と Parsons, T. の指摘は多くの共通点をもつと考えられるが，いずれも夫婦関係が第一義的重要性を有し，かつ，父親に強力な権力を与えるユダヤ・キリスト教的文化の浸透したアメリカの社会的・文化的文脈のもとで，正当化された知見であることを忘れてはならない。その意味では，両者の共通性はうなずけるものがある。

　しかしながら，われわれが父親の機能を論ずるとき，アメリカにおける研究知見をそのまま導入し得るか否かは，慎重な検討を要するところであろう。わが国でも父親研究の意義と必要性が認識され，父親研究も徐々に開始されよう

としている.こうして,実証的知見が蓄積されていくなかで,わが国の父親が果たしている機能の解明が待たれるところである.さらに,実証的研究の実施にさいしては,日米の社会的・文化的背景の差異を明らかにし,そのうえでわが国で検討すべき課題をみいだすことが必要と思われる.

　アメリカと異なり,わが国では夫婦関係よりも親子関係が優先され,しかも,その親子関係は母子関係が中核をなしている.したがって,父親不在状況は,よく指摘されるように,一般家庭においてもいわば慢性化しているといえよう.したがって,父親不在から生じる直接的阻害はそれほど深刻ではなく,母親の存在によって代替されていたと考えることもできる.しかし,今日的状況のもとでは慢性化し日常化した父親不在状況が,過度に密着した母子関係を構築するなど,わが国の親子関係のあり方を特殊化している点も否めない.

　父親不在の問題は,父親不在そのものが子どもに対して直接的に影響をおよぼす側面と,父親不在にともなって惹起される諸問題が,間接的に子どもに影響を与える側面とが存在することは,第1項・第2項で述べたとおりである.母子関係をドミナントとするわが国の社会的・文化的状況を考慮するとき,父親の間接的影響過程に注目し,そこに父親の機能およびその代替機能の可能性を検討することをとおして,間接的な父子関係の適切な発達の方向を模索することの意義も大きいものと考える.この点については,次節の研究報告をとおして,さらに考察を行なうこととする.

3. 研究:父親に対する子どもの愛着
　　　──母親の夫に対する愛着との関連性について──

§1　研究目的

　本研究は,父子間の愛着について,母親を媒介とした間接的側面から検討するものである.前節の文献研究からも明らかなとおり,父子関係は直接的な関与の側面とともに,間接的な影響過程の側面が存在する.父親不在が指摘されている今日の状況を考えるとき,そこには間接的な父子関係について検討する必要性が認められるが,同時に母子関係をドミナントとするわが国の親子関係の特殊性を考慮するとき,とりわけ母親に焦点を当てた間接的な父子関係のあ

り方について研究を行なう意義は大きいと考える。

　一方，第Ⅰ部・第Ⅱ部の母性研究は，母親としての意識や行動について，それをたんに母子間の枠内の問題として分析するにとどまっている従来の研究視点を批判し，むしろ女性としての全生活のなかに母親としてのあり方を位置づけることによってそれを把握することを意図したものである。そのうち，第8章・研究Ⅳ「母親の対人関係と子どもへのかかわり方との関連性について」，第9章・研究Ⅴ「母親の子どもに対する愛着──夫に対する愛着との関連性について──」では，母親自身の対人関係に視点を設定し，その対人関係のなかで子どもの位置づけを明らかにし，母親としての意識や子どもに対する愛着について検討を行なった。その結果，夫と子どもは母親の対人関係のなかで主要な位置を占めており，両者に対する母親の愛着は，機能分化させながら相互に高い関連性を有していることがみられた。一方，夫に対する愛着と子どもに対する愛着に不一致が認められる場合には，子どもに対して過度に密着したり，逆に子どもへの精神的な関与が稀薄になる等，母性発達上に問題の所在が認められた。この観点から，母性発達の検討にさいして夫婦関係を考慮する必要性を提起したが，一方，夫婦間の愛着が子どもの側の愛着の発達に与える影響については，第Ⅰ部・第Ⅱ部では触れていない。これは第Ⅰ部・第Ⅱ部が母親の心理発達の側面に焦点を当てて論じたためである。しかし，母性発達上の一要因として夫婦関係の重要性を指摘する第Ⅰ部・第Ⅱ部の主張は，子どもの愛着の発達におよぼす影響を明らかにすることで，さらに確認されるものであり，本研究はこの点についても検討することを目的としたものである。

§2　研究内容および研究方法

1) 研究内容

　母親を媒介とした間接的な父子関係について検討するために，具体的には，母親が夫に対して抱く愛着と，子どもが父親に対して抱く愛着との関連性について検討を行なった。研究対象は幼児とその母親としたが，これは幼児期はそれ以降にくらべて，子どもの生活のなかで母子関係が占める位置が大きいと考えられるためである。

A) 母親の愛着の測定

　母親の夫に対する愛着を問題とするが，しかし，母親の愛着に関しては，子どもに対する愛着も同時に検討を行なうこととする。

　その理由の第一は，前述のとおり，母親の愛着は対夫と対子どもで相互に高い関連性を有していること，一方，両者に対する愛着に不一致が生じているときに，子どもに対する母親の関与の姿勢に問題が多いことが，第9章・研究Vより明らかにされたためである。

　理由の第二は，夫に対する母親の愛着のあり方は，子どもの側からみると間接的な父親像の提示と考えられるが，夫（父親）に対する母親の愛着それ自体が独立して子どもに認知されるよりは，むしろ，自分に対して母親が示す愛着との相対的な関係のもとで認知されると考えるためである。

　母親の愛着の測定は，第9章・研究Vの愛着尺度とSCTを用いている。

　愛着尺度の作成過程は，第9章第2節第1項1）に述べたとおりである。そこでは愛着要求を「特定の他者に対して相互的な愛情の絆をもとめようとする要求」と規定している。愛着尺度は具体的には，愛着要求の充足の様式として，「行動」「関心」「理解・支持」の3つのレベルを抽出し，それぞれ「相手を支えたい，愛したい」（expressed方向）と「相手に支えてもらいたい，愛されたい」（wanted方向）の二方向を有する，計6様式，18項目から構成されるものである。各項目に対する評定は，〈そのとおりである─4，どちらかというとそうである─3，どちらかというと違う─2，違う─1〉の4段階でもとめている。評定値が高いほど，その項目の愛着要求が強いことを意味する。

　一方，愛着尺度による測定とは独立に，母親にとって子どもと夫がもつ意味および機能を測定するために，SCTを用いた。SCTを実施する意味は，1）愛着尺度は評定が限定されているために，一方で反応の自由度の大きい測定用具が必要である，2）愛着尺度は愛着要求そのものを問題としたものであり，そのため，実際の子どもや夫との愛着関係を把握し，それと愛着要求との関連性を明らかにすることが必要である，の二点にある。また，SCTは，上記6様式のそれぞれにおける愛着の対象を明らかにし，そのなかでの子どもと夫の位置づけをみるSCT(a)と，子どもと夫の存在意味および機能を具体的に記入することをもとめたSCT(b)の2つを用いた（SCTについては，第9章第2節第

表13-1 愛着尺度およびSCTについて

〈愛着尺度〉

項　目	愛着の様式
1　～と一緒にいると楽しい 7　～がそばにいると安心する 13　～と一緒に外出したい	行　動　e
2　私と一緒にいると楽しいと～に思われたい 8　私がそばにいると安心すると～に思われたい 14　私と一緒に外出したいと～に思われたい	行　動　w
3　～が元気かどうか，私は気にかけていてあげたい 9　～の身の回りのことに関心をもっていたい 15　～の態度や様子に心を配っていてあげたい	関　心　e
4　私が元気かどうか，～は気にかけていてほしい 10　私の身の回りのことに～は関心をもっていてほしい 16　～は私の態度や様子に心を配っていてほしい	関　心　w
5　～が困っているとき，～の相談相手になりたい 11　～の考えや気持ちを私は理解してあげたい 17　いつでも～を信じていてあげたい	理解・支持e
6　私が困っているとき，～に相談にのってほしい 12　私の考えや気持ちを～に理解していてほしい 18　いつでも～は私を信じていてほしい	理解・支持w

注）対子ども愛着尺度は，～の部分が「子ども」，対夫愛着尺度は，～の部分が「夫」と，表記してある。

〈SCT〉

SCT(a)
① 私が一緒によく外出する人は＿＿＿＿＿＿＿＿＿＿＿＿＿＿＿＿＿＿
② 私と一緒に外出することを好む人は＿＿＿＿＿＿＿＿＿＿＿＿＿＿
③ その人が元気かどうか気になる人は＿＿＿＿＿＿＿＿＿＿＿＿＿＿
④ 私が元気かどうか気にしてくれる人は＿＿＿＿＿＿＿＿＿＿＿＿
⑤ 何か困ったことがあるとき，私に相談する人は＿＿＿＿＿＿＿＿
⑥ 私が困っているとき，相談にのってくれる人は＿＿＿＿＿＿＿＿

注）SCT(a)は，上記6項目に該当する人物を具体的に記入することを求めた。人物の記入は複数記入を可とした。

SCT(b)
① 私にとって子どもとは＿＿＿＿＿＿＿＿＿＿＿＿＿＿＿＿＿＿＿＿
② 私にとって夫とは＿＿＿＿＿＿＿＿＿＿＿＿＿＿＿＿＿＿＿＿＿＿

1項2) 参照)。

愛着尺度およびSCTの具体的内容は表13-1に示したとおりである。

B) 幼児の愛着の測定

　幼児の愛着の測定は，絵カードを用いて行なった。絵カードは，高橋［1978］のP. A. T. (Picture of Attachment Test) と清水［1979］によるP. A. T.の追試結果を参考として，新たに作成した。

　作成方針は，幼児の愛着の様式として，前記の愛着尺度の6様式のうち，wanted方向の3様式（。相手と行動を共にすることをもとめる—「行動w」。相手からの関心や助力を求める—「関心w」。相手からの理解・支持をもとめる—「理解・支持w」）に，相手との一体感を求める—「一体感」をくわえた4様式を設定し，家庭と園のそれぞれについて計12場面を作成した。

　絵カードは，黒の線画で描かれた幼児が登場し，点線の部分に「ここにだれがいてほしいですか」ときいて，愛着の対象を答えさせるものである。愛着の対象は，それぞれの場面で幼児がいちばんもとめている人（第1位選択）と，その人がいないときは代りにだれをもとめるか（第2位選択）の2通り回答をもとめた。回答が○○ちゃんというような個人名の場合には，それはきょうだいか友だちか，または，いとこかなど幼児との関係を確認した。

　各場面を表わす絵カードと質問時のワーディングとは，それぞれ図13-1a～1d，表13-2に示したとおりである。なお，H1～H12は家庭（Home）場面を，K1～K12は園（Kindergarten）場面を表わすものである。

　愛着検査は，幼稚園や保育園で保育の空き時間に一人ずつ別室に誘導し，検査者が幼児と一対一で面接しながら実施した。検査者は筆者と筆者が勤務する保育専門学校の学生9名の計10名である。学生9名に対しては愛着検査の実施に先立って，検査の趣旨および内容について指導を行ない，さらに保育専門学校付属幼稚園で学生1人について3人の幼児を対象とした予備検査を試行して，検査方法および結果について検討をした後で本検査に臨んでいる。

　なお，検査を開始する前に，氏名（なまえ），生年月日（お誕生日），家族構成（おうちに一緒に住んでいる人はだれですか）をきいた。検査に要した時間は，1人平均約20分であった。

表13-2 幼児愛着検査の

〈家庭場面〉

H1　○○ちゃんがお家で遊ぶとき，
　　　1. だれといちばん一緒に遊びたいですか
　　　2. その人がいないときは，だれと一緒に遊びたいですか

H2　○○ちゃんがお外で遊ぶとき，
　　　1. だれといちばん一緒に遊びたいですか
　　　2. その人がいないときは，だれと一緒に遊びたいですか

H3　○○ちゃんは本を読んでもらいたいとき，
　　　1. だれにいちばん読んでもらいたいですか
　　　2. その人がいないときは，だれに読んでもらいたいですか

H4　○○ちゃんがお家でお手伝いを上手にできたとき，
　　　1. だれにいちばんほめてもらいたいですか
　　　2. その人がいないときは，だれにほめてもらいたいですか

H5　○○ちゃんが本を読んでいて知らない絵やことばがでてきたとき，
　　　1. だれにいちばん教えてもらいたいですか
　　　2. その人がいないときは，だれに教えてもらいたいですか

H6　○○ちゃんが寝ていて恐い夢をみたとき，
　　　1. だれにいちばんそばにいてもらいたいですか
　　　2. その人がいないときは，だれにそばにいてもらいたいですか

H7　○○ちゃんはお手伝いをしようとしてお皿を割ってしまいました。ふざけてしたのではありません。
　　　1. そのことをだれにいちばんわかってもらいたいですか
　　　2. その人がいないときは，だれにわかってもらいたいですか

H8　窓ガラスが割れています。○○ちゃんが割ったのではありません。
　　　1. そのことをだれにいちばんわかってもらいたいですか
　　　2. その人がいないときは，だれにわかってもらいたいですか

H9　○○ちゃんは珍しい虫をみつけました。
　　　1. そのことをだれにいちばん教えてあげたいですか
　　　2. その人がいないときは，だれに教えてあげたいですか

H10　○○ちゃんが病気のとき，
　　　1. だれにいちばんそばにいてもらいたいですか
　　　2. その人がいないときは，だれにそばにいてもらいたいですか

H11　○○ちゃんがお家でお友だちと遊んでいてけんかになってしまいました。
　　　1. だれにいちばん味方をしてもらいたいですか
　　　2. その人がいないときは，だれに味方をしてもらいたいですか

H12　○○ちゃんが新しいステキな洋服を着ました。
　　　1. だれにいちばんみせたいですか
　　　2. その人がいないときは，だれにみせたいですか

質問内容

〈園 場 面〉

K1 ○○ちゃんが園で遊ぶとき，
　　1. だれといちばん一緒に遊びたいですか
　　2. その人がいないときは，だれと一緒に遊びたいですか

K2 ○○ちゃんが園で遠足に行くとき，
　　1. だれといちばん一緒に歩きたいですか
　　2. その人がいないときは，だれと一緒に歩きたいですか

K3 ○○ちゃんが園で遊んでいて，とてもステキなお話をつくったとき，
　　1. だれにいちばんきいてもらいたいですか
　　2. その人がいないときは，だれにきいてもらいたいですか

K4 ○○ちゃんが園でお当番を上手にできたとき，
　　1. だれにいちばんほめてもらいたいですか
　　2. その人がいないときは，だれにほめてもらいたいですか

K5 ○○ちゃんが園で折り紙をしていて，途中で折り方がわからなくなってしまったとき，
　　1. だれにいちばん教えてもらいたいですか
　　2. その人がいないときは，だれに教えてもらいたいですか

K6 ○○ちゃんが園でお腹が痛くなってしまいました。
　　1. だれにいちばんきてもらいたいですか
　　2. その人がいないときは，だれにきてもらいたいですか

K7 ○○ちゃんが園で何をして遊ぼうか迷ったとき，
　　1. だれにいちばん決めてもらいたいですか
　　2. その人がいないときは，だれに決めてもらいたいですか

K8 ○○ちゃんがお友だちの足を踏んで泣かせてしまいました。わざとしたのではありません。
　　1. そのことをだれにいちばんわかってもらいたいですか
　　2. その人がいないときは，だれにわかってもらいたいですか

K9 園の花壇のお花が荒らされています。○○ちゃんがしたのではありません。
　　1. そのことをだれにいちばんわかってもらいたいですか
　　2. その人がいないときは，だれにわかってもらいたいですか

K10 今晩テレビでおもしろいマンガがあることを○○ちゃんは知っています。
　　1. そのことをだれにいちばん教えてあげたいですか
　　2. その人がいないときは，だれに教えてあげたいですか

K11 園でお友だちとおもちゃのとりあいをしてけんかになってしまいました。
　　1. だれにいちばん味方をしてもらいたいですか
　　2. その人がいないときは，だれに味方をしてもらいたいですか

K12 お絵かきをしていて，だれかのお顔をかこうとしたとき，
　　1. だれのお顔をいちばんかきたいですか
　　2. その次は、だれのお顔をかきたいですか

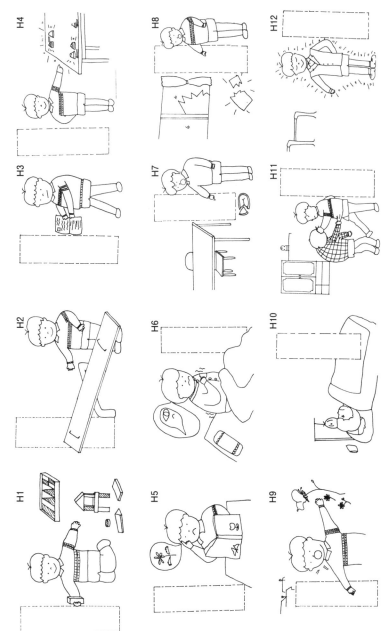

図13-1a 幼児愛着検査の絵カード (I)家庭場面——男児用

第13章　父親に関する心理学的研究　295

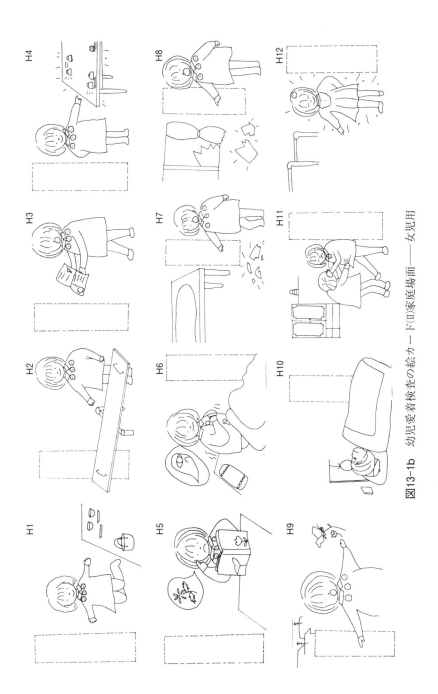

図13-1b　幼児愛着検査の絵カード(II)家庭場面——女児用

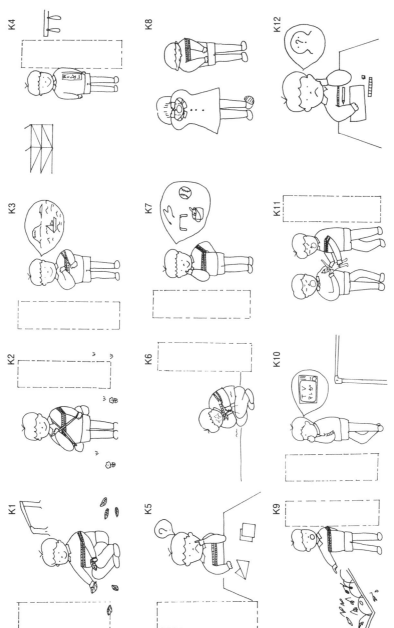

図13-1c 幼児愛着検査の絵カード(幼稚園場面―男児用)

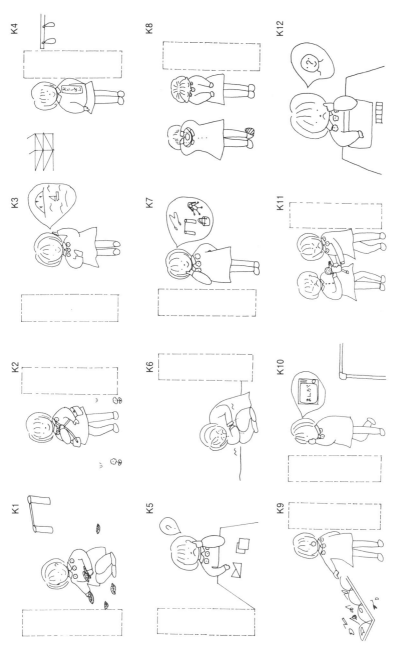

図13-1d 幼児愛着検査の絵カード(IV)園場面——女児用

表13-3　研究対象に関する基礎的事項

母親に関する基礎的事項	年　齢　　　　　　　　　平均　　　　　　　33.4歳　　　　　　SD　　　　　　　　3.6　　　　　　年齢範囲　　　　26〜45歳		
	学　歴		
	中学卒	20	(13.2)
	高校卒	78	(51.7)
	短大卒	38	(25.2)
	大学卒以上	11	(7.3)
	N・A	4	(2.6)
	就業形態		
	無　職	65	(43.0)
	家　業	43	(28.5)
	内　職	10	(6.6)
	パート	13	(8.6)
	常　勤	16	(10.6)
	N・A	4	(2.6)
父親(夫)に関する基礎的事項	年　齢　　　　　　　　　平均　　　　　　　36.4歳　　　　　　SD　　　　　　　　4.1　　　　　　年齢範囲　　　　27〜54歳		
	学　歴		
	中学卒	19	(12.6)
	高校卒	51	(33.8)
	短大卒	20	(13.2)
	大学卒以上	57	(37.7)
	N・A	4	(2.6)
子どもに関する基礎的事項	年　齢		
	4歳児クラス	96	(44.9)
	5歳児クラス	118	(55.1)
	性　別		
	男	113	(52.8)
	女	101	(47.2)
	きょうだい数		
	1人	35	(16.4)
	2人	138	(64.5)
	3人以上	41	(19.2)
	出生順位		
	第1子	79	(36.9)
	第2子	70	(32.7)
	第3子以降	65	(30.4)

注）年齢以外の数字は人数，（　）内はパーセンテイジ。

2）研究対象

　本研究の対象は，幼児（都内に所在する私立幼稚園・保育園の年中・年長児）とその母親である。このうち，母親は第9章・研究Vの対象（年齢群別では第Ⅰ群，第9章第3節第2項3）参照）であり，幼児はその子どもである。母親に対する調査票は，調査依頼書を添付した調査票を園児の送迎時に担任より渡してもらい，自宅記入の後に封をして園側に提出してもらった（第9章第2節第2項参照）。幼児の愛着検査は前述のとおりである。

　有効数は，母親151人，幼児214人である（母親に対する調査票は，全幼児の母親214人に対して配布したが，回収率は70.6％であった）。

　研究対象に関する基礎的事項は，表13-3に示したとおりである。

3）研究時期

　母親の愛着の測定　1980年10月〜
　　　　　　　　　　12月
　幼児の愛着検査　　1980年11月〜
　　　　　　　　　　1981年2月

§3　結果と考察

　幼児の愛着検査の結果は，まず，研究対象の214人について，家庭と園の両場面における回答を報告し，幼児の愛着の概要をみるとともに，そのなか

でとくに父親に対する愛着の特徴について考察を行なう。

次に，母親の愛着の測定結果から，子どもと夫に対する愛着が特徴的な4群を抽出し，各群の母親の子どもについて，その愛着検査の結果を分析することによって，母親の対子ども愛着，対夫愛着と子どもの愛着（とくに父親に対する愛着）との関連性を考察する。

1) 幼児の愛着について

表13-4は，家庭と園の各12場面全体において，第1位，第2位に選択された対象とその比率を示したものである。選択された対象は，おもに，。父親，。母親，。きょうだい，。祖父母（おじ，おばを含む），。友人，に分類され，このほかの回答としては，。ひとり（または自分）と。わからない（または無回答）である。

表13-4に示すとおり，家庭場面で第1位に選択された対象のうち，母親が占める比率は38.7％でもっとも大きく，次いで友人が17.6％，きょうだいが16.0％である。父親は15.6％であり，母親の1/2以下の比率である。しかし，第2位選択では，父親が26.1％でもっとも大きく，次いで母親が20.3％，友人が20.2％である。

園場面では，愛着の対象は主として友人と先生であるが，友人への選択率のほうが先生への選択率よりもはるかに大きい。第1位選択のなかで友人が占め

表13-4 家庭場面・園場面の全体において，各対象が選択されたパーセンテイジ（$n=214$）

a〈家庭場面〉

対象	父親	母親	きょうだい	祖父母	友人	ひとり	その他	わからない(無回答)
第1位選択	15.6	38.7	16.0	4.1	17.6	1.6	3.6	2.8
第2位選択	26.1	20.3	14.3	7.8	20.2	5.0	3.8	2.5

b〈園場面〉

	父親	母親	先生	友人	ひとり	その他	わからない(無回答)
第1位選択	3.9	8.6	27.1	48.5	1.5	5.8	4.6
第2位選択	5.0	5.6	19.9	50.4	1.2	13.4	4.5

る比率は48.5%，先生が27.1%，第2位選択では友人が50.4%，先生が19.9%である。この結果は第1位選択対象の友人がそこにいないときは，第2位選択として別の友人を選んでいることを示すものであり，複数の友人に対して愛着を発達させていることがみられる。

以上のとおり，本研究対象の4，5歳児の愛着は，家庭場面では母親が中心的な対象であるが，一方，園場面では大人である先生よりも友人に対して愛着を発達させていることが明らかである。

父親は，家庭での第1位選択の対象として選ばれる比率からみると，きょうだいや友人よりも順位が低く，むしろ，第1位選択の対象がいないときの代りとして，存在意義があるといえる。この点に関して，家庭での12場面のそれぞれにおいて，第1位選択あるいは第2選択として選ばれる比率を比較することにより，父親の機能を考察することとする。

表13-5は，家庭での12場面の第1位選択，第2位選択のなかで，父親・母親・きょうだい・友人の各対象が占める比率を示したものであり，図13-2は，そのうちの父親の比率を図示し，第1位選択と第2位選択との比較を行なったものである。

表13-5　家庭場面の12場面において，各対象が選択されたパーセンテイジ（$n=214$）

	第1位選択				第2位選択			
	父親	母親	きょうだい	友人	父親	母親	きょうだい	友人
H 1	3.3	13.1	44.4	38.8	6.5	7.9	18.7	44.4
H 2	2.3	4.6	27.6	57.9	4.2	6.1	9.3	51.9
H 3	12.6	55.1	12.1	11.7	24.3	21.0	15.0	11.2
H 4	19.2	68.2	4.7	4.2	43.0	17.8	13.1	4.7
H 5	22.0	41.1	15.0	10.7	24.8	31.3	15.4	6.5
H 6	26.6	56.5	9.8	1.9	37.8	29.9	16.4	1.9
H 7	22.0	65.0	5.6	1.4	40.7	18.2	10.3	2.8
H 8	22.4	49.1	15.0	5.6	36.4	30.7	12.6	4.7
H 9	12.6	23.4	27.6	33.2	17.8	21.5	13.6	32.2
H10	16.8	64.0	13.6	1.9	38.8	26.6	17.3	2.8
H11	19.6	23.8	25.7	21.0	22.4	21.5	27.6	21.0
H12	6.0	7.9	4.2	39.3	15.9	11.7	5.1	44.4

第13章 父親に関する心理学的研究　301

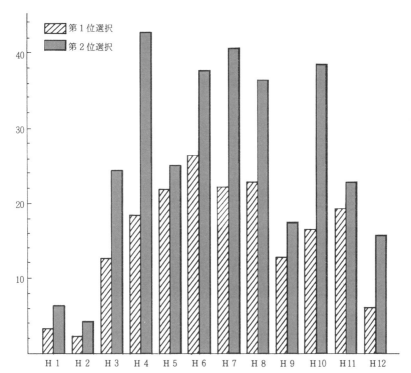

図13-2　家庭場面の12場面において，父親が選択されたパーセンテイジ（n＝214）

　図13-2から明らかなとおり，第1位選択にくらべて第2位選択に顕著な増加がみられる場面は，H4（19.2％→43.0％），H6（26.6％→37.8％），H7（22.0％→40.7％），H8（22.4％→36.4％），H10（16.8％→38.8％）である。これらは，。お手伝いを上手にできたとき，ほめてほしい（H4），。お皿を割ってしまったけれど，ふざけて割ったのではないことをわかってほしい（H7），。ガラスを割ったのは自分ではないことを，わかってほしい（H8）という理解・支持をもとめる場面と，。恐い夢をみたとき，そばにいてほしい（H6），。病気のとき，そばにいてほしい（H10），という助力をもとめる場面である。これらは，表13-5が示すとおり，いずれも第1位選択で母親が50％弱〜70％弱の高い比率を占めている場面である。
　同じく助力をもとめる場面であっても，。本を読んでもらいたい（H3）や，

。本を読んでいて知らない絵やことばがでてきたとき，教えてもらいたい（H5）という知的な要素を含む場面では，第2位選択でも父親が選ばれる比率は小さい。また，。家で遊ぶときの相手（H1），。外で遊ぶときの相手（H2），。珍しい虫をみつけたとき，教えたい相手（H9），。新しいステキな洋服を着たとき，みせたい相手（H12），としても父親が選ばれる比率は第1位選択，第2位選択のいずれにおいても小さい。遊び相手や興味を分かち合い一体感をもとめる相手としては，きょうだいや友人が主要な位置を占めている。

　以上から明らかなとおり，父親は幼児の愛着において，遊び相手や一体感をもとめる相手としてではなく，理解や支持，情緒的な意味の助力をもとめる相手として機能している。しかも，これらの機能においては，母親が第1位に選択されており，父親は母親がいないときの代りとして意味をもつ存在である。このように，愛着の対象として幼児が父親と母親にもとめている機能は，両者間に差異はなく，むしろ，同一の機能をもとめるなかで優先順位をつけているものと考えられる。4，5歳児の愛着は，遊びの機能はきょうだいや友人にもとめ，理解や支持，情緒的な意味の助力という精神的な機能は大人である母親と父親にもとめている。このように，すでに明確な分化がみられるなかで，父親は母親に次ぐ位置を占めていると考えられる。

　2）　母親の愛着について——4群の抽出

　母親を対象とした愛着尺度およびSCTの測定結果の詳細は，第9章第3節に記したとおりである。本研究は，母親の愛着のあり方が子どもの愛着の発達に与える影響を明らかにすることを目的としたものである。したがって，ここでは母親の愛着のあり方として特徴的な4群を抽出し，各群の傾向について述べる。

　4群の抽出方法は，子どもに対する愛着と夫に対する愛着が，それぞれとくに強いものと，とくに弱いものを選び，両者の組み合わせによってもとめた。愛着の強弱の基準は，18項目の評定値の合計得点の分布から，上位1/4をHigh群，下位1/4をLow群とした。したがって，4群とは，High—High群（以下，H—H群と記す），Low—Low群（以下，L—L群と記す），High—Low群（以下，H—L群と記す），Low—High群（以下，L—H群と記す）である。

　4群の抽出方法および各群のSCTの結果は，第9章第3節第3項と同一で

ある。したがって，ここでは各群の人数とSCTの結果を要約し，各群の愛着の傾向について記すこととする。

① H―H群（$n=15$）

対子ども愛着得点も対夫愛着得点も，いずれも上位群のもの。

子どもに対しても夫に対しても，同程度の強い愛着要求を抱いているが，とくに夫とのあいだに精神的レベルでの愛着関係を成立させていることが顕著である。子どもに対しては可愛いという，主に情愛的関係が示されていることとくらべると，H―H群では夫と子どもとのあいだに精神的レベルでの機能分化が明確である。さらに，夫とのあいだに精神的レベルでの愛着関係を獲得していることが，H―H群では子どもに対する愛着の背景要因となり得ていると考えられた。

② L―L群（$n=16$）

対子ども愛着得点も対夫愛着得点も，いずれも下位群のもの。

子どもに対しても夫に対しても愛着要求の強度が弱い群であるが，しかし，このことは子ども・夫のいずれについても，必ずしも否定的な関係を背景としたものではなく，むしろ，理性的・客観的な関係を有している。L―L群の特徴は，友人や仕事仲間等のソーシャル・エージェントが子どもや夫とならぶ存在として位置づけられていることであり，それが子どもや夫に対して客観的なかかわり方を志向させている一つの要因であると考察された。

③ H―L群（$n=4$）

対子ども愛着得点が上位群，対夫愛着得点が下位群のもの。

子どもに対しては愛着要求が強く，逆に夫に対しては愛着要求が弱い群である。夫との愛着関係では，とくに精神的レベルでの絆が失われていることが顕著な特徴である。このことが，子どもに対して，より濃密な愛着関係を成立させているものと考察された。また，夫に代わる存在として，ソーシャル・エージェントが重要な位置を占めていることも，H―L群に独自な傾向である。

④ L―H群（$n=3$）

対子ども愛着得点が下位群，対夫愛着得点が上位群のもの。

子どもに対する愛着要求が弱く，逆に夫に対する愛着要求が強い群である。子どもに対する愛着要求が弱いことは，必ずしも子どもに対する拒否的関係を

意味するものではない。しかし，子どもに対して客観的・理性的記述を行ないながら，実際の愛着関係では，とくに精神的レベルで子どもが機能していないことが注目された。

3) 母親の愛着と幼児の愛着との関連性について

幼児に対して実施した絵カードによる愛着検査のうち，上記4群に属する母親の子どもを抽出して，その結果を以下に報告する。

表13-6は，家庭での12場面全体において，各対象が愛着の対象として第1位に選択された比率を，4群別に示したものである。また，表13-7は，各場面ごとに，それぞれの対象の被選択率を示したものである。

表13-6 家庭場面の全体において，各対象が選択された
パーセンテイジ——第1位選択，4群別の比較——

	父親	母親	きょうだい	祖父母	友人	ひとり	その他	わからない（無回答）
H—H群	26.1	32.8	12.8	6.7	12.2	3.3	3.9	2.2
L—L群	16.1	38.5	13.5	1.0	23.4	3.1	1.6	2.6
H—L群	12.5	47.9	20.8	0.0	12.5	0.0	6.3	0.0
L—H群	11.1	36.1	30.6	8.3	11.1	2.8	0.0	0.0

表13-6から明らかなとおり，第1位選択の対象に母親がもっとも多く選ばれていることは，4群に共通の傾向である。しかし，その被選択率はH—L群が47.9％を示し，L—L群の38.5％，L—H群の36.1％，H—H群の32.8％に比べて第1位を占める。

一方，父親の被選択率はH—H群においてもっとも大きい。H—H群では，父親を第1位に選択対象とする回答が母親に次いで多く，26.1％となっている。他の3群が父親を選択している比率はH—H群にくらべて小さく，L—L群は16.1％，H—L群は12.5％，L—H群は11.1％にすぎない。

L—L群，H—L群，L—H群の3群では，父親よりは，友人やきょうだいが多く選択されている。L—L群では友人が23.4％，L—H群およびH—L群ではきょうだいが，それぞれ30.6％，20.8％であり，いずれも母親に次ぐ位置を占めている。

次に，表13-7から，とくに父親の被選択率を各場面ごとにみると，次のこと

表13-7 家庭場面の12場面において，各対象が選択された
パーセンテイジ――第1位選択，4群別の比較――

H－H群

	父親	母親	きょうだい	祖父母	友人	ひとり	その他	わからない（無回答）
H1	0.0	6.7	46.7	6.7	20.0	20.0	0.0	0.0
H2	0.0	0.0	13.3	0.0	46.7	13.3	0.0	20.0
H3	26.7	46.7	6.7	6.7	6.7	0.0	6.7	6.7
H4	33.3	60.0	0.0	6.7	0.0	0.0	0.0	6.7
H5	66.7	13.3	6.7	6.7	0.0	0.0	6.7	13.3
H6	33.3	53.3	13.3	0.0	0.0	0.0	0.0	0.0
H7	26.7	60.0	6.7	0.0	0.0	0.0	0.0	6.7
H8	40.0	33.3	6.7	20.0	0.0	0.0	0.0	0.0
H9	6.7	33.3	26.7	6.7	26.7	0.0	0.0	0.0
H10	6.7	66.7	13.3	13.3	0.0	0.0	0.0	0.0
H11	53.3	20.0	13.3	0.0	13.3	0.0	0.0	13.3
H12	20.0	13.3	0.0	6.7	33.3	0.0	20.0	6.7

L－L群

	父親	母親	きょうだい	祖父母	友人	ひとり	その他	わからない（無回答）
H1	0.0	6.3	37.5	0.0	43.8	6.3	0.0	6.3
H2	0.0	6.3	6.3	0.0	81.3	6.3	0.0	0.0
H3	12.5	37.5	12.5	6.3	12.5	18.8	6.3	0.0
H4	25.0	62.5	0.0	0.0	0.0	6.3	0.0	0.0
H5	25.0	37.5	12.5	6.3	18.8	0.0	0.0	6.3
H6	37.5	43.8	6.3	0.0	0.0	0.0	0.0	6.3
H7	12.5	68.9	6.3	0.0	0.0	0.0	0.0	0.0
H8	18.8	56.3	18.8	0.0	6.3	0.0	0.0	0.0
H9	12.5	12.5	37.5	0.0	37.5	0.0	0.0	0.0
H10	6.3	81.3	12.5	0.0	0.0	0.0	0.0	0.0
H11	25.0	31.3	12.5	0.0	25.0	0.0	12.5	6.3
H12	6.3	18.8	0.0	0.0	56.3	0.0	0.0	6.3

H－L群

	父親	母親	きょうだい	祖父母	友人	ひとり	その他	わからない（無回答）
H1	25.0	0.0	25.0	0.0	50.0	0.0	0.0	0.0
H2	0.0	0.0	25.0	0.0	75.0	0.0	0.0	0.0
H3	0.0	100.0	0.0	0.0	0.0	0.0	0.0	0.0
H4	0.0	75.0	0.0	0.0	0.0	0.0	25.0	0.0
H5	50.0	50.0	0.0	0.0	0.0	0.0	0.0	0.0
H6	0.0	75.0	0.0	0.0	0.0	0.0	25.0	0.0
H7	0.0	100.0	0.0	0.0	0.0	0.0	0.0	0.0
H8	0.0	75.0	25.0	0.0	0.0	0.0	0.0	0.0
H9	0.0	0.0	75.0	0.0	25.0	0.0	0.0	0.0
H10	25.0	75.0	0.0	0.0	0.0	0.0	0.0	0.0
H11	25.0	0.0	50.0	0.0	0.0	0.0	25.0	0.0
H12	25.0	25.0	50.0	0.0	0.0	0.0	0.0	0.0

L－H群

	父親	母親	きょうだい	祖父母	友人	ひとり	その他	わからない（無回答）
H1	0.0	33.3	33.3	0.0	33.3	0.0	0.0	0.0
H2	0.0	0.0	33.3	0.0	66.7	0.0	0.0	0.0
H3	66.7	33.3	0.0	0.0	0.0	0.0	0.0	0.0
H4	0.0	100.0	0.0	0.0	0.0	0.0	0.0	0.0
H5	0.0	0.0	66.7	33.3	0.0	0.0	0.0	0.0
H6	0.0	66.7	33.3	0.0	0.0	0.0	0.0	0.0
H7	33.3	33.3	0.0	33.3	0.0	0.0	0.0	0.0
H8	33.3	33.3	33.3	0.0	0.0	0.0	0.0	0.0
H9	0.0	33.3	66.7	0.0	0.0	0.0	0.0	0.0
H10	0.0	100.0	0.0	0.0	0.0	0.0	0.0	0.0
H11	0.0	0.0	66.7	0.0	0.0	33.3	0.0	0.0
H12	0.0	0.0	33.3	33.3	33.3	0.0	0.0	0.0

がいえる。父親は幼児の愛着の対象として，理解や支持，情緒的な意味の助力という精神的な側面で機能していることは，幼児の愛着の結果で述べたとおりである。しかし，表13-7に示すとおり，H—H群では，それにくわえて，。本を読んでいて知らない絵やことばがでてきたとき，教えてもらいたい (H5)，。お友だちとけんかをしたとき，味方になってもらいたい (H11) の2場面での被選択率がきわめて大きい。前者は66.7%，後者は53.3%であり，いずれも母親の被選択率を上回っている。知的側面やけんかという場面の助力は，わが国では男性的特徴と考えられるものである。それらの場面で父親が愛着の対象として機能していることは，H—H群以外の3群には，みられない傾向である。

以上の結果から，次のことが考察される。愛着の対象として母親が中心的な位置を占めていることは，各群に共通の傾向であり，この傾向は，本研究対象の幼児全員の結果においても同様に認められたことは，前述のとおりである。しかし，母親以外の対象に対する愛着では群差がみられ，母親自身の愛着のあり方と幼児の愛着とのあいだに関連性が存在すると考えられる。H—H群の母親は，夫に対しても子どもに対しても愛着要求が強く，とくに夫とのあいだに精神的な絆を確保していることが特徴的であったが，このH—H群の子どもたちは，母親に次いで父親に対する愛着を発達させており，とりわけ男性的機能を父親に対してもとめていることが注目される。他方，子どもに対する愛着と夫に対する愛着に不一致がみられるH—L群とL—H群では，子どもの父親に対する愛着が弱く，むしろ，きょうだいが母親に次ぐ位置を占めている。この傾向は，母親の愛着が夫に対して強く，逆に子どもに対する愛着は弱く，母親の精神生活のなかに子どもが機能していないL—H群の子どもに顕著である。また，夫との精神的な絆を喪失し，そのぶん，母親が子どもに密着する傾向を有しているH—L群では，子どもも母親に対する愛着がもっとも強く，父親に対する愛着の弱いことと対照的である。一方，夫に対しても子どもに対しても愛着要求が弱いL—L群は，前述のとおり，いずれに対しても否定的な関係を有しているわけではなく，むしろ，客観的なかかわり方をしていることと，友人や仕事仲間等のソーシャル・エージェントが夫や子どもとならぶ存在として位置づけられていることが特徴であったが，このL—L群の子どもたちもまた，友人に対する愛着は4群中でもっとも強いことがみられている。

4) 要約と結語

本研究は，4，5歳児とその母親を対象とし，子どもの愛着，とくに父親に対する愛着が，母親の愛着のあり方と，いかなる関連性のもとで成立しているかを検討することを目的としたものであった。

4，5歳児の愛着については，絵カード愛着検査で測定した結果，母親を愛着の中心的な対象としながらも，母親以外の対象に愛着要求を分化させており，この年齢ですでに多様な愛着関係を成立させていることがみられた。そのなかで父親は，精神的な支持や助力をもとめる対象として，母親と同一の機能を果たしながら，重要度では母親に次ぐ存在として位置づけられていることが明らかであった。4，5歳児では，父親と母親とのあいだの機能分化は未だ明確ではなく，必要とする程度によって優先順位をつけていると考えられる。

上記の結果は，本研究対象の幼児全員に対する愛着検査の結果であるが，母親の愛着との関連のもとに分析すると，母親の愛着のあり方によって子どもの愛着の様相に異同が認められた。母親が夫に対して，強く安定した愛着関係を維持しているとき，H－H群に示されていたように，子どもも父親に対して強い愛着を発達させており，しかも，男性的要素の多い機能を父親にもとめることによって，母親との機能分化を成立させている傾向がみられる。しかし，母親の夫に対する愛着が強くても，子どもに対して愛着が弱いとき，L－H群に示されていたように，子どもの父親に対する愛着は弱く，むしろ，きょうだいに対する愛着のほうが発達している。夫に対して母親が抱く愛着のあり方が，子どもの父親に対する愛着の発達に影響をおよぼすと考えられるが，しかし，それは母親の夫に対する愛着だけが問題なのではなく，母親が子どもに対して示す愛着の質と相対的な関連性を有する問題であることが，H－H群とL－H群の子どもの愛着の比較から考察された。同様の観点から，母親が夫とのあいだに情緒的・精神的な絆を喪失し，子どもに強い愛着を抱いているH－L群では，その子どもも父親に対する愛着が弱く，母親への愛着を強くしていたことがみられたが，これは夫婦関係の不在が母子の密着を招くことの一つの例証と考えられる。

本研究対象は，母親が151人とその子どもたちが214人であった。しかし，母親の愛着と子どもの愛着との関連性をもとめる目的で，母親の愛着のあり方が

特徴的な4群を抽出し，その母親の子どもたちについて愛着検査の結果を検討したところから，抽出されたサンプル数は母子38組であった。そのため，上記の結果および考察は，飽くまでも一つの傾向をみるにとどまるものであるが，しかし，母親が身近な存在である夫と子どもに対して抱く愛情が，間接的な父子関係の成立に影響力をもつことが示されたといえよう。母親を媒介とした間接的な父子関係の方向を模索することは，母子関係をドミナントとするわが国の親子関係の特殊性からみて必要性の大きいものと考える。しかし，間接的な父子関係の成立の要件として夫婦関係の重要性を指摘した本研究結果は，同時に母子関係偏重の親子関係のあり方に対しても問題の所在を指摘するものである。

　（付記）幼児愛着検査の絵カードの作成に関しては，賀来素代さん・飯野晴美さん（東京都立大学），竹下岳子さん（彰栄保育専門学校）に，質問内容を図版化することをお手伝いいただいた。

第14章　父親をめぐる課題および今後の父親像について

　今日，子どもの社会的不適応現象や種々の家族問題が大きな社会問題として注目されているが，その解決策の一つとして，父親の存在や機能の重要性が認識されるなど，父親に対する関心が高まりつつある。こうした社会的要請を担っている父親について，その存在や機能を検討することは，今日的意義の大きい必須の課題であるといえよう。同時に，その検討から得られる成果は，従来の母子関係偏重の動向のなかで顧みられることが少なかった父親の存在および機能を再認識させるとともに，今後の育児のあり方に展望を拓くうえで寄与するところが大きいものと思われる。それは，母性重視の動向に内在する問題点を指摘し，育児機能の維持発展に資することをもとめた第Ⅰ部・第Ⅱ部と研究目的を同じくするものである。

　父親に関する心理学的研究は，前述のとおり，まだ充分な体系を構成するまでには至っていない。しかし，従来の知見を概観することにより，父親をめぐる問題の所在を認識し，同時に，現在の社会情勢および将来の社会状況の変化と照合しつつ，今後の父親像のあるべき姿を模索することが重要と考える。以下，第11章～第13章で述べてきたことを基に，父親をめぐる今後の課題について考えてゆくこととする。

　第13章第2節「父親に関する従来の心理学的研究」で述べたとおり，従来の知見は，父親が子どもの同一視の対象や性役割のモデルとして，また，社会化のエージェントとして，重要な機能を果たしていることを指摘する点で一致をみている。子どもの発達を望ましい方向に促進するためには，父親が男性的特徴を備えた姿で，子どもの身近に存在する必要性が指摘されている。

　これら従来の知見と対照したとき，今日のわが国の社会はたしかに父親不在

であり，ここに解決すべき第一の課題が指摘されると考える。男性の労働状況は，今日きわめて熾烈な体制下にあるために父親が存在する家庭においても，子どもとの接触が少なく，父親不在と同様の現象を招いているケースがみられる。家庭をはじめとして，子どもの発達環境，とりわけ初期の発達環境に，男性や父親の存在が稀薄であり，もっぱら女性モデルに囲まれて発達が行なわれることは，とくに男子の発達に阻害的影響を与えていることが懸念される。男女ともに子育てへの参加を可能とする社会体制を確保する必要性が大きいのではなかろうか。そのためには，まず，育児は母親である女性が担うべき領域だとする社会通念が根本的に再検討されることが必要であろう。子どもをもつ既婚女性が，母親であると同時に，一人の女性として，妻として，社会人として，職業人としての自己を全うする意義が今日きわめて大きく，それが究極的には安定した母性発達を保証することは，第Ⅰ部・第Ⅱ部で述べたとおりである。父親および男性に対しては，これと同様の問題が方向を違えてもとめられねばならないと思われる。すなわち，職業人であることにくわえて，父親として，夫としての機能を充足することにより，人間としての総合的な存在が獲得されることが望ましい。一方では女性の社会参加が，他方では男性の育児参加が，それぞれ現状よりなお活発化するとき，子どもも親もより人間的な環境下で生活することが可能となるのではないだろうか。

　従来の知見から提起される第二の課題は，父親不在状況に対する補完システムの整備についてである。父親が子どもにおよぼす直接的影響過程を考えるとき，父親の存在意義には否定し得ないものがある。しかし，一方では離別，死別による父親不在家庭が存在することも，看過し得ない事実である。このほか，単身赴任，別居結婚，未婚の母親等にみられるとおり，父親不在家庭が漸増傾向にあることも今日的現象である。いずれも不可避の制約により，あるいは一定の価値観が招く現象である以上，一概に父親不在の弊害のみを強調することは一考を要するものと思われる。むしろ，父親不在から生じる弊害を最小限にとどめる方向で対応が講じられるべきである。

　父親不在は，子どもの発達に種々の阻害的影響をおよぼすことが報告されているが，この点に関しては，父親不在それ自体が原因なのか，それとも父親不在にともなう諸環境の変化が原因なのかを，区別して把握することが必要であ

る。前者の場合，父親の機能を明確に把握し，それを母親または他の人間が代替することによって，父親不在の弊害を最小限に抑制することは可能と考えられる。父親不在家庭であっても，母親が男性的行動を奨励し，情緒的に安定して適切な養育機能を発揮している場合には，子どもの発達阻害が少ないことが明らかにされていたことは，この点に関して貴重な示唆を与えるものといえよう。一方，後者の場合，第一に，父親不在家庭は社会的にも経済的にも不安定な状況下におかれやすいこと，第二に，父親不在は母親の精神的・肉体的負担を増加させる傾向にあることが指摘される。これら父親不在による間接的影響を分析し，その改善をはかることは，父親不在家庭に対する対策として行なわれる必要があり，母親自身の自覚とともに，周囲の精神的支持や社会的援助システムの充実等が，不可欠の課題と考えられる。

　父親に関する第三，第四の課題は，父親自身の男性度に関するものである。父親の男性度とは，内容的に一つは力や権威を，他の一つは男性としての成熟度を意味するものと考えられる。前記のとおり，従来の知見は父親が男性的特徴を備えた存在として，子どもの身近に存在する意義を明らかにしており，父親がたんに育児に参加するだけでは，父親不在の問題を打開する充分条件にはなり得ないことを示している。父親の男性度が不問に付されたまま，父親の育児参加をもとめることは，対症療法にすぎないものであり，父親の母親化現象としての批判を生起させる原因となることも考えられる。この父親の男性度に関しては，わが国の社会的・文化的特性との関連から，種々の問題点が内包されているものと思われる。したがって，この点について検討を行なうことは，今後の父親像を模索するうえでの大きな課題であると考える。男性としての成熟度に関しては，第四の課題として後述することとし，ここではまず，第三の課題として，父親の権威や権力に関する問題から述べることとする。

　第12章「わが国における父権の特質および問題点」で考察したとおり，父親の男性的特徴として今日もとめられる力や強さは，決して復古的な父権にもとめられるべきではないと考える。わが国のかつての権威や権力の特質とは，個の自立や尊厳を認める余地のない体制下で，支配服従関係を強制し，あるいは，それを情緒的恭順関係に擬制させた点にもとめられる。父権回復を安易に主張することは，歴史的に他律的要素が強く，したがって，個人の自律性を阻害し

てきた権威や権力を再現することにつながる恐れがあると考える。父親の権威や権力が，子どもに対して外的拘束力としてのみ機能するとき，それは幅の狭い権威主義的人格を育成する結果を招くことに留意されるべきではないだろうか。かつての父権の内実は，封建的家族制度下での父親の権威・権力として，むしろ必然のものであったといえよう。社会的・経済的・政治的体制を異にする今日の観点から，安易に批判できるものではないにしても，今日の体制下にその回復や再現をもとめることは困難でもあり，また適切さを欠くものでもある。子育てのなかで，今日われわれが目ざしているものは，子どもの主体的自我をあくまで尊重し，その発達を保証することではないだろうか。個としての存在を許容する余地が少なく，むしろ集団への没我的な適応を奨励した封建的家族制度下での育児と今日の育児とでは，育児の目標そのものが方向を異にしていると考えられる。今日の父親の機能を，かつての父権にもとめることは妥当ではないといえよう。

現代の観点から父権とは，子どもの権利や個としての尊厳をいかに守り育成するかを前提として論じられることが必要であり，この意味における父権を機能させるためには，そもそも父親自身が自らの尊厳を確立し，個としての自立を達成していることが必要であると考える。換言すれば，一人の人間として，男性としての成熟がもとめられることである。父親に関する第四の課題は，この父親自身の成熟についてであり，以下の二点が問題点として指摘される。

まず第一点は，父親としての成熟が獲得される過程についての検討が，現段階では不充分であるために，そこに内在する問題点についても充分な認識が行なわれにくいことである。母性が語られるとき，その形成過程が忘却されたまま，いわば画一的な母親像が蔓延している傾向は，第Ⅰ部・第Ⅱ部で指摘したとおりである。第Ⅰ部・第Ⅱ部ではこの点を問題視し，母性の形成および変容過程にともなう多様性・個別性を明らかにすることをテーマとした。しかし，父性を論ずるうえで，その形成過程を等閑に付す傾向は，母性の場合と同等あるいはそれ以上のものがある。父親としての行動や心理の発達過程を検討することは，今後に委ねられた大きな課題をなす。

父親が自らの尊厳を確立し，個としての自立を達成しているか否かは，おそらく父親となる以前の生育過程における母子関係にまで遡及して検討が行なわ

れる必要がある。わが国の男性は，乳児期的な母子関係から自立する痛みを経験せずに父親になる傾向が強いことが指摘されている［佐々木（孝次），1982］。母子関係の延長として結婚生活が営まれる場合，そこに展開される未熟な夫婦関係は，父性の成熟の出発点にはなり得ないものである。父親の機能は，一人の男性として，夫としての成熟を前提としたうえで，形成されるものであることを考えるとき，自立的な母子関係の育成は，母子双方の発達を左右するにとどまらず，次代の夫婦関係，親子関係へと継承されるものといえるであろう。わが国の社会的・文化的特殊性といわれる母子密着型の発達環境を再検討する必要性は，再びきわめて大きい。

　ところで，夫婦関係の確立は，上述のとおり，父親としての成熟の出発点であるが，同時に母子密着型の親子関係の問題点を解決し，さらには父子関係の確立にも寄与するものである。第13章の研究「父親に対する子どもの愛着──母親の夫に対する愛着との関連性について──」は，母親の側から夫婦関係を捉えたものであるが，夫婦関係のあり方が父子関係の成立に種々影響をおよぼすことを示すものであった。母親を媒介とした間接的な父子関係のあり方を検討することは，今日の父親の存在状況を考えるとき，必要性の大きい課題である。ここにおいても，夫婦関係の調和と安定が母親の心理的安定をもたらし，母親を媒介とした肯定的な父親像の提示が，父子関係の発達を間接的ながら促進するという図式が考えられる。夫婦関係の確立は母性発達上の基礎条件の一つであるという指摘は，これまでに繰り返し述べてきたが，それは同時に，父性成熟の基礎条件でもあり，さらには母子関係・父子関係の発達に寄与するものとして，その重要性が忘れられてはならない。

　父性の成熟に関する第二の問題点は，その内容に関するものである。すなわち，今後の社会状況の変動を考えるとき，そこでもとめられる父親としての成熟とはいかなるものか，また，いかなる成熟が可能か，という問題である。今日の価値観および情報の多様化と技術革新とにともなう社会変動には，めまぐるしいものがあるが，その変化は今後さらに加速化することが想定される。変動の少ない環境下では，将来に対して明確な指針を提示し，それに即して諸事を判断することが可能であり，成熟とはまさにそのような指針や判断を提示することを可能とするものである。しかし，変動の余地の大きい状況下では，一

定の指針に基づいて諸事を断定することは不可能に近く，成熟もまたその観点から論ずることは困難であろう。むしろ，試行錯誤的に生きる柔軟さと，断定を下せない不測の状況下においても自己を保つ強靭さを体得することこそ，今後の社会に生きる人間に求められる成熟ではないだろうか。人間としての弱さ，生きる難しさを子どもに伝えつつ，同じ時代を生き合う人間としての共感を育むことに，親としての新たな役割が求められている。

　父親に関する課題として指摘した上記四点は，いずれも一朝一夕に解決されるものでは無論ない。今後の社会的変動を想定すれば，父親像はさらに多様化し，時には混迷の度合いを強める可能性も大きいものと思われる。したがって，理想の父親像に関する定説をもとめることは，現代の社会状況のなかでは容易ではなく，また，仮に可能であっても，それが必ずしも一方的に望ましいものとはいえないであろう。むしろ，多様な父親像のなかに伏在する検討課題を明確化し，現在する諸矛盾を解決することに主眼をおくべきであり，その過程を経て，母子関係偏重の親子関係から派生する諸矛盾を是正し，育児本来のあり方がもとめられていくことが必要であると考える。

引 用 文 献

Ainsworth, M. D. S. 1969 Object relations, dependency and attachment: A theoretical review of the infant-mother relationship. *Child Development*, 40, 969-1025.
Ainsworth, M. D. S. 1973 The development of infant-mother attachment. *Review of Child Development Research*, 3, 1-94.
Anderson, R. E. 1968 Where's Dad?: Paternal deprivation and delinquency. *Archives of General Psychiatry*, 18, 641-649.
Andry, R. G. 1960 *Delinquency and Parental Pathology*. Methuen.
青山道夫 1974 家長の法的地位 青山道夫・竹田 旦（他編）講座家族2 家族の構造と機能 弘文堂
朝日新聞 1979 「共働き」か「家庭」か論争しよう 11月6日
東 洋・柏木恵子・R. D. ヘス 1981 母親の態度・行動と子どもの知的発達 東京大学出版会
Badinter, E. 1980 *L'Amour en Plus*. Librairie Ernest Flammarion. 鈴木 晶（訳） 1981 プラス・ラブ サンリオ
Baers, M. 1954 Women workers and home responsibilities. *Labor Review*, 69, 338-355.
Bardwick, J. M. 1971 *Psychology of Woman: A Study of Bio-cultural conflicts*. Harper & Row. 今井欣悦・松山安雄・三宅興子（訳） 1974 女性心理――性的・社会的葛藤の分析 原書房
Bell, S. M., & Ainsworth, M. D. S. 1972 Infant crying and maternal responsiveness. *Child Development*, 43, 1171-1190.
Benedek, T. F., & Rubenstein, B. 1942 *The Sexual Cycle in Women: The Relation between Ovarian Function and Psychodynamic Process*. National Research Council.
Bernstein, B. E. 1976 How father absence in the home affects the mathematics skills of fifth-graders. *Family Therapy*, 3, 47-59.
Biller, H. B. 1969 Father absence, maternal encouragement, and sex-role development in kindergarten-age boys. *Child Development*, 40, 539-546.
Biller, H. B., & Bahm, R. M. 1971 Father absence, perceived maternal behavior

and masculinity of self-concept among junior high-school boys. *Developmental Psychology*, 4, 178-181.

Blanchard, R. W., & Biller, H. B. 1971 Father availability and academic performance among third-grade boys. *Developmental Psychology*, 4, 301-305.

Blau, A., Slaff, B., Easton, R., Welkowitz, J., Springain, J., & Cohen, J. 1963 The psychogenic etiology of premature births. A preliminary report. *Psychosomatic Medicine*, 25, 201-211.

Bower, G. H. 1981 Mood and memory. *American Psychologist*, 36, 129-148.

Bowlby, J. 1951 *Maternal Care and Mental Health*. W. H. O.

Bowlby, J. 1958 The nature of the child's tie to his mother. *International Journal of Psycho Analysis*, 39, 350-373.

Brazelton, T. B., School, M. L., & Robey, J. S. 1966 Visual responses in the newborn. *Pediatrics*, 37, 248-290.

Carlsmith, L. 1964 Effect of early father absence on scholastic aptitude. *Harvard Educational Review*, 34, 3-21.

Carlsmith, L. 1973 Some personality characteristics of boys separated from their fathers during World War II. *Ethos*, 1, 466-477.

Chazal, J. 清水慶子・霧生和夫（訳） 1960 子供の権利 白水社 (*Les Droits de l'Enfant: Collection QUE SAIS-JE?* N 852.)

Condon, W. S., & Sander, L. 1974a Synchrony demonstrated between movements of the neonate and adult speech. *Child Development*, 45, 456-462.

Condon, W. S., & Sander, L. 1974b Neonate movement is synchronized with adult speech. *Science*, 183, 99-101.

代 喜一 1982 3相因子分析法による椅子の形態のイメージの分析 心理学評論, 25, 91-103.

Dalton, K. 1971 Prospective study into puerperal depression. *British Journal of Psychiatry*, 118, 689-692.

Deutsch, H. 1944 *Psychology of Women*, Vol.1. Grune and Stratton. 懸田克躬・原 百代（訳） 1964 母性のきざし 母親の心理1 日本教文社

Deutsch, H. 1945 *Psychology of Women*, Vol.2. Grune and Stratton. 懸田克躬・原 百代（訳） 1964 生命の誕生 母親の心理2 日本教文社

土居健郎 1970 精神分析と精神病理 医学書院

Eibl-Eibesfeldt, I. 1970 *Liebe und Haß*. R. Piper & Co. 日高敏隆・久保和彦（訳） 1974 愛と憎しみ1・2 みすず書房

Erikson, E. H. 1950 *Childhood and Society.* Norton. 仁科弥生（訳）　幼年期と社会　1977　みすず書房
江藤　淳　1967　成熟と喪失　河出書房新社
Fantz, R. L. 1963 Pattern vision in newborn infants. *Science*, 140, 296-297.
Ferreira, A. J. 1960 The pregnant woman's emotional attitude and its reflection on the newborn. *American Journal of Orthopsychiatry*, 30, 553-561.
Freud, S. 1969-1973　高橋義孝・懸田克躬（他訳）　フロイド選集全17巻　日本教文社
Friedan, B. 1963 *The Feminine Mystique.* Norton. 三浦冨美子（訳）　1970　新しい女性の創造　大和書房
Friedan, B. 1981　女性と社会──ベティ・フリーダン講演記録　国際女性学会（編）　家庭の構造──男と女，対立から協調へ　PHP研究所
Friedan, B. 1984　下村満子（訳）　セカンド・ステージ──新しい家族の創造　集英社（The Second Stage, 1981.）
藤井治枝　1975　現代母親論　明治図書
藤永　保　1964　文化と行動様式　東京女子大学附属比較文化研究所紀要，17, 71-91.
藤永　保　1966　幼児の心理と教育　フレーベル館
藤永　保　1973　特別論文「女子青年における依存の発達」へのコメント　児童心理学の進歩，XII，277-280.
藤崎真知代　1982　父親研究の動向　父子関係研究を中心として　お茶の水女子大学人間文化研究年報，6，15-27.
福島　章　1978　愛の幻想　中央公論社
福島　章・金原寿美子　1979　幼児虐待と死の本能──1鑑定例の精神分析学的考察　精神療法，5，40-47.
古市裕一　1978　父親不在と児童の人格発達　心理学評論，21，73-89.
布施晶子　1982　戦後日本社会の発展と家族　布施晶子・玉水俊哲（編著）　現代の家族　青木書店
布施晶子　1984　新しい家族の創造　青木書店
花沢成一　1975　幼児をもつ母親の母性発達と養育態度　日本心理学会第39回大会発表論文集，330.
花沢成一　1977　妊産婦の不安に関する心理学的研究　日本大学人文科学研究所研究紀要，19，107-125.
花沢成一　1978　妊産時苦悩度と母性感情との関係　日本教育心理学会第20回総会

発表論文集, 138-139.
花沢成一　1979　妊産婦におけるつわり症状と母性発達との関係　日本心理学会第43回大会発表論文集, 554.
花沢成一・飯塚文子　1978　SCTに現われた妊産婦の母性意識　日本心理学会第42回大会発表論文集, 1080.
原　ひろ子・我妻　洋　1974　しつけ　弘文堂
長谷川直義　1966　妊娠と情緒的問題　臨床婦人科産科, 20, 527-530.
長谷川直義　1973　心身医学的にみた妊婦の特徴　臨床精神医学, 2, 1155-1159.
波多野勤子（他）　1969　育児書の内容分析　日本児童研究所モノグラフ, 14.
鳩谷　龍　1973　妊娠中に発生する精神障害　臨床精神医学, 2, 1113-1119.
林　路彰　1970　母性と母性保健　林　路彰・山下　章（編）　母性保健　医学書院
Helfer, R., & Kempe, H. (eds.)　1968　*The Battered Child*. University of Chicago Press.
Herzog, E., Suida, C.　1973　Children in fatherless families. *Review of Child Development*, 3, 141-232, University of Chicago Press.
Hetherington, E. M.　1966　Effects of paternal absence on sex-typed behaviors in Negro and White preadolescent males. *Journal of Personality and Social Psychology*, 4, 87-91.
平井信義・千羽喜代子・今井節子　1975　母性意識の発達過程に関する研究　資生堂社会福祉事業財団　母性意識の発達と啓発に関する研究, 1-79.
平塚らいてう　1918a　与謝野, 嘉悦二氏へ　婦人公論　5月号　中央公論社
平塚らいてう　1918b　母性保護問題に就いて再び与謝野晶子氏に寄す　婦人公論　8月号　中央公論社
Hoffman, M. L.　1970　Moral development. In P. H. Mussen (ed.), *Carmicael's Manual of Child Psychology*. (Third Edition), Vol.2, Wiley.
Hoffman, M. L.　1971　Father absence and conscience development. *Developmental Psychology*, 4, 400-406.
保健衛生辞典　斎藤　潔・福田邦三（編）　1968　同文書院
本多　裕　1974　産褥期の精神障害とその対策　周産期医学, 4, 988-999.
本多　裕・田中光芳　1981　妊娠・産褥期の精神障害　臨床精神医学, 10, 21-28.
Horney, K.　1967　*Feminine Psychology*. W. & W. Norton & Company. 泉　ひさ（訳）　1971　女性の深層心理　黎明書房
深谷和子・田島満利子　1973　妊娠・出産に伴う不安水準の変動　教育相談研究第

13集, 47-57.
深谷和子・田島満利子 1974 妊娠第25週および33週における不安水準の分析 教育相談研究第14集, 15-23.
井手文子・江刺昭子 1977 大正デモクラシーと女性 合同出版
池田由子 1977 児童虐待の問題について 精神衛生と福祉の立場から 精神医学, 19, 900-916.
今井節子・平井信義 1974 母性の発達不全についての一考察 小児の精神と神経, 14, 59-75.
石橋長英・本間 道 1960 母子栄養 医歯薬出版
石川 謙 1954 我が国における児童観の発達 一古堂書店
磯野富士子 1960 婦人解放論の混迷 朝日ジャーナル 4月10日号
伊藤雅子 1975 子どもからの自立 未来社
泉 ひさ 1979 母性の発達に関する研究（Ⅰ）（Ⅱ） アカデミア, 29, 153-183/30, 87-118.
Jarrahi-Zadeh, A., Kane, F. J., Van de Castef, R. L., Lachenbruch, P. A., & Ewing, J. A. 1969 Emotional and cognitive changes in pregnancy and early puerperium. *British Journal of Psychiatry*, 115, 797.
児童福祉法研究会（編） 1979 児童福祉法成立資料集成（下巻） ドメス出版
人工問題研究所 1940 出産力調査 婦人の歩み30年 1975 所収 財団法人労働法令協会
鎌田 浩 1970 幕藩体制における武士家族法 成文堂
金原寿美子 1979 児童虐待の心理学的研究 聖心女子大学卒業論文
金崎芙美子 1980 母子共存の保育論 とちぎ保育研究会（編） 婦人の自立と子育て考 明治図書
柏木恵子 1978 子どもの発達における父親の役割——問題点と心理学的研究 社会福祉研究所 母子研究 No.1, 93-110.
加藤忠明・高橋悦二郎・小林 登・石井威望（他） 1981 母親の言語に対する新生児, 乳児の反応にみられるエントレインメント現象のコンピューター分析 日本総合愛育研究所紀要, 17, 49-53.
加藤雄一 1974 産褥期うつ病の精神病理学的考察 臨床精神医学, 3, 373-379.
河合隼雄 1976 母性社会日本の病理 中央公論社
川嶋三郎 1951 児童福祉法の解説（後掲 鷲谷義教 1978 に引用）
川島武宜 1950 日本社会の家族的構成 日本評論社
川島武宜 1957 イデオロギーとしての家族制度 岩波書店

Kempe, H., & Helfer, R.（eds.） 1972 *Helping the Battered Child and his Family.* Blackwell and J. B. Lippincott & Co.

Kennell, J. H., Jerauld, R., Wolfe, H., Chesler, D., Kreger, N. C., McAlpine, W., Steffa, M., & Klaus, M. H. 1974 Maternal behavior one year after early and extended post-partum contact. *Developmental Medicine and Child Neurology,* 172-179.

木田恵子 1977 古沢平作「罪悪意識の二種」について 現代のエスプリ115 母親 1977 所収 至文堂

Klaus, M. H., Jerauld, R., Kreger, N. C., McAlpine, W., Steffa, M., & Kennell, J. H. 1972 Maternal attachment. Importance of the first post-partum days. *New England Journal of Medicine,* 286, 460-463.

Klaus, M. H., & Kennell, J. H. 1976 *Maternal-Infant Bonding.* C. V. Mosby Company. 竹内徹・柏木哲夫（訳） 1979 母と子のきずな 医学書院

Klopfer, P. 1971 Mother love: What turns its on? *American Scientist,* 49, 404-407.

小林 登 1978 新生児期の母子関係——育児学の理論体系を求めて 周産期医学, 8, 6-12.

広辞苑 1976 新村 出（編） 岩波書店

小嶋秀夫 1979 親子関係の心理（一）（二） 児童心理, 33, 938-955, 1126-1143. 金子書房

小嶋秀夫 1982 家庭と教育 教育学大全集10 第一法規

小嶋謙四郎 1980 アタッチメントの発達 保育のための乳幼児心理事典 日本らいぶらり

古沢平作 1931 罪悪意識の二種——阿闍世コンプレックス 現代のエスプリ148 精神分析・フロイト以後 1979 所収 至文堂

古沢平作 1953 阿闍世王の物語について 現代のエスプリ148 精神分析・フロイト以後 1979 所収 至文堂

国立市公民館市民大学セミナーの記録 1973 主婦とおんな 未来社

栗栖瑛子 1982 子殺しの背景の推移 中谷瑾子（編） 子殺し・親殺しの背景 有斐閣

九嶋勝司・村井憲男・佐藤俊昭・大山正博 1966a 妊産婦の心理的研究（1） 精神身体医学, 6, 156-161.

九嶋勝司・村井憲男・佐藤俊昭・佐竹則子 1966b 妊産婦の心理的研究（2） 精神身体医学, 6, 211-214.

教育心理学新辞典　1969　牛島義友（他編）　金子書房

Lamb, M. E. (ed.)　1976　*The Role of the Father in Child Development.* Wiley. 久米　稔（他訳）　1981　父親の役割　乳幼児発達とのかかわり　家政教育社

Lamb, M. E. (ed.)　1981　*The Role of the Father in Child Development.* (Second Edition), Wiley.

Lamb, M. E. (ed.)　1982　*Nontraditional Families, Parenting and Child Development.* Lawrence Erlbaum Associates.

Lamb, M. E., & Easterbrooks, M. A.　1981　Individual differences in parental sensitivity: Origins, components, and consequences. In M. E. Lamb & L. R. Sherrod (eds.), *Infant Social Cognition: Empirical and Theoretical Considerations.* Lawrence Erlbaum Associates.

Lamb, M. E., & Sagi, A. (eds.)　1983　*Fatherhood and Family Policy.* Lawrence Erlbaum Associates.

Lang, R.　1972　*Birth Book: Ben Lomond.* Genesis Press.

Langabaugh, R.　1973　Mother behavior as a variable moderating the effects of father absence. *Ethos,* 1, 456-465.

Leifer, A. D., Leiderman, P. H., Barnett, C. R., & Williams, J. A.　1972　Effect of mother-infant separation on maternal attachment behavior. *Child Development,* 43, 1203-1218.

Levin, H., & Sears, R. R.　1956　Identification with parents as a determinant of doll play aggression. *Child Development,* 37, 135-153.

Lorenz, K.　1963　*Das Sogenannte Böse.* Dr. G. Borotha-Schoeler Verlag. 日高敏隆・久保和彦（訳）　1970　攻撃1・2　みすず書房

Lynn. D. B.　1974　*The Father: His Role in Child Development.* Brooks/Cole.

MacFarlane, J. A.　1975　Olfaction in the development of social preferences in the human neonate. *Chiba Foundation Symposium,* 33, 103-113.

毎日新聞　1964　「母の日」の社説　5月10日

毎日新聞　1979　「母の役割，父の役割——夫婦で選択のとき　夫が女性化し〝母親二人″では困る」11月29日

丸山月江　1976　母性保健と法規　津野清男・本多　洋（編）　母性保健学　南山堂

松原亘子　1983　女子パートタイム労働者の増加と労働条件　高橋久子（編）　変わりゆく婦人労働　有斐閣

松崎芳伸　1948　児童福祉法　（後掲　鷲谷義教　1978　に引用）

McCord, J., McCord, W., & Thurber, E. 1962 Some effects of paternal absence on male children. *Journal of Abnormal and Social Psychology,* 64, 361-369.

Mead, M. 1949 *Male and Female——A Study of the Sexes in a Changing World.* William Morrow & Co.

南浦邦夫・塚田正勝・三宅和夫（他） 1969 小児の成長発達に関する縦断的研究 （第1報） 小児保健研究, 27, 218-230.

Mischel, W. 1961 Father absence and delay of gratification: Cross-cultural comparisons. *Journal of Abnormal and Social Psychology,* 62, 116-124.

Mitscherlich, A. 小見山実（訳） 1972 父親なき社会——社会心理学的思考 新泉社 （Auf dem Weg zur vaterlosen Gesellschaft. Ideen zur Sozialpsychologie: R. Piper & Co., 1963.)

三宅和夫 1976 幼児心理学 共立出版

宮本美沙子 1978 「ラム, M. H. 編 1976 ジョン・ワイリー 子どもの発達における父親の役割」 要約紹介 社会福祉研究所（編） 母子研究 No.1, 153-165.

宮本常一 1967 家郷の訓え 宮本常一著作集6 未来社

Money, J., & Tucker, P. 1975 *Sexual Signatures: On Being a Man or a Woman.* Little, Brown and Company. 朝山新一（訳） 1979 性の署名 人文書院

もろさわようこ 1977 平均寿命を考える 朝日新聞 11月5日

村井則子・村井憲男 1977 妊産婦のMOODについての研究——産褥期のMOODについて 日本心理学会第41回大会発表論文集, 430-431.

村井則子・村井憲男 1978 妊産婦のMOODについての研究——産褥期のCryingとMOODについて 日本心理学会第42回大会発表論文集, 546-548.

村井則子・村井憲男 1979 妊産婦のMOODについての研究 日本心理学会第43回発表論文集, 386.

村松功雄 1974 母性の精神衛生 東出版

長野正美 1977 妊娠・出産と母性意識 イメージ調査による分析 聖心女子大学卒業論文

中根千枝 1974 父権の基礎と役割 NHK"70年代われらの世界"プロジェクト（編） オヤジ——父なき社会の家族 ダイヤモンド社

中山徹也 1971 妊娠, 分娩, 産褥, 授乳と内分泌 現代産婦人科体系 中山書店

Nash, J. 1965 The father in contemporary culture and current psychological literature. *Child Development,* 36, 261-297.

Nelson, E. A., & Maccoby, E. E. 1966 The relationship between social development and differential abilities on the scholastic aptitude test. *Merrill-Palmer Quarterly*, 12, 269-284.

Newman, G., & Denman, S. B. 1970 Felony and paternal deprivation: A sociopsychiatric view. *International Journal of Social Psychiatry*, 17, 65-71.

西川如見　百姓嚢・巻五　同文館編輯局（編）　1910　日本教育文庫（訓戒篇下）所収

丹羽淑子　1979　人間行動の創世紀――認知と対話の発生　現代幼児教育, 10, 4, 7-12.

野口武徳　1974　伝統的社会の性　石川弘義・野口武徳　性　弘文堂

小此木啓吾　1978　モラトリアム人間の時代　中央公論社

小此木啓吾　1979a　古沢版阿闍世物語の出典とその再構成過程　現代のエスプリ148　精神分析・フロイト以後　至文堂

小此木啓吾　1979b　阿闍世コンプレックスよりみた日本的対象関係　現代のエスプリ148　精神分析・フロイト以後　至文堂

大橋隆憲　1970　日本の階級構成　岩波書店

男の子育てを考える会　1978　現代子育て考　そのⅣ――男と子育て　現代書館

大槻憲二　1936　母性愛と妖婦愛　現代のエスプリ115　母親　1977　所収　至文堂

Parsons, T. 1954 The father symbol. An appraisal in the light of psychoanalytic and sociological theory. In L. Bryson, L., Finkelstein, R. M. MacIver & R. Mckeon (eds.), *Symbols and Values*. Harper & Row.

Parsons, T. 1964 *Social Structure and Personality*. Free Press.

Pedersen, F. A., Anderson, B. J., & Cain, R. L. 1980 Parent-infant and husband-wife interactions observed at age five months. In F. A. Pedersen (ed.), *The Father-Infant Relationship. Observational Studies in the Family Setting*. Praeger.

Pitt, B. 1973 Maternity blues. *British Journal of Psychiatry*, 122, 431-433.

Portmann, A.　高木正孝（訳）　1961　人間はどこまで動物か　岩波書店　(Biologische Fragmente zu einer Lehre vom Menschen, Verlag Benno Schwabe & Co. 1951.)

Renvoize, J. 1974 *Children in Danger-The Causes and Prevention of Baby Battering*. Penguin Books. 沢村灌・久保紘章（訳）　1977　幼児虐待　星和書店

Robson, K. S. 1967 The role of eye to eye contact in maternal-infant attachment. *Journal of Child Psychology & Psychiatry,* 8, 13-25.

Robson, K. S., & Moss, H. A. 1970 Patterns and determinants of maternal attachment. *Journal of Pediatrics,* 77, 970-985.

Rutter, M. 1972 *Maternal Deprivation Reassessed.* The Penguin Press. 北見芳雄・佐藤紀子・辻　祥子（訳）1979　母親剝奪理論の功罪　誠信書房

Santrock, J. W. 1970 Paternal absence, sex typing, and identification. *Developmental Psychology,* 2, 264-272.

Santrock, J. W. 1975 Father absence, perceived maternal behavior, and moral development in boys. *Child Development,* 46, 753-757.

Salk, L. 1973 The role of the heartbeat in the relations between mother and infant. *Scientific American,* 228, 24-29.

真田幸一　1976　母性とその機能　津野清男・本多　洋（編）母性保健学　南山堂

佐々木孝次　1982　父親とは何か——その意味とあり方　講談社

佐々木保行　1982　産褥期の母親と育児ノイローゼ　佐々木保行・高野　陽・大日向雅美（他）育児ノイローゼ　有斐閣

沢山美果子　1979　近代日本における「母性」の強調とその意味　人間文化研究会（編）女性と文化　白馬出版

Schaffer, R. 1977 *Mothering.* Harvard University Press. 矢野喜夫・矢野のり子（訳）1979　母性のはたらき　サイエンス社

Sears, R. R., Pintler, M. H., & Sears, P. S. 1946 The effects of father separation on preschool children's doll play aggression. *Child Development,* 17, 219-243.

清水弘司　1979　子どもの愛着の対象——Picture Attachment Testによる——社会福祉研究所（編）母親および父親の態度・行動と児童の心理的発達に関する研究，35-53.

篠原滋子　1981　妊娠中の女性の性生活　現代性教育研究，47, 28-36.

新版新法律学辞典　1983　我妻　栄（他編）有斐閣

庄司和晃　1972　柳田学と教育　成城学園初等学校研究双書24，成城学園初等学校出版部

Smith, R. M., & Walters, J. 1978 Delinquent and non-delinquent males' perceptions of their fathers. *Adolescence,* 13, 21-28.

Sunley, R. 1955 Early nineteenth-century American literature on child rearing. In M. Mead & M. Wolfenstein (eds.), *Childhood in Contemporary Culture.* University of Chicago Press.

鈴木寿二郎　1977a　育児風土記（1）　封建制社会の育児思想　総合乳幼児研究，1，1，92-93．同文書院
鈴木寿二郎　1977b　育児風土記（3）　村ぐるみの育児　総合乳幼児研究，1，3，108-109．同文書院
高田浩運　1957　児童福祉法の解説（後掲　鷲谷義教　1978　に引用）
高橋久子（編）　1983　変わりゆく婦人労働　有斐閣
高橋恵子　1968　依存性の発達的研究1──大学生女子の依存性　教育心理学研究，16，7-16.
高橋恵子　1971　依存の出現（一）（二）──愛着行動の研究をめぐって──　児童心理，25，1645-1668．1908-1926．金子書房
高橋恵子　1976　母親のわが子に対する愛着の発達　日本心理学会第40回大会発表論文集，767-768.
高橋恵子　1978　幼児の愛着の測定　日本心理学会第42回大会発表論文集，940-941.
高橋恵子　1980　男子大学生における愛着　国立音楽大学研究紀要，131-142.
高橋恵子・波多野誼余夫　1978　乳幼児初期における母子相互交渉と初期の言語発達　日本教育心理学会第20回総会発表論文集，312-313.
高橋道子　1974　乳児の微笑反応についての縦断的研究──出生直後の自発的微笑反応との関連において──　心理学研究，45，256-267.
玉城　肇　1971　新版日本家族制度論　法律文化社
Terkel, J., & Rosenblatt, J. S.　1968　Maternal behavior induced by maternal blood plasma injected into vergin rats. *Journal of Comparative and Physiological Psychology*, 65, 479-482.
Terkel, J., & Rosenblatt, J. S.　1972　Humoral factors underlying maternal behavior at parturition: Cross transfusion between freely moving rats. *Journal of Comparative and Physiological Psychology*, 80, 365-371.
Thompson, C. M.　1964　*Interpersonal Psychoanalysis*. Basic Books.　大羽蓁・沢田丞司（訳）　1972　人間関係の精神分析　誠信書房
Tiller, P. O.　1958　Father-absence and personality development of children in sailor families. *Nordisk Psykologi's Monograph Series*, 9, 1-48.
東京婦人記者会　1976　新聞の女性表現への疑問　新聞研究，4，70-75.
津野清男　1976　母性保健総論　津野清男・本多　洋（編）　母性保健学　南山堂
土屋真一・佐藤典子　1974　嬰児殺に関する研究　法務省法務総合研究所研究部紀要，17，75-90.

上田礼子　1978　周産期における母と子　周産期医学，8，753-759.
上野千鶴子（編）　1982　主婦論争を読むⅠ・Ⅱ　勁草書房
牛島義友　1955　家族関係の心理　金子書房
van den Berg, J. H.　1972　*Dubious Maternal Affection.* Duquensne University Press. 足立　叡・田中一彦（訳）　1977　疑わしき母性愛　川島書店
von Canitz H. L.　小川新一（訳）　1981　父親──その新しい役割　講談社　(VATER Die neue Rolle des Mannes in der Familie: Econ Verlag GmbH, 1980.)
若井邦男　1980　家族関係と社会化　児童心理学の進歩Ⅳ　163-185，金子書房
鷲谷善教　1978　保育に欠けるを問い直す　植山つる（他編）　戦後保育所の歴史　全国福祉協議会
Webster's Third New International Dictionary of the English Language Unabridged. Philip Babcock Gove (eds.) G. & C. Merriam Company.
W.H.O.　1951　Expert Committee on Mental Health, Report on the Second Session. W.H.O.
Wolfenstein, M. 1955 Fun morality. An analysis of recent American child-training literature. In M. Mead & M. Wolfenstein (eds.), *Childhood in Contemporary Culture.* University of Chicago Press.
山村賢明　1971　日本人と母　東洋館出版社
柳田国男　1970　定本　柳田国男集　第23巻　筑摩書房
与謝野晶子　1918　紫影録　婦人公論　3月号　中央公論社
財団法人地域社会研究所高年齢層研究委員会　1975　高年齢を生きる７．お茶の水　出の50年　国勢社

文　献

本書に収載した，第Ⅰ部・第Ⅱ部に関する成果の一部は，下記の文献(1)～(10)において発表している。

（第Ⅰ部に関して）
(1) 『育児観の変遷』「小児医学」第11巻第4号，pp.592-613，1978．（詫摩武俊と共著）
(2) 『母と子のきずな』「心理学四面鏡」（新曜社）pp.2-17，1981．
(3) 『母性愛』「発達心理学の展開」（新曜社）pp.205-222，1982．
(4) 『母性を問い直すとき』『母親の心理的安定と充足を求めて』「育児ノイローゼ」（有斐閣）pp.131-181，1982．
(5) 『子捨て・子殺しに見る母性』「書斎の窓」（有斐閣）第319号，pp.67-72，1982．
(6) 『母性をめぐる現状と問題点』「保育情報」No.94，pp.2-11，1985．

（第Ⅱ部に関して）
(7) "The Transition of The Japanese Mother's Way of Thinking about Child-Rearing" Tohoku Psychologica Folia Tom. XXXVIII, Fasc. 1-4, pp.130-143, 1979．(T. Takumaと共著)
(8) 『母性発達と妊娠に対する心理的な構えとの関連性について』「周産期医学」第11巻第10号，pp.147-153，1981．
(9) 『母性に関する発達的研究――母親の対人関係と子どもへのかかわり方との関連性について』「財団法人専修学校教育振興会紀要」pp.127-139，1981．
(10) 『母親の子どもに対する愛着――夫に対する愛着との関連性について――』「母性衛生」第23巻第2号，pp.8-15，1982．

##　あ と が き

　本書は，お茶の水女子大学人間文化研究科に学位請求論文として提出し，1985年9月に学術博士の学位を授与された主論文「母性の形成及び変容過程に関する研究」と副論文「父性をめぐる現状とその問題点——母性研究との関連性について——」を，原文のまま収録したものである。

　私の母性研究は修士論文のテーマとして研究の緒につき，今日に至っている。本書は二十代から三十代の十余年にわたって行なった研究であるが，母性そのものは遠大な課題を含む研究テーマであり，今後一層の研鑽がもとめられていることを痛切に感じるところである。本書の研究はその一つの過程にすぎないものではあるが，しかし，それを学位論文としてまとめることができ，さらには刊行の日を間近にむかえようとしていることは，感無量であり，さまざまな想いが胸を去来する。

　お茶の水女子大学教授藤永保先生には，なによりもまず衷心からの感謝を捧げたい。先生には文教育学部に入学して以来，今日まで，終始懇切なるご指導を賜った。卒業論文，修士論文をはじめ学位論文の提出，審査に至るまでに賜ったご指導は，終生忘れることのできないものである。

　私の母性研究が学位を授与されるまでは，けっして平坦な道のりではなかった。

　一つには，当初，母性が学問的市民権を得た概念としては充分容認されていなかったことである。母性は，とくに世代継承と文化発展の一端をになう重要なテーマであり，通文化的な普遍性を有するものであるが，とりわけわが国では，歴史的にも聖域として手厚く擁護され，価値的シンボルとして機能しているという特殊性があって，あえて究明する必要性が意識されることはなかった。しかし，母子関係を強調し，なんらの疑念なく受容するほどに母性に対する信奉が厚いことは，欧米の家族関係と対比したとき，まさにわが国の文化的特殊性として，さまざまな問題を内在させているものと考えられ，究明する意義を強く覚えた。ややおおげさないいかたをすれば，日本文化解明の一環として母

性研究にとりくんできたわけである。こうした視点は，従来の心理学が，やや もすると科学性を追求するあまりに，抽象的な人間一般を想定し，微視的な次 元で数量化を行なう傾向にあるなかで，「心理学の法則が適用されるべき対象は， 特定文化に密着した特定の型の人間であり，けっして抽象的な人間一般ではな い。心理学の法則はある場合には文化依存的であり，心理学のごとき人間を対 象とした学問は，特定文化のもつ重心なり欠陥なりに，まず第一の関心を寄せ なければならない」という藤永先生のご指摘（「文化と行動様式——行動型の 形成について——」：東京女子大学附属比較文化研究所紀要，第17巻，pp.71-91，1964）に強く啓発されたものであった。未踏の領域への挑戦の試みに，自 己の能力の限界を痛感することはあっても，それ自体は興味をそそられるもの であった。藤永先生のご指摘を指針として，母性という未開拓の領域での研究 を模索し，その困難への対処に努めてきた。

　第二は，研究本来のありかたにかかわるものである。研究のオリジナリティ を相互に尊重し合うことは，研究者にとってもっとも基本的な義務の一つと考 えられる。しかしながら，研究をすすめる過程でそれが必ずしも保証され得な いという困難に出会った。そうした問題を解決するために，最終的に母校であ るお茶の水女子大学に学位論文を提出する道が開かれたことは望外の喜びであ り，ご尽力賜った諸先生方に深く感謝申し上げるしだいである。

　さて，拙論を審査してくださったお茶の水女子大学の先生方には，大変懇切 なる審査と適切なるご批判を賜った。主査をつとめてくださった児童学科教授 田口恒夫先生をはじめ，生物学科教授太田次郎先生，史学科教授平野孝先生， 児童学科助教授水野悌一先生に厚く御礼を申し上げる。また，河野重男先生， 太田次郎先生には，人間文化研究科長として，拙論の提出，審査に多大なご配 慮を賜ったことを記して感謝申し上げたい。さらに東京大学教授古畑和孝先生 は学外審査員として審査にくわわってくださり，拙論に対して身に余るご理解， ご高配を賜り，心からの感謝を表したい。

　私の研究がつたないながらも学位論文として結実するまでには，多くの師に 学恩を負っている。カリタス女子中学高等学校時代の恩師である森本謙四郎先 生には，現代国語の授業をとおしてわが国の母子関係の情緒的な特殊性を学ば せていただき，私の母性研究の伏線とすることができた。日本大学教授花沢成

一先生には，母性研究の先達として，折りにふれて貴重なご研究資料をご恵送いただき，かつ母性研究をつづけることに励ましのおことばをいただいた。鳴門教育大学教授佐々木保行先生には，『育児ノイローゼ』（有斐閣，1982）での共著をはじめ，さまざまな形で研究を発表する機会を与えてくださるなど，ご高配を賜った。彰栄保育専門学校講師都留民子氏には，社会福祉の観点から，母子をめぐる現状と問題点について，貴重なご助言をいただいた。資料の統計的な処理においては，東京都立立川短期大学講師松井豊氏にご助力をいただいた。また，お茶の水女子大学教授春日喬先生，同助教授内田伸子先生には，拙論に対して有益なご意見をいただいた。

　加えて，各種の調査票に回答を寄せてくださり，あるいは長時間の面接調査に応じてくださった数多くの母親の皆さんにも，心からの御礼を申し上げたい。

　本書の出版を引き受けてくださった川島書店社長，川島喜代詩氏と編集長の黒川喜昭氏には，深い敬意と謝意を表したい。一面識もない私からの依頼にもかかわらず，ご多忙のなかを膨大な頁数の原稿に目を通してくださり，出版を快諾してくださった。学位論文をそのまま出版できるという幸せは，氏らのご決断とご尽力の賜であり，厚く御礼を申しあげたい。

　母性研究に着手してより十余年の年月が流れた。この間，私生活では二人の娘に恵まれた。最初の研究を始めた当初，乳飲み子であった長女（史子）は，この春中学一年生になる。そして学位論文執筆中に生まれた次女（麻子）も五歳の誕生日をむかえた。調査やデータ整理に追われた日々も多く，充分な相手をしてやれなかったにもかかわらず，二人とも明るく，素直に元気いっぱい育ってくれたことは，なによりも有難いことであった。娘たちの成長は多くの方々の援助あってのことを忘れがたい。やさしいベビーシッターさんにも恵まれた。また，いつも暖かく見守り，惜しみない援助の手を差し伸べてくれた父と母（沼田礼之助・孝子），姉（蒲原治美）には感謝の気持ちでいっぱいである。年老いてなお，娘を案じ，孫の成長を無上の楽しみとしてくれた両親があってこそ，この十余年の研究生活をつづけてこれたことと思う。子育てと研究との両立は，やはりたやすいことではなかった。しかし，娘たちの笑顔と幼い声援に救われ，励まされる思いであった。「子をもって知る親の恩」とともに「子をもって知る子の恩」の二つを味わえたことを，幸せに思う。最後に，もっとも身近な

ころで私を支え励ましつづけてくれた人は，夫である。だれよりもきびしい批判者であり，良き理解者であった。私の喜びや悲しみ，苦悩を共に分かち，力強い励ましを常に向けてくれた夫と，その彼の期待に応えようとした私との，そのような二人の生活のなかから本書は生まれたものである。感謝をこめて本書を夫（紀元）に捧げたいと思う。

  1988年4月30日

大日向雅美

新装版あとがき

　1988年に出版した原著『母性の研究』は，1985年にお茶の水女子大学から学術博士号を授与された博士論文をそのまま上梓したものである。副題に「その形成と変容の過程：伝統的母性観への反証」とあるように，近代以降の日本社会の隅々に根深く存在してきた母性観への問題提起の書であった。

なぜ，伝統的母性観への反証だったのか

　伝統的母性観に疑義を呈した契機は，1970年代初めに起きた，母親たちによる子捨て・子殺し事件であった。殺害した乳児の死体が，当時，各駅に設置され始めて間もないコインロッカーに置かれたことが社会の関心を高め，以後，類似の事件がしばらく続いたことから，一連の事件をまとめてコインロッカー・ベビー事件と呼ばれたことであった。
　歴史を紐解けば，残念ながら嬰児殺や乳幼児殺は古今東西を問わず行われてきた。いわば育児の裏面史ともいうべきものでもある。しかし，天変地異や飢饉等による貧困・戦争等々の異常事態にあって行われたかつての子捨て・子殺しに比べて，1970年代の日本は平和と経済的な繁栄に彩られていた。それにもかかわらず，なぜ育児の裏面史が繰り返されるのか，そこにはかつてとは異なる要因が潜在しているのではないかという視点がなくてはならない。わが子を殺害することは，断じて許されるべき行為でないことは言うまでもない。そうであればこそ再発を防止するためにも，犯行の背景とそこに至る経緯に私たちはもっと注視すべきではなかったのか。
　しかし，当時はそうした精査がなされることはなく，むしろ「母親失格」「母性喪失の女」等の言葉で，加害者となった母親たちを一刀両断のもとに断罪したのである。女性であればだれもが，いついかなる環境下でも，万全に育児ができるだけの適性を生得的に持っているはずである，すなわち「母性本能」があるはずだという考え方を前提とした当時の母親批判一色の風潮であった。一

人の女性として，私は違和感と共に恐怖に近い圧迫感を覚えたことを40年余り経った今もなお鮮明に記憶している。

　こうしてコインロッカー・ベビー事件を契機とした当時の母性観への疑問は，その後，全国の母親を対象として実施した調査の中で数多くの母親と出会い，悩みと苦しみの声を聴く中で，けっして個人的な懸念ではなく，早急に是正されるべき問題をはらむという確信に至ったのである。母性は本能であるという前提で母性を一方的に賛美し，母となった女性ひとりに育児の大半を担わせ，しかも完璧な子育てを求めようとした当時の母性観が，いかに現実と乖離した神話であるかが調査研究から明らかとなったのである。その原点となった調査が，原著の第6章に記載した「母親意識の世代差について」である。

　全国の母親の意識調査に基づいた伝統的母性観への反証は，やがて，なぜそうした母性観が構築されてきたのか，いわゆる世論の背景となって後押し的な役割を果たしてきた医学・心理学・社会学・医療福祉領域等々での母性研究への批判的検討へと展開した。本来は客観的であるべき学術領域の研究が，実はそれぞれの時代の社会的・政治的・経済的要請のもとに相互連関的な形で母性神話の形成に加担してきた経緯もまた，原著『母性の研究』の主要な柱となっている。

『母性の研究』以降の展開について

次に博士論文以降の私の研究の展開について述べてみたい。

40年経て，なお変わっていない母親たちの現状

　繰り返しになるが，私の研究の原点は育児に悩み戸惑う母親の声への聴き取りであり，その路線は今日まで変わることなく続いている。

　全国各地を回り，直接インタビューをする手法で，あるいはアンケートの手法で聴き取った母親たちの声は1990年に入る時点で優に6000名を超えた。その声をまとめた『子育てと出会うとき』（NHKブックス，1999年）は，原著『母性の研究』の内容を基本的に踏襲しつつ，それを一般読者の方々にも読んでいただける形の読み物としてまとめたものであったが，この本に関しては2つの

エピソードがある。

　一つは当初の想定通り，というよりも，予想をはるかに超えて多くの一般読者に手に取っていただくことができたのである。とりわけ，それまでは子育て等の領域にあまり関心がなかった男性たち，メディアや行政領域の男性たちに読んでいただけた。この本が出版されてまもなく「文京区幼児殺害事件」が起きたことが，そのきっかけであった。ママ友たちの間で生じたトラブルが引き金となって幼児が犠牲とされるという痛ましい事件であり，一見，楽しげに子育てに励んでいるかのように受け取られていた母親たちが，実はさまざまな閉塞感のもとで葛藤を覚えているという子育ての闇に光が当てられた事件だった。コインロッカー・ベビー事件以来，母親たちがインタビューで，あるいはアンケートで私に向けて吐露してくれてきた声に世の中の多くの人が気づかされたのが，これまた悲惨な事件だったのである。

　もう一つのエピソードは，『子育てと出会うとき』が出版されて14年後の2013年に，タイトルこそ変えたものの，内容はほぼ踏襲した形での復刻版として出版されたことである（『みんなママのせい？』静山社）。古書店街の中で偶然，原本を手にした若い編集者が，今の母親たちの声かと思ったという驚きが，復刻版としての出版につながった。『子育てと出会うとき』には『母性の研究』執筆時の母親たちの声も数多く含まれていることを考えれば，40年余り経っての復刻版である。読者の母親たちからも，まさに今の私の声がここに書かれているという感想も寄せられている。

　専業主婦の母親たちが社会から隔絶されたかのような環境下で孤軍奮闘し，一方，働く母親たちは，子どもが幼い時にそばにいてやれないことが子どもに弊害となるのではないかという，いわゆる三歳児神話に悩まされるという状況が依然として続いているという現実に，愕然とすると共に胸の痛む複雑な思いを禁じ得ない。

施策は充実され，ベクトルは定まったが

　もっとも，母親や子育てをめぐる状況はまったく変わっていない訳ではない。むしろ，劇的とも言える変化が生じている昨今である。

　その一つは，国・基礎自治体をあげて子育て支援が最重要課題とされている

ことである。1990年の1.57ショックが契機となって少子化対策が試行錯誤的に実施されてきたが，その結実ともいうべき「子ども・子育て支援新制度」も2015年４月にスタートしている。新制度の特徴は，すべての子どもにより良い発達環境を保障することであり，そのために国は財源の確保に注力し，基礎自治体には実施主体としての責任と権限が付与されている。新制度に対してはスタート時点から，ややもすると待機児問題に社会の関心が偏向しているきらいがあるが，実は子どもの成長発達と親の子育てを社会全体で応援するというコンセプトを基底としている点こそが，注目されるべきである。

　昨今，子育て支援策の策定が急ピッチで充実の方向に向かっている背景には，急速に進行する少子高齢化の中で，社会保障の在り方にも抜本的な見直しが求められていることがある。従来のような「仕事は夫。家事育児は妻」という性別役割分業を前提とした「1970年代型」の社会保障はもはや通用せず，全世代で支えあう「21世紀型」へと転換が図られる中にあって，医療・年金・介護と並んで少子化対策・子育て支援が社会保障の主軸をなすものとして国の施策の中心に据えられたことは，極めて意義の大きいことと考える。これまで女性と子どもの世界に閉じられていた子育てが，まさに政治の表舞台に立ったということであり，ここには育児を母親一人の責務とはし得ない現実的な要請があることが見てとれるのである。

　こうした社会保障の理念転換を背景としつつ，子育てを社会の皆で支援しようとする子ども・子育て支援新制度がスタートしたことは，子育ての世界とってエポックメイキング的な意義があるといえるものである。1990年代以降，実に四半世紀をかけ，さまざまな人々が関わり，政治的にも超党派で議論を重ねてきた成果である。私もこの間，各種審議会に委員等の形で参加する機会を与えられ，国や基礎自体の子育て支援施策の立案・施行等にかかわらせていただいてきた。それはまさに『母性の研究』で求めた「母性愛神話からの解放」にひとつの解を得る道筋でもあった。

母性愛神話からの解放と子育て支援の現場と

　原著『母性の研究』とその後の著作等で発表した私の「母性愛神話からの解放」論は，当時としては視点や問題提起の斬新さもあってか，多くの注目を集

めたが，他方では厳しい批判と非難も受けた。母性本能を信奉してやまない当時の日本社会にあって，私の解放論の真意はなかなか理解をされず，時には母親が子どもを愛することまでをも否定する極論の提起者であるかのような，言われないバッシングにもさらされるという厳しい数年間が続いた。

その後，少子化問題への危機感の高まりや虐待相談処理件数の年ごとの増加，さらには前述のように育児に惑い悩む母親による痛ましい事件も頻発することがあって，1990年代以降はむしろ賛同と応援のメッセージをより多くいただくこととなった。

こうして博士論文以降，一貫して主張してきたことがようやく社会に受け入れられるようになったことは嬉しいことではあったが，それ以上に次のより厳しい課題を認識せざるを得ないことでもあった。すなわち，「母性愛神話からの解放」の先にどのような社会を描いて解放論を主張してきたのか，「母性愛神話から解放」される社会の在り方を具体的に目に見える形で示さなくてはならないということである。バッシングの嵐が去ってホッとすると同時に，心の中にはむしろバッシングを受けていた時以上の嵐が渦巻いていた。

そうした苦しい模索を数年間続けていた時，思いがけず悲願がかなえられる機会に恵まれたのが2003年である。東京都港区の青山で，休園となった元幼稚園の跡地と施設を活用した新たな子育て支援事業の募集がなされたのである。

「子育ては命を育む喜びに満ちた営みであるが，親や家庭だけでできることではない。子どもは多くの人に見守られながら育つことで健やかな成長が保障されるのであり，同時に親もまたさまざまな人に支えられながら子育ての喜びと責務を覚えながら親として成長できる。そうした親と子の育ちを地域一体となって支援する拠点となることで，子育てしやすい地域づくりに尽力したい」。

NPO法人の代表として，審査会場となった区民ホールを埋めた人々の前で私が訴えたメッセージである。具体的には，

1．ひろば事業，
2．一時保育事業，
3．地域の人材養成事業

を主な柱としつつ，特に強く訴えたのは，「子育て支援は家族支援であり，とりわけ母となった女性の人生支援である」ということである。「母親となった

途端に女性として，社会人としての自分が奪われてしまい，夫からも社会からも疎外されることにさみしさと焦りを覚えている母親たちに，自分らしさを取り戻す時間をもってほしい。母親となることはすべてを捨てて子育てにあたることではない。母となる前の自分に新たな一頁を加える楽しい営みであることを実感してほしい」ということであった。子育てひろばである以上，子どもが楽しく遊べる空間を整備することは無論であるが，同時に，母親が大人としての自分を取り戻せるよう，館内のカラー・コーディネートから開催する講座に至るまで工夫をこらした。とりわけ子どもから安心していっとき離れる時間をもつことへの支援にも注力した。すなわち「理由を問わない一時保育」を年中無休で実施することである。

　以上の提案は，コインロッカー・ベビー事件をきっかけして全国をくまなく回り，聴き集めた母親たちの訴えを元としたものであった。わずかな時間でいいから一人の時間がほしい，子育て中でも学びたい，社会とふれあっていたいという訴えに応える子育て支援拠点を作りたいと訴えたのである。

　こうした新たな子育て支援の拠点創りには，理由を問わない一時保育をはじめとして，子育てひろばの活動を共に担ってくれる人の確保も急務であった。2005年から開始した「子育て・家族支援者」の養成は，港区・千代田区・浦安市・戸田市・高浜市で実施され，すでに1600名を超える認定者が誕生し，ひろば内外での一時保育だけでなく，どんな悩みにも傾聴に徹しつつ，必要に応じて関係機関等につなぐワンストップ的な相談機能を発揮する事業等でも幅広く活躍されている。子育て・家族支援者養成は，その意義と手法が認められ，2015年度からは国の子育て支援員として発展することとなった。

　特に4年ほど前からは団塊世代男性の地域子育て活動支援も開始している（住友生命保険相互会社社会貢献事業「未来を強くする子育てプロジェクト」助成事業）。団塊世代の男性たちは高度経済成長を支え，低成長期の厳しい国際競争を生きてきてきた人々であり，組織人・職業人として培ってきた豊かな発想とスキル・経験・見識を持っている。その宝を地域に活かして欲しいとの願いを込めて，あえて「現役時代の名刺で勝負！」と銘打った「子育て・まちづくり支援プロデューサー養成講座」であるが，まちプロとして認定を受けた男性たちもまた，地域の子育てひろばでの一時保育やさまざまな行事に，あるいは

子育て支援拠点等でバックオフィス的機能を発揮して生き生きと活動している。これまで女性と子どもだけで成り立ってきた地域や子育て支援の拠点が，団塊世代男性の参画を得て新たな風が吹き込まれている。

　なお，まちプロの多くは，1970年代に家庭を持ち，親となった人たちである。しかし，高度経済成長期という時代背景もあって，自身の子育てにはほとんどかかわってこなかった世代である。まちプロとしての活動を始めたきっかけを問われるとき，よく「贖罪を込めて」と冗談めかして言う。時代背景をみれば，1970年代の母親たちが孤軍奮闘の子育てを強いられ，育児不安や育児ノイローゼの状況に陥っていたそのとき，企業戦士として仕事に専心する人生を送っていた男性たちである。老若男女共同参画で子育て支援にあたるということは，奇しくも母性愛神話に彩られていた時代を清算する意義をも持つことでもあるということに，感慨新たな思いである。

　東京港区での子育てひろばは開設から13年を経過し，今秋新たに千代田区に2つめの子育て支援拠点を開設することができた。プレゼン時から今日まで，子育て支援拠点で行っている活動の理念は『母性の研究』で主張した「母性愛神話からの解放」にあることで一貫している。その理念に賛同して参集してくれた数多くのスタッフや支援者に支えられて，さらに活動が展開していることに深い感謝の思いである。

ライフワークへの改めての思いと謝辞

　こうして1970年代の初めに始まった私の母性研究は，一つには国の子育て支援施策の展開という形に解を見つつ，他方では老若男女共同参画で地域の子育て支援を展開するという形で歩みを進めている。

　子育て支援施策のベクトルが定まったことに安堵はするものの，現場に身をおいて，より身近に子育ての実態を見る機会を持てば持つほど，人々の意識の変革のむずかしさを痛感することもまた事実である。「育児疲れ」が今の若い母親に共通したキーワードとなっている。育児疲れからの虐待等も増えている昨今である。聞き分けのない乳幼児の世話に疲れ，いら立つ自身を責める母親に一時預かり等を利用してリフレッシュすることを勧めても，母親となった以

上，そんなことをしてはいけないのではとためらう母親が今なお，少なくない。働いている母親からは，子どもにさみしい思いをさせている私は「母親失格」ではないかという相談の手紙も舞い込む。一方，各地で子育て支援の活動にあたっている人々から，「いまどきの母親は」といった批判的な声も消えてはいない。子育て支援の重要性をうたいながら，財源確保の厳しい壁に直面すると，育児はやはり自助を原則として，家庭で親が第一義的責任を担うべきではないかといった声を発する政治家も，いまだ存在する。

　社会はたしかに変わりつつあるが，一気には変わらないのである。むしろ，今は岐路にさしかかっているというのがこれまでを振り返った率直な思いである。かつてのような露骨な母性愛神話への回帰はないであろう。しかし，本当の子育て支援とはなにかが人々の心の奥まで確かに浸透したとも言えない。

　真に母親が子育てを喜びとすることができるために，専業主婦かワーキングマザーか等，親の生活スタイルの違いを超えて，すべての子どもが健やかに育つことが保障される体制を確かなものとするために，子育てへの支援とは何かを今一度，真剣に問い直すことが必要なのではないだろうか。「母性愛神話からの解放」は，けっして中途半端な解放論に終えてはならない。

　このたび，原著『母性の研究』を今一度，世に送ることができることは，望外の喜びである。30余年前の原著を日本評論社から新装版として出版していただけることになったことは，一重に遠藤俊夫氏のご尽力の賜物である。博士論文執筆以降の私の研究を常に見守り，励まし続けてくださり，『母性の研究』の続編ともいうべき『母性愛神話の罠』『増補　母性愛神話の罠』の上梓もかなえて下さった氏には，いくら感謝をしても足りない思いである。

　原著のあとがきで謝辞を述べた恩師，藤永保先生が昨年亡くなられてしまったことに，さみしさを禁じ得ない。心からご冥福をお祈りしたい。

　また，私たち家族を見守り続けてくれた双方の両親もすでに他界しているが，二人の娘たちはそれぞれに家庭を持ち，仕事にも恵まれて幸せな人生を送ってくれている。迷い多い母親であった私にとって，娘たちの健やかな成長は，多くの人に愛され，見守っていただいたお陰であり，子どもの育ちを母親一人に託す母性愛神話への何よりの反証ではないかと思う。

最後に，原著を捧げた夫も，2年前に天に召された。このあとがきを記している本日が夫の命日である。変わりない思いを込めて本書を夫の遺影の前に捧げたいと思う。

　　　　2016年11月25日

　　　　　　　　　　　　　　　　　　　　　　　　　　　　大日向雅美

●著者略歴

大日向　雅美（おおひなた　まさみ）
1950年　神奈川県に生まれる。
1973年　お茶の水女子大学文教育学部卒業。
1975年　お茶の水女子大学大学院人文科学研究科修士課程修了。
1981年　東京都立大学大学院人文科学研究科博士課程満期退学。
1985年　お茶の水女子大学より学術博士の学位を授与される。
1989年　恵泉女学園大学人文学部助教授。

現　在　恵泉女学園大学学長。NPO法人あい・ぽーとステーション代表理事。
　　　　1970年代初めのコインロッカー・ベビー事件を契機に、母親の育児スト
　　　　レスや育児不安の研究に取り組む。2003年よりNPO法人代表理事として、
　　　　子育てひろばの運営をはじめ社会や地域で子育てを支える活動に従事。内
　　　　閣府：社会保障制度改革推進会議委員、子ども・子育て会議委員。厚生労
　　　　働省：社会保障審議会委員（同児童部会会長）。NHK：中央番組放送審議
　　　　会委員。住友生命保険相互会社社外取締役等も務める。

著　書　『子育てと出会うとき』（NHKブックス）、『母性は女の勲章ですか？』（扶
　　　　桑社）、『子育てがつらくなったとき読む本』（PHP研究所）、『「子育て支
　　　　援が親をダメにする」なんて言わせない』（岩波書店）、『人生案内　孫は
　　　　来てよし　帰ってよし』（東京堂出版）、『おひさまのようなママでいて』（幻
　　　　冬舎）、『増補　母性愛神話の罠』（日本評論社）、『「人生案内」にみる女性
　　　　の生き方―母娘関係』（日本評論社）ほか。

［新装版］母性の研究――その形成と変容の過程：伝統的母性観への反証

2016年12月25日　新装版第1刷発行
著　者――大日向雅美
発行者――串崎　浩
発行所――株式会社日本評論社
　　　　　〒170-8474 東京都豊島区南大塚3-12-4
　　　　　電話 03-3987-8621（販売）　-8598（編集）
印刷所――港北出版印刷株式会社
製本所――株式会社松岳社
装　幀――図工ファイブ
検印省略　©Masami Ohinata　2016
ISBN978-4-535-56358-2　Printed in Japan

JCOPY 〈(社)出版者著作権管理機構 委託出版物〉

本書の無断複写は著作権法上での例外を除き禁じられています。複写される場合は、そのつど事前に、(社)出版者著作権管理機構（電話 03-3513-6969、FAX 03-3513-6979、e-mail: info@jcopy.or.jp）の許諾を得てください。
また、本書を代行業者等の第三者に依頼してスキャニング等の行為によりデジタル化することは、個人の家庭内の利用であっても、一切認められておりません。

増補 母性愛神話の罠

大日向雅美 [著]　■こころの科学叢書

原著刊行から15年。この間、子育て支援活動の実践にもかかわってきた著者が、「三歳児神話」「母性愛神話」の「いま」と子育ての「未来」を追補する。
◆四六判／本体1,700円＋税

目次
- 第1章　母性愛神話にとらわれた社会とそのゆがみ
- 第2章　母性愛に寄せる人々の慕情
- 第3章　母性愛神話の罠にはまる女性たち
- 第4章　母の乳房にぶらさがる男たち
- 第5章　三歳児神話──母子癒着の元凶
- 第6章　人はいかに三歳児神話にとらわれているか
- 第7章　母親の就労を憂う世論を憂う
- 第8章　母親の就労は本当に子どもに悪影響を与えるか
- 第9章　男を父にさせない母性愛神話の罪
- 第10章　母性愛神話をかざす男たち
- 第11章　母性愛が加害性をもつとき
- 第12章　母性愛神話からの解放──女性の自己実現をめざして
- 補　章　「子ども・子育て支援新制度」のスタート

「人生案内」にみる女性の生き方──母娘(ははこ)関係

大日向雅美 [著]

母の葛藤、娘の悩み、女性の生きづらさへの、あたたかく、たしかなアドバイス。読売新聞「人生案内」36相談事例の根底に横たわる「心の闇」を読み解く。
◆四六判／本体1,400円＋税

目次
- 第1章　進路・結婚・出産・子育て
　　　　──女性のライフイベントですれ違う母と娘
- 第2章　母は聖母ではなく、娘もまた天使ではなく
- 第3章　娘に癒着する母と母に依存する娘と
- 第4章　母娘関係の転機を求めて

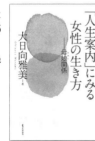

日本評論社
https://www.nippyo.co.jp/